HEYNE BIOGRAPHIEN

Zum Autor

Louis Fischer, geboren 1896 in Philadelphia, ist viele Jahre seines Lebens als Journalist durch die ganze Welt gereist. Von 1921 an blieb er 18 Jahre in Europa, davon viele Jahre in Rußland. 1939, bei Ausbruch des Zweiten Weltkrieges, ging Fischer mit seiner Familie wieder in die USA zurück und fing an, sich besonders für die Problematik und Geschichte Indiens zu interessieren.
Berühmt geworden ist Fischer durch seine große Biographie über Mahatma Gandhi, und im Jahre 1964 wurde er mit dem ›National Book Award‹ für sein Buch ›The Life of Lenin‹ ausgezeichnet.

Louis Fischer

GANDHI

Prophet der Gewaltlosigkeit

Deutsche Erstausgabe

Wilhelm Heyne Verlag
München

HEYNE-Buch Nr. 12/109
im Wilhelm Heyne Verlag, München

Titel der amerikanischen Originalausgabe:
GANDHI, HIS LIFE AND MESSAGE FOR THE WORLD
erschienen by The American Library Inc. New York

Deutsche Übersetzung von Renate Zeschitz

Genehmigte, ungekürzte Taschenbuchausgabe

Printed in Germany 1983
Umschlagfoto: Süddeutscher Verlag, Bilderdienst, München
Erstellung der Zeittafel und Bibliographie: Dr. Hubert Fritz
Innenbebilderung: Archiv der indischen Botschaft, Bonn (16) dpa Frankfurt (3)
Umschlaggestaltung: Atelier Heinrichs & Schütz, München
Satz: IBV Lichtsatz KG, Berlin
Bildteil: RMO, München
Druck und Bindung: Presse-Druck Augsburg

ISBN 3-453-55105-2

Inhalt

Teil I

Aufstieg zu geistiger Größe

Indien und Pakistan

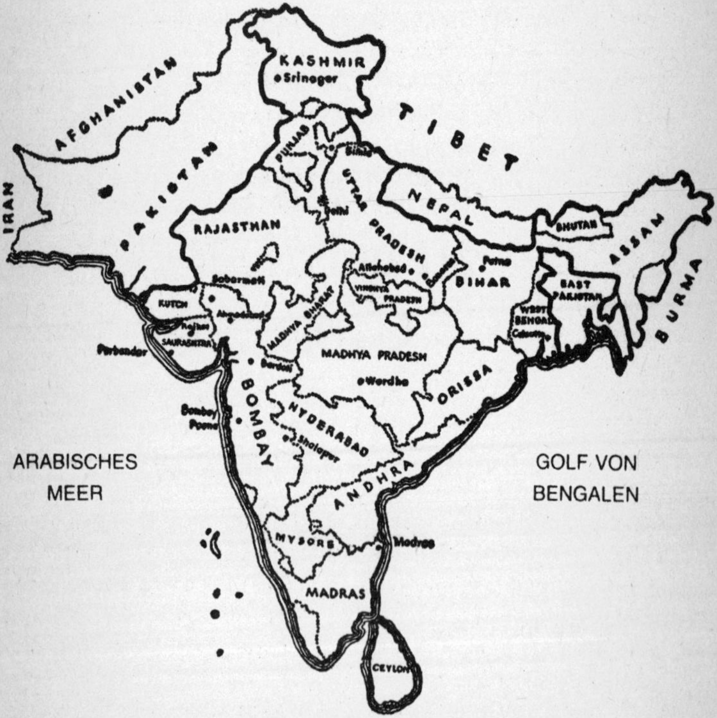

1 *Die Welt weint*

Bei den heiligen Wassern der Dschamna in der Nähe von Neu-Delhi warteten fast eine Million Menschen auf den Trauerzug, der sich langsam auf die Verbrennungsstätte zu bewegte. Die Frauen trugen weiße Baumwollsaris, die Männer weiße Gewänder, Kappen und kunstvoll gewundene Turbane.

Bei Rajghat, einige hundert Fuß vom Fluß entfernt, war ein Scheiterhaufen aus Steinen, Ziegeln und Erde errichtet worden – acht Fuß im Quadrat und etwa zwei Fuß hoch. Darauf waren lange, dünne, nach Weihrauch duftende Sandelholzscheite geschichtet, auf denen die sterbliche Hülle Mahatma Gandhis ruhte. Sein Kopf zeigte nach Norden. So hatte auch Buddha sein irdisches Leben beendet.

Um 4 Uhr 45 zündete Ramdas, der dritte Sohn Mahatmas, den Scheiterhaufen an. Als die Flammen aufloderten, ging ein Aufschrei durch die große Trauergemeinde. Frauen schluchzten, Männer weinten. Die züngelnden Flammen vereinigten sich rasch zu einem einzigen, hoch auflodernden prasselnden Feuer.

Dann war es auf einmal still. Gandhis Körper war zu Asche geworden. Einen Tag zuvor, am 30. Januar 1948, hatte ein junger Mann Mohandas K. Gandhi, das große indische Vorbild, erschossen.

»Ich habe Gandhi nie persönlich gesehen«, schrieb Léon Blum, der ehemalige französische Ministerpräsident. »Ich kenne seine Sprache nicht. Ich habe nie sein Land betreten und doch ist mir, als hätte ich einen sehr nahen, lieben Verwandten verloren. Die ganze Welt trauert um diesen außergewöhnlichen Mann.«

Als er starb, war Gandhi das, was er immer gewesen war: ein einfacher Bürger ohne Reichtum, Besitz, Titel, offizielles Amt, ohne akademische Auszeichnung, ohne wissenschaftliche Leistung. Und doch erwiesen alle Staatsoberhäupter, mit Ausnahme der sowjetischen Regierung, und die Vertreter aller Religionen dem mageren, braunen, achtundsiebzigjährigen Mann mit dem Lendentuch ihre Ehrerbietung. Präsident Truman, der englische König, der französische Präsident, der Erzbischof von Canterbury, Papst Pius, der oberste Rabbiner von London, der Dalai-Lama von Tibet und mehr als dreitausend weitere ausländische Persönlichkeiten sandten Beileidsbotschaften nach Indien. Der Sicherheitsrat der Vereinten Nationen unterbrach seine Sitzung zum Gedenken an Gandhi. Philip Noel-Baker, der britische Delegierte, würdigte Gandhi als einen »Freund der Ärmsten, der Einsamsten und der Verlorenen. Die großen Leistungen Gandhis«, erklärte er, »werden erst in der Zukunft in ihrer ganzen Tragweite zur Geltung kommen.« Andere Vertreter im Sicherheitsrat lobten Gandhis Einsatz für den Frieden und seine geistliche Haltung.

Die Flagge der Vereinten Nationen wehte auf halbmast. Die Welt weinte.

Die Trauernden wußten, was sie an Mahatma verloren hatten. »Gandhi hat bewiesen, daß Demut und Wahrheit mächtiger sein können als Königreiche«, sagte der amerikanische Senator Arthur H. Vandenburg.

»Ich kenne niemanden in der ganzen Menschheitsgeschichte«, erklärte Sir Stafford Cripps, der britische Staatsmann, »der so kraftvoll und überzeugend die Macht des Geistes über materielle Dinge zu demonstrieren wußte.« General George C. Marshall, der damalige amerikanische Außenminister, versuchte die Bestürzung der Menschen so zu formulieren: »Mahatma Gandhi verkörperte das Gewissen der ganzen Menschheit.«

Männer, Frauen und Kinder wußten oder fühlten, daß ein Mörder sie mit drei Kugeln ihres Fürsprechers beraubt hatte. Die Menschheit war ärmer geworden, weil ein armer Mann gestorben war. Keiner von denen, die ihn überlebten, war mächtigen Gegnern im eigenen Land und im Ausland mit so viel Güte, Ehrlichkeit, Demut und Gewaltlosigkeit entgegengetreten und hatte nur mit diesen Waffen so viele Siege errungen. Seine Geschichte ist die eines ungewöhnlichen Erfolgs mit ungewöhnlichen Mitteln.

2 *Ein unbeholfener Junge*

Hätte Gandhi dreitausend Jahre früher in Indien gelebt, wäre seine Geburt von Mythen umrankt, und die Legende wüßte von Wundertaten in seiner Jugend zu berichten. Aber das kalte Licht des neunzehnten Jahrhunderts verbirgt nicht die Realität seiner gewöhnlichen Herkunft. Nach einer normalen Kindheit folgte eine ereignislose Studentenzeit und dann ein erster beruflicher Anlauf, der mit einem Reinfall endete. »Das Kind ist der Vater des Mannes«, sagt man, und aus Mohandas, dem Schuljungen und dem Heranwachsenden, sollte wohl einmal der große Mahatma werden, doch niemand hätte das voraussagen können. Er schien wenig Begabung und noch weniger Talent zu haben. Mohandas Karamchand Gandhi wurde am 2. Oktober 1869 in Porbandar, einem kleinen Küstenort auf der Halbinsel Kathiawar an der Westküste Indiens, etwa auf dem halben Weg zwischen Bombay und Karatschi gelegen, geboren. Kathiawar lag ein wenig abseits und war deshalb von europäischen Einflüssen unberührt geblieben. Die Halbinsel war damals in unzählige kleine Stadtstaaten unterteilt, die von unbedeutenden Duodezfürsten regiert wurden, welche sich ihren Untertanen gegenüber wie engstirnige Autokraten, den Engländern gegenüber aber wie kriecherische Speichellecker benahmen. In Porbandar, einem dieser Zwergstaaten, lebten nach der Volkszählung von 1872 72077 Menschen. Dabei war Porbandar noch verhältnismäßig groß, gemessen an anderen Stadtstaaten wie etwa Rajkot mit 36770 oder Wankaner mit nur 28750 Einwohnern. Karamchand Gandhi, der Vater Mahatmas, diente im Laufe seiner Karriere unter anderem auch dem Radscha dieser Reiche als Premierminister.

Mohandas schrieb später, daß sein Vater »außer seiner Erfahrung keinerlei berufliche Qualifikation mitbrachte« und weder von Geschichte noch von Geographie »eine Ahnung hatte«, daß er aber stets unbestechlich blieb und sich deshalb in seiner Familie und im Beruf einen Ruf von äußerster Unparteilichkeit erworben hatte. »Darüber hinaus«, fügte der Sohn hinzu, »war er wahrheitsliebend, tapfer und großmütig, aber von hitzigem Temperament.«

Karamchand, der Politiker, heiratete Putlibai, ein frommes Hindumädchen, das weder lesen noch schreiben konnte. Mohandas, das vierte und letzte Kind der beiden, erinnerte sich zeit seines Lebens an die »tiefe Religiosität« seiner Mutter. Putlibai ging jeden Tag in den Tempel und aß nie, ohne vorher ein Gebet gesprochen zu haben. Lange Fastenzeiten machten ihr nichts aus. Während des Chaturmas, einer Fastenperiode, die sich über die gesamte viermonatige Regenzeit hinzog, nahm sie nur eine einzige Mahlzeit am Tag zu sich. Ein Jahr lang aß sie auch außerhalb der Fastenzeit nur jeden zweiten Tag.

Die Familie war wohlhabend. Karamchand besaß ein Haus in Porbandar, ein zweites in Rajkot und ein drittes in Kutjana. Karamchand trug eine goldene Halskette, ein Bruder von Mohandas hatte einen Armreif aus massivem Gold. Mohandas selbst bekam eine Ziehharmonika und wurde von einem eigenen Kindermädchen beaufsichtigt.

Gandhi besuchte die Grundschule in Porbandar und hatte Schwierigkeiten mit dem Multiplizieren. »Mein Geist muß träge gewesen sein und mein Gedächtnis ungeübt«, schrieb der Mahatma über seine Zeit als Erstkläßler. Ein Jahr später, als die Familie nach Rajkot zog, war er dort ein »mittelmäßiger Schüler«, war aber stets sehr pünktlich.

Der junge Mohandas war schüchtern. »Meine Bücher und meine Lektionen waren meine einzigen Gefährten«, erinnerte er sich später. Nach der Schule rannte er sofort heim. Er hatte Scheu, mit jemandem zu sprechen. »Ich fürchtete, es könne sich jemand über mich lustig machen.«

Später fand er jedoch Freunde, mit denen er auf der Straße und am Meer spielte. Besonders gefiel es den Kindern, Kreisel zu treiben und hinter Gummibällen herzutollen. Mohandas war ruhig und gehorsam. »Ich hatte gelernt, die Weisungen der Erwachsenen auszuführen, nicht aber ihre Handlungen kritisch zu prüfen.« Nichtsdestotrotz begann er mit zwölf Jahren heimlich zu rauchen und stahl von seinen Eltern und seinen älteren Brüdern Geld, um sich Zigaretten kaufen zu können.

Eines Tages hörte er und ein gleichaltriger Verwandter, daß die Samen der Dschungelpflanze Dhatura giftig seien. Die beiden schlossen einen Selbstmörderpakt, um sich auf diese Weise ein für allemal der elterlichen Herrschaft zu entziehen. Um der Aktion auch einen entsprechenden Rahmen zu geben, wollten sie im Tempel sterben. Doch im letzten Moment verließ sie der Mut. Um das Gesicht nicht vollends zu verlieren, schluckte jeder ein oder zwei Samenkörner, dann schlichen sie sich nach Hause.

Doch schon bald kamen ernsthafte Dinge auf das Kind zu, und diese Torheit war vergessen. Mohandas Karamchand Gandhi heiratete bereits mit dreizehn Jahren. Er war damals Oberschüler im 2. Schuljahr. Die Braut Kasturbai war ebenfalls dreizehn Jahre alt. Die Eltern hatten die Hochzeit ihrer Kinder beschlossen, sagten ihnen davon aber erst, als bereits alle Vorkehrungen getroffen waren. »Die Frau meines Bruders hatte mich über mein Verhalten in der Hochzeitsnacht instruiert«, schrieb Gandhi vierzig Jahre nach diesem Ereignis. »Wer meine Frau unterwies, habe ich nie erfahren.« Beide waren nervös. »Die Worte meiner Schwägerin konnten mir da nicht recht weiterhelfen, aber tatsächlich ist eine Instruktion, was solche Dinge betrifft, nicht wirklich nötig. Die Eindrücke der früheren Geburt sind mächtig genug, um alle Instruktionen überflüssig zu machen.«

»Zwei unschuldige Kinder stürzten sich völlig unwissend in den Ozean des Lebens, und dabei wurden sie wahrscheinlich nur von ihren Erfahrungen in einer früheren Inkarnation geleitet.« So beschrieb Gandhi »den grausamen Brauch der Kinderheirat«. Sie war nur dadurch möglich, daß im Indien der damaligen Zeit Eltern und Kinder, die Ehefrauen der Söhne und deren Kinder – das waren oft dreißig oder noch mehr Personen – unter einem Dach wohnten. Jugendliche Neuvermählte mußten sich deshalb nicht um Wohnung oder das tägliche Brot kümmern. (Später hob die britische Regierung das Mindestheiratsalter an.)

»Ich verlor keine Zeit, das Recht des Ehemannes geltend zu machen«, erinnerte sich der erwachsene Gandhi später. »Kasturbai durfte ohne meine Erlaubnis nicht ausgehen.« Wenn also die dreizehnjährige Kasturbai auf der Straße spielen wollte, mußte sie dazu ihren dreizehnjährigen Ehemann um Erlaubnis bitten. Oft sagte er nein, denn er war ein eifersüchtiger Gatte. Aber sie bestand darauf, auszugehen, »wann und wohin sie wollte«. Das erzürnte ihn »mehr und mehr«; manchmal sprachen sie tagelang nicht miteinander.

»In jenen Jahren«, gestand Gandhi später ein, »wurde ich oft von der Furcht vor Dieben, Gespenstern und Schlangen geplagt. Ich wagte nicht, nachts vor die Türe zu gehen.« Seine junge Frau kannte diese Ängste nicht. »Ich empfand Scham über mich«, schrieb er. Er war von kleinem Wuchs, dünn und haßte Kricket und Turnen, beides Pflichtfächer in seiner Schule. Aber er hatte gelesen, daß Wanderungen in der frischen Luft gut für die Gesundheit seien. Das leuchtete ihm ein. »Diese Spaziergänge gaben mir eine recht kräftige Konstitution.«

Trotzdem imponierten ihm die starken, großen Jungen, ganz besonders ein moslemischer Freund, Scheich Mehtab. Dieser war ein ausgezeichneter Langstreckenläufer, aber auch geübt im Hoch- und Weitsprung. Solche Fähigkeiten blendeten Gandhi ebenso wie die Behauptung des Scheichs, er würde jede Schlange mit der Hand fangen, Dieben trotzen und vor Gespenstern nicht die geringste Angst haben. Und woher kam soviel Tapferkeit? Natürlich weil er Fleisch aß. Gandhi war es durch seine Religion verboten, Fleisch zu essen. Er hatte noch nie einen Bissen Fleisch angerührt.

Obgleich die britische Herrschaft in Kathiawar kaum zu spüren war, hatten Gandhi und seine Schulkameraden Respekt und Opposition den Engländern gegenüber gelernt. Oft rezitierten sie das folgende Gedicht:

Schau dir den starken Briten an
Er beherrscht den kleinen Inder
Weil er ein Fleischesser ist,
Ist er fünf Ellen groß.

Wahrscheinlich glaubte Gandhi, die Herrschaft der Engländer abschütteln zu können, oder es ging ihm eher darum, durch den Fleischgenuß seine Körperkraft und seinen Mut zu stählen, jedenfalls gab er schließlich den Versuchungen des Scheichs nach. Sie suchten sich einen einsamen Platz am Fluß, wo Mohandas das von Scheich Mehtab mitgebrachte gekochte Ziegenfleisch kaute. Es war so zäh, daß er es letzten Endes einfach so hinunterwürgte. Ihm wurde sofort übel. In der darauffolgenden Nacht quälte ihn immer wieder die Vorstellung, eine lebende Ziege meckere in seinem Magen. Nichtsdestotrotz kam er zu der Überzeugung, daß »Fleischessen eine Pflicht war«. Ein ganzes Jahr über traf er sich dazu heimlich mit dem Scheich, bis ihm schließlich die Heimlichtuerei und die Unehrlichkeit doch zuviel wurde. Er gab den Fleischgenuß auf und wollte erst nach dem Tode seiner Eltern wieder Fleisch essen.

Das Fleischessen war ein Teil von Gandhis Aufbegehren gegen die Religion. Ihm mißfiel der »Glanz und Prunk« der Hindutempel, und er gab zu, »keinen lebendigen Glauben an Gott zu besitzen«. Wer hat die Welt erschaffen, fragte er, wer lenkt sie? Niemand konnte ihm eine zufriedenstellende Antwort geben, auch nicht die heiligen Bücher, die er konsultierte. Deshalb fühlte er sich »eher etwas dem Atheismus« zugeneigt. Er war jedoch anderen Religionen gegenüber tolerant eingestellt und nahm an den Gesprächen teil, die sein Vater mit Moslems, Parsen und Jain-Mönchen über die Unterschiede zwischen ihrem Glauben und dem Hinduismus führte. Der Jainismus, eine reformierte Kirche des Hinduismus, verbietet das Töten jeder lebenden Kreatur. Jain-Mönche tragen weiße Gazemasken über dem Mund, damit sie nicht etwa ein Insekt einatmen und so töten. Sie dürfen im Dunkeln nicht auf die Straße gehen, weil sie unbeabsichtigt einen Wurm zertreten könnten. Der Einfluß des Jainismus in Kathiawar war nicht unbedeutend, und Gandhi nahm während seiner kurzen Rebellion gegen den Hinduismus sowohl Ideen des Jainismus wie auch solche des Buddhismus in seine Gedankenwelt auf.

Gandhis Vater Karamchand starb im Jahr 1885 nach mehrjähriger Krankheit. Er hinterließ wenig – das Familienvermögen war dahingeschwunden. Jetzt kam Mohandas berufliche Bildung zur Sprache. Gandhi zeigte eine Neigung zur Medizin, aber sein Bruder erinnerte sich an des Vaters Einwände gegen das Sezieren von Leichen. Wäre es für Mohandas nicht besser, wenn er Jura studierte? Sein Großvater Uttamchand war Premierminister von Porbandar und übergab das Amt an seinen Sohn Karamchand, der es wiederum an seinen Bruder Tulsidas weitergab. Das Amt war so praktisch schon Familieneigentum geworden, und wenn Mohandas Rechtsanwalt würde, wäre ihm der Premierministertitel seines Heimatstaates praktisch sicher gewesen. Gandhi aber war unsicher und hatte Angst vor dem Studium der Rechte. Würde er die Prüfung bestehen? Da schlug ein Freund der Familie einen Dreijahreskurs in England vor, der wohl die beste Voraussetzung für eine berufliche und politische Zukunft böte. Die Aussicht auf einen Auslandsaufenthalt gefiel Gandhi. Ein Onkel, der jetzt das Oberhaupt der Familie war, warf ein, daß in Europa ausgebildete Rechtsanwälte sich so »schamlos wie Engländer« kleideten, indische Tradition außer acht ließen und nie ohne Zigarre im Mund auftraten. Doch würde er, Putlibais Einverständnis vorausgesetzt, die Reise billigen. Putlibai äußerte ihre Zweifel an der Moral der jungen Männer in England. Hier kam der Jain-Mönch Becharji zu Hilfe, indem er Gandhi in aller Form einen Eid abnahm, daß er Wein, Weib und Fleisch nicht anrühren würde.

Laxmidas, Mohandas älterer Bruder und Rechtsanwalt, regelte die Finanzierungsfragen. Zusammen fuhren sie nach Bombay, wo sich Gandhi nach England einschiffen sollte. Da gab es aber neue Schwierigkeiten. Die Familie Gandhi gehörte der Kaste der Mohd Bania an, und als Mitglieder dieser Kaste von der geplanten Auslandsreise erfuhren, waren sie äußerst beunruhigt. Bis jetzt war noch kein Mohd Bania in England gewesen, so argumentierte man, weil man dort den Hinduismus nicht praktizieren könne. Doch Gandhi erwiderte der Gemeinschaft bei einer Versammlung, daß er sich auf keinen Fall von seinem Vorhaben abbringen lasse. Daraufhin verkündete das Oberhaupt der Gemeinschaft folgenden Beschluß: »Dieser Junge soll von heute an als aus der Kaste ausgeschlossen gelten.«

Unbeeindruckt kaufte sich Gandhi eine Schiffspassage, eine kurze, britische Jacke, eine Krawatte und genügend Lebensmittel, vornehmlich Früchte und Süßigkeiten für die drei Wochen dauernde Reise bis Southampton. Er verließ sein Heimatland am 4. September 1888, einen Monat vor seinem neunzehnten Geburtstag. Ein paar Monate zuvor hatte Kasturbai einem Jungen das Leben geschenkt. Sie nannten ihn Harilal.

3 *Gandhi in London*

Ein Foto, das von Gandhi kurz nach seiner Ankunft in London gemacht wurde, zeigt ihn mit vollem, schwarzem Haar, das ein wenig rechts von der Mitte korrekt gescheitelt war. Er hatte große Ohren und eine große, gebogene Nase. Mund und Augen sind eindrucksvoll, und irgendwie hat man das Gefühl, als würden sich in diesen Augen gleichermaßen Verwirrung, Furcht und Verlangen widerspiegeln. Sie scheinen nach irgendwas zu suchen, was ihnen bis dahin noch nicht begegnet ist. Die Lippen sind voll, sinnlich, traurig und trotzig. Er sieht aus wie ein Mensch ohne Brennpunkt und ohne Umwelt – als ob er sehr verletzt worden wäre oder in Furcht davor leben würde, verletzt zu werden. Sein Gesicht spiegelt die inneren Kämpfe mit sich und seiner Umwelt wider. Wird er seine Leidenschaften besiegen können und Gutes tun?

Die britische Lebensart war dem jungen Gandhi sehr fremd. In seiner Autobiographie berichtet er von seinem Versuch und dem Fehlschlag, sich anzupassen. Er kaufte sich einen Zylinder, Gamaschen, gestreifte Hosen, einen Morgenmantel, einen Stock mit Silberknauf, Seidenhemden und Lederhandschuhe. Er ließ sich für zehn Pfund in der Bond Street einen Abendanzug schneidern und investierte drei Pfund für Tanzunterricht. Aber »ich konnte dem Klavier nicht folgen«, gestand er, noch »irgend etwas wie rhythmische Bewegungen ausführen«. In der Hoffnung, sich musikalisch zu schulen, kaufte er eine Geige und ließ sich Unterricht geben. Doch schon bald darauf verkaufte er das Instrument. Ein ähnlicher Versuch, die Vortragskunst zu erlernen, endete ebenso rasch.

Gandhi bemühte sich, mit seiner Umgebung in Harmonie zu leben. Deshalb wählte er Jahre später das Lendentuch als Kleidung, wie es von Millionen indischer Bauern auch getragen wurde. In London, so bekannte er später selbstkritisch, »äffte er den englischen Gentleman nach«, in der Hoffnung, daß dies seinen Status erhöhen und ihm die erstrebte Anerkennung in der englischen Gesellschaft einbringen würde.

Gandhi lebte im inneren Widerstreit mit seiner neuen Umgebung. Einerseits tat er alles, um sich anzupassen, andererseits aber widersetzte er sich dieser Anpassung, die seinem Wesen fremd war. Englische Freunde drängten ihn, Fleisch zu essen, aber er lehnte im Gedanken an den Eid, den er seiner Mutter gegeben hatte, ab. Im Gegenteil, er wurde ein so absoluter Vegetarier, daß er sich sogar weigerte, Eier und Eiergerichte, wie zum Beispiel Kuchen oder Pudding, zu essen, weil er glaubte, damit das Fleischverbot zu verletzen. Eier waren schließlich potentielle Lebewesen. Die zusätzliche Entbehrung und die daraus folgende Eintönigkeit in der Ernährung wurden durch die Einhaltung des Gelübdes aufgehoben, durch den »inneren Reiz, der deutlich gesünder, köstlicher und dauernder« war als Nahrung.

Er lernte kochen. Kartoffelsuppe war seine Spezialität. Seine Familie hatte ihm aus Indien Süßigkeiten und Gewürze geschickt. Er schrieb ihnen, daß er seinen Gaumen an Spinat und andere Gemüse gewöhnen wollte und man ihm nichts mehr schicken sollte. »Manche derartigen Experimente zeigten mir«, bemerkte er, »daß der wirkliche Sitz des Geschmacks nicht die Zunge sondern der Geist ist.« Damit hatte Gandhi begonnen, seinen Geist zu verändern.

Auch andere Veränderungen machten sich bemerkbar. Er hatte bereits die »Wüste des Atheismus« durchschritten und dürstete jetzt nach Religion. Er hatte Madame H. P. Blavatsky und Mrs. Annie Besant kennengelernt und ihre Bücher über Theosophie gelesen. Sie gaben ihm nichts – er zog den Hinduismus vor. Ein britischer Bibelverkäufer überredete ihn, das Alte und das Neue Testament zu lesen. Die Bücher Levitikus und Numeri langweilten ihn, deshalb las er sie erst gar nicht zu Ende (erst als Mahatma schwelgte er in den Worten der Propheten, der Psalmen und des Prediger Salomon). Er fand das Neue Testament interessanter, vor allem die Bergpredigt, die »recht nach meinem Herzen« war. »... daß ihr dem Übel nicht widerstehen sollt; sondern so dir jemand einen Streich gibt auf deine rechte Backe, so biete ihm auch die linke dar. Und so dir jemand deinen Rock nimmt, so laß ihm auch den Mantel.« Diese Christusworte »entzündeten« den zukünftigen Mahatma über alle Maßen. Sie erinnerten ihn an die Bhagavadgita, das heilige Buch der Hindus, das er, wie er beschämt eingestand, erst in seinem zweiten Jahr als Rechtsstudent in London gelesen hatte. Es hatte eine ungeheure Wirkung auf ihn, die ein Leben lang anhalten sollte. »Wenn mich Zweifel quälen, wenn mir Enttäuschungen ins Gesicht starren und ich keinen Funken Hoffnung am Horizont sehe«, schrieb er im Wochenmagazin *Young India* vom 6. August 1925, »dann nehme ich mir die Bhagavadgita vor und finde darin einen Vers des Trostes; und sofort beginne ich inmitten des größten Kummers zu lächeln.« Mahadev Desai, der viele Jahre der Sekretär des Mahatma war, bestätigt, daß »Gandhi jeden Augenblick seines Lebens versucht, gemäß der Botschaft der Gita zu leben«. Gandhi nannte es sein »geistiges Nachschlagewerk«.

Die Bhagavadgita ist ein vollkommenes Gedicht, das in siebenhundert Strophen die Wissenschaft und Praktiken des Yoga behandelt. Das Werk ist, so sagen die Wissenschaftler, im 6. bis 5. Jahrhundert vor Christus entstanden.

Die Gita ist ein Schlachtfeldgespräch zwischen dem Helden Krishna, der in Indien als Gott verehrt wird, und Arjuna, dem berühmten Heerführer in einem Bürgerkrieg. »Krishna«, sagte Sarvapalli Radhakrishnan, der hinduistische Philosoph, »ist die menschliche Verkörperung von Vishnu«, der obersten Gottheit.

Die Geschichte von Krishnas irdischem Leben vermischt Historisches mit Mythologischem. Gott, so erzählt die Geschichte, wurde Fleisch im Schoß der Schwester eines indischen Königs, und so wurde Krishna ohne menschliches Zutun geboren. Der König jedoch fürchtete den Rivalen und ließ alle neugeborenen Kinder königlichen Geblüts ermorden. Deshalb wurde Krishna heimlich von göttlicher Hand der Familie eines armen Hirten anstelle dessen eigener Tochter übergeben. Das Kind Krishna trotzte allen Bestrebungen der niederen Welt, ihn zu zerstören. Einmal hielt er während einer großen Flut einen Berg mit seinem kleinen Finger sieben Tage und sieben Nächte lang, damit die Menschen sich und ihre Tiere in Sicherheit bringen konnten. Die Dorfmädchen, die nichts ahnten, liebten ihn und tanzten mit ihm. Als er herangewachsen war, tötete Krishna seinen tyrannischen Onkel und gewann dadurch allgemeine Anerkennung. Schließlich zog er sich in einen Wald zurück, wo ihm ein Jäger, der ihn für ein Stück Wild hielt, einen Pfeil in die Ferse schoß. Als der Jägermann näherkam und Krishna erkannte, war er untröstlich vor Schmerz, aber Krishna lächelte nur, segnete ihn und starb.

Die Gita beginnt auf dem Schlachtfeld, wo Krishna als unbewaffneter Wagenlenker dem Arjuna dient. Auf der Gegenseite stehen seine brudermörderischen Vettern. Arjuna widerstrebt dieser Kampf. Er sagt zu Krishna:

Ich sehe böse Vorzeichen, o Keshava, und ich finde kein Heil darin, meine eigenen Leute in der Schlacht zu töten. Den Sieg begehre ich nicht, noch Herrschaft, noch die Freuden all.

Was soll die Königsherrschaft uns, was der Genuß, das Leben selbst, o Govinda?

Keshava und Govinda sind zwei der vielen Namen für Gott Krishna.

Angeekelt von dem Vorhaben, seine eigenen Blutsbrüder im Kampf zu töten, kündigt Arjuna an: »Ich will nicht kämpfen.«

Gott Krishna aber ermahnt ihn:

Du klagst um solche, die nicht zu klagen sind.
Und willst doch Worte der Wahrheit sprechen.
Weise beklagen Tote und Lebende nicht.

Nie gab es eine Zeit, da ich nicht war und du
und diese Fürsten, noch wird je eine Zeit kommen,
da wir nicht mehr sein werden.

Der Tod hat, mit anderen Worten, wenig Bedeutung. Die Seele, oder Atman, erklärt Krishna, ist unsterblich und kann von menschlichen Waffen nicht zerstört werden. Die Seele, so spricht Krishna weiter, geht in einen anderen Körper ein:

Nicht wird geboren, noch stirbt er jemals.
Ins Sein gelangt wird er nicht wieder aufhören zu sein.
Er ist ungeboren, ewig, dauerhaft und uralt.
Er wird nicht getötet, wenn der Körper getötet wird…

Wie ein Mann abgetragene Kleider ablegt und andere,
neue, anzieht, so legt auch die Seele die abgetragenen
Körper ab und geht in andere, neue, ein.

Das ist, kurz und prägnant gesagt, die hinduistische Lehre von der Seelenwanderung. Krishna fährt fort:

Nicht spalten ihn die Schwerter, nicht brennt ihn
das Feuer, nicht benetzen ihn die Wasser, nicht
trocknet ihn der Wind…

Denn dem Geborenen ist der Tod gewiß,
dem Toten ist die Geburt gewiß. Darum sollst du über
eine unvermeidliche Sache nicht trauern.

Darüber hinaus, so betonte Krishna, gehört Arjuna zu den Kshatriyas, einer kriegerischen Kaste der Hindus, und es ist deshalb seine Pflicht zu kämpfen.

Die orthodox-hinduistische Interpretation der Gita als göttliche Aufforderung zur Kastenverpflichtung und zum Töten mißfiel Gandhi aufs äußerste. Schon als er das Werk in den Jahren 1888/1889 in London zum erstenmal las, nannte er es eine Allegorie, in der das Schlachtfeld symbolisch für die Seele zu sehen sei und Arjuna für die Bestrebungen des Menschen, das Übel zu bekämpfen. Auf jeden Fall wunderte sich Arjuna trotz Krishnas Argumentation immer noch darüber, daß er nicht zögern sollte, in den Krieg zu fliehen, weil körperlicher Tod nicht wirklicher Tod bedeutete. Was wäre damit gewonnen? Krishna antwortete:

In den drei Welten hab' ich nichts, o Prithâ Sohn,
zu führen aus,
Noch zu erlangen, was mir fehlt, und doch bewege
ich mich im Tun.

Das Ideal ist also Handeln in einer gerechten Sache, ohne bei diesem Tun auf eigene Vorteile bedacht zu sein. Krishna spricht:

Wenn er im Tun sich auch bewegt, so tut er doch in Wahrheit nichts. Wünschend, zügelnd seinen Geist,
aufgebend jeglichen Besitz,
Nur mit dem Körper tuend die Tat – so bleibt er frei
von Sündenschuld.

Ein Grundprinzip der Askese ist Selbstlosigkeit in allen Handlungen. Krishna spricht weiter:

Vergnügt mit dem, was er bekommt, nicht neidisch,
gegensatzentrückt, gleich bei Erfolg wie Mißerfolg,
wird er durch keine Tat verstrickt.

Krishna beschreibt den Yogi, also den Askese Praktizierenden, folgendermaßen:

Zügelnd die Sinne, Herz und Geist, ganz der
Erlösung zugewandt,
Befreit von Wünschen, Furcht und Zorn – so ist
für immer er erlöst.

Mich kennend als den Herrn der Welt, dem Opfer und Askese gilt,
Der aller Wesen wahrer Freund, gelangt zum Seelenfrieden er.

Es gibt Yogis, die meditieren und solche, die handeln. Der Yogi des Handelns ist der Karma Yogi. Gandhi war ein Karma Yogi. In einem Kommentar zur Gita definierte Gandhi den perfekten Karma Yogi: »Er ist ein Ergebener, der auf nichts eifersüchtig ist, der ein Quell der Gnade ist, der ohne Selbstgefälligkeit ist, der selbstlos ist, der Wärme und Kälte gleichermaßen behandelt, ebenso wie Glück und Unglück, der immer Vergebung übt, der immer zufrieden und entschlußfest ist, der Geist und Seele Gott befohlen hat, der keine Angst verbreitet und sich nicht vor anderen fürchtet, der frei ist von übermäßigem Jubel, aber auch von Sorge und Furcht, der rein ist, im Handeln geübt und doch davon unbeeindruckt, alle Früchte, ob gut oder schlecht, zurückweist, der Freund und Feind gleichermaßen behandelt, der von Achtung oder Mißachtung unberührt bleibt, den Lob nicht hoffärtig macht, der sich nicht verkriecht, wenn die Menschen schlecht von ihm sprechen, der Ruhe und Einsamkeit liebt, dessen Vernunft von Disziplin geprägt ist. Eine solche Hingabe schließt andere starke Bindungen jeglicher Art völlig aus.«

Gandhi faßte das alles in einem Wort zusammen: Entsagung. Entsagung, so wurde argumentiert, führe zu Gleichgültigkeit und Passivität, zu nationaler Armut und Stagnation. Gandhi hielt dagegen, daß Handeln, wobei das Interesse an den Früchten des Handelns ganz außer acht bleibt, der beste Weg zum Erfolg sei. »Grübelt man über das Ergebnis nach«, schrieb er, »verliert man leicht die Nerven bei der Erfüllung seiner Pflicht. Der Mensch wird ungeduldig, läßt seinem Ärger freien Lauf und beginnt unwürdige Dinge zu tun. Er handelt ständig, aber ohne Zielsetzung. Ein Mensch, der sich über das Ergebnis seines Handelns Gedanken macht, macht sich zum Spielball der Sinne. Er wird ständig abgelenkt und verliert mit der Zeit alle Skrupel. Es ist ihm jedes Mittel recht, wenn es nur dazu beiträgt, sein Ziel zu erreichen.«

Entsagung, so man ihrer fähig ist, schafft inneren Frieden und das Gleichgewicht, das man braucht, um dauerhafte Ergebnisse, sogar solche materieller Art, frei von unschönen Mitteln und Wegen, zu erreichen. Für denjenigen, der diese Entsagung mit äußerster Konsequenz praktiziert, gibt es eine besondere Belohnung. Krishna beschreibt es so:

Und wer mein Werden und mein Tun, das göttliche, in Wahrheit kennt,
Erleidet keine Neugeburt – er geht im Tode zu mir ein.

Es ist also die höchste Belohnung eines Yogi, nach seinem Tode so innig mit Gott vereint zu sein, daß er für immer von der Seelenwanderung befreit ist. Gandhi hat während seines Lebens mehrfach die Hoffnung ausgedrückt, nicht wiedergeboren zu werden.

Mahatmas sind selten. Entsagung ist ein Ideal, das nur selten angestrebt und fast nie erreicht wird. Aber der junge Hindu, der die Bhagavadgita mehrmals im Monat zu Hause oder im Tempel liest, wird sich der darin enthaltenen Forderungen bewußt. Er wird dazu angehalten, über den Sinn des Lebens nachzudenken. Bei Gandhi hatte dies einen deutlichen Einfluß auf sein ganzes Leben.

Gandhis Interesse an der Bhagavadgita und sein leidenschaftlicher Vegetarismus sind Ausdruck seiner Sehnsucht nach der indischen Heimat. Er brauchte die Identifikation mit seiner Umgebung, doch bewegte er sich in England hauptsächlich in den Kreisen älterer Vegetarier, die, wie er später erklärte, »die Angewohnheit hatten, nur vom Essen und von ihren Krankheiten zu reden«. Seine Studien waren für ihn eine bedauerliche, aber leider unausweichliche Notwendigkeit. Ihnen widmete er in seinen Erinnerungen nur ein paar Zeilen. Er wurde am Inner Temple und an der Londoner Universität zugelassen, belegte Kurse in Französisch, Latein, Physik und Chemie, verbesserte sein Englisch und

las die Textbücher zum Römischen und zum Gemeinen Recht. Er bestand seine Prüfungen am 10. Juni 1891 und wurde am 11. Juni in das Register des High Court eingetragen. Ohne auch nur einen Tag länger in England zu bleiben, trat er am 12. Juni die Heimreise nach Bombay an.

Das Leben begann für Gandhi nach seiner Collegezeit. In seinem Wochenmagazin *Young India* in der Ausgabe vom 4. September 1924 schreibt er, daß seine Collegezeit vor seinem »eigentlichen Leben« war. Die zwei Jahre und acht Monate in England trafen ihn in einem Entwicklungsstadium und haben sicherlich ihren Eindruck hinterlassen. Gandhi war ganz gewiß nicht der übliche Typ eines Studenten. Er handelte – und er gewann Wissen, Vertrauen und Festigkeit dieses Handelns. Sicherlich beeinflußten ihn auch Bücher und die Menschen, mit denen er Umgang hatte. Aber vom großen Gandhi der späteren Jahre war während seiner Studienzeit noch nichts zu spüren. Aber konnte man eigentlich von einem jungen Mann, der im unerfahrenen Alter von neunzehn Jahren aus der Provinz seiner indischen Heimat in die Großstadt London verschlagen wurde, mehr erwarten? Der Wesensunterschied zwischen dem mittelmäßigen, stets unentschlossenen, gehemmten Studenten Gandhi und dem späteren großen Führer Mahatma, einem Mann voll Energie, Selbständigkeit und Intuition, ist wahrscheinlich nur so zu erklären, daß diese positiven Eigenschaften des großen Vorbilds des 20. Jahrhunderts nicht von Haus aus da waren, sondern mit der Hingabe zur Sache wuchsen.

4 *Zwei zukunftsweisende Ereignisse*

Als Gandhi nach Indien zurückkehrte, war sein Sohn Harilal vier Jahre alt. Seine Mutter war gestorben. Die Familie hatte ihm die Trauerbotschaft nicht nach England schicken wollen, weil sie wußte, wie sehr er an ihr hing. Kasturbai war in den Jahren seiner Abwesenheit zu einer wunderschönen jungen Frau herangewachsen, und er war eifersüchtige denn je. Aus Eifersucht war er einmal so böse auf sie, daß er sie aus Rajkot weg zu ihren Eltern nach Porbandar schickte.

Als Rechtsanwalt war er sowohl in Rajkot wie auch in Bombay erfolglos. In Bombay wurde ihm ein Zehn-Dollar-Fall übertragen, er war aber buchstäblich zu schüchtern, bei der Gerichtsverhandlung den Mund aufzumachen. Er mußte den Fall an einen Kollegen abgeben. Dann diente er dem herrschenden Fürsten von Porbandar in seinem erlernten Fach. Laxmidas, Gandhis älterer Bruder, stieg in die Fußstapfen des Vaters und des Großvaters und wurde Sekretär und Berater des Thronfolgers von Porbandar. Er strebte das Amt des Premierministers in seinem kleinen Land an, aber er hatte es sich mit dem Political Agent, der darüber zu entscheiden hatte, gründlich verscherzt. Mohandas hatte diesen Political Agent zufällig während seines Aufenthalts in London kennengelernt. Deshalb bat Laxmidas seinen jüngeren Bruder, für ihn bei dem britischen Beamten ein gutes Wort einzulegen. Gandhi hielt dies zwar für keine sehr gute Idee, fügte sich aber dem Willen des älteren Bruders. Der Beamte verwies ihn auf den Dienstweg. Als Gandhi nicht nachgeben wollte, forderte er ihn kurzerhand auf zu gehen. Gandhi blieb ungerührt und bestand darauf, seinen Wunsch vorzutragen. Der Beamte war daraufhin so erbost, daß er ihn einfach von seinem Adjutanten aus dem Zimmer schieben ließ.

»Der Schock dieses Vorfalls«, schreibt Gandhi in seiner Autobiographie, »änderte den Lauf meines Lebens.« Gandhi bekam eine Abscheu vor niederträchtiger Intrige, vor höfischem Prunk, Unterwürfigkeit und der Arroganz, die bei den Regierungen der kleinen Zwergstaaten in Kathiawar gang und gäbe war, die er nie mehr ablegen sollte. Er wollte kein katzbuckelnder Heuchler sein. Das verdarb den Charakter. Er wollte weg von hier.

Eben zu dieser Zeit bekam er ein Angebot einer moslemischen Firma aus Porbandar, für sie ein Jahr als Rechtsanwalt nach Südafrika zu gehen. Er nahm das Angebot an. »Ich wollte, gleich wie, aus Indien wegkommen«, erinnerte er sich traurig. Seit er aus London zurück war, es waren fast zweieinhalb Jahre, hatte er immer noch keinen Boden unter den Füßen gefunden. »Ich wollte mein Glück in Südafrika versuchen.«

Er war kaum in Afrika, als Gandhi in einen Vorfall verwickelt wurde, der für seine Zukunft ebenfalls richtungweisend wurde, weil er genauso unterlag, wie beim Political Agent vor einiger Zeit zu Hause in Indien. Eine Gerichtsverhandlung erforderte Gandhis Anwesenheit in Pretoria, der Hauptstadt von Transvaal. Er stieg in den Nachtzug und nahm mit seiner erster Klasse Fahrkarte Platz in einem Abteil erster Klasse. In Maritzburg, in der Provinz Natal, stieg ein weißer Mann zu, sah den braunen Eindringling an und ging weiter, um kurz darauf mit zwei Beamten zurückzukehren, die Gandhi aufforderten, im Gepäckwaggon weiterzureisen. Gandhi protestierte und verwies auf sein Billet, doch die Eisenbahnbeamten ließen sich nicht davon beeindrucken. Sie blieben dabei, daß er das Abteil verlassen müsse. Gandhi lehnte das abermals ab. Also holten sie einen Polizisten, der ihn samt seinen Koffern auf den Bahnsteig hinausbeförderte.

Viele Jahre später fragte Dr. John R. Mott, ein amerikanischer Missionar in Indien, den Mahatma: »Welches waren die wichtigsten Erfahrungen in Ihrem Leben?« Gandhi erzählte dem Missionar daraufhin von dem Vorkommnis in Maritzburg.

Er hätte damals wieder in den Zug einsteigen und in der dritten Klasse weiterfahren können, entschloß sich aber, im Warteraum der Station zu bleiben. Die Bahnbediensteten hatten sein Gepäck und seinen Mantel. Es war bitterkalt in den Bergen, aber Gandhi fragte nicht nach seinen Habseligkeiten und saß die ganze Nacht zitternd und grübelnd da.

Diese beiden Niederlagen waren wichtig für den Menschen Gandhi, aber es ist genauso richtig, daß der Mensch Gandhi diese Episoden wichtig machte. Auch andere Inder waren aus Zugabteilen gewiesen worden, wenn ein Weißer etwas gegen ihre Anwesenheit hatte. Diese hatten dann einfach eine andere Unterbringung hingenommen. »Du kannst nicht mit dem Kopf gegen die Wand rennen«, belehrten ihn seine Landsleute am nächsten Morgen. Aber als Gandhi in Maritzburg diese Ungerechtigkeit widerfuhr, fügte er sich nicht. Er war fest entschlossen, das Krebsgeschwür der Rassenvorurteile zu bekämpfen. Die ihm zugefügte Beleidigung konnte Gandhi in seiner Kompromißlosigkeit nicht entschuldigen. Anstelle des vorgesehenen Jahres blieb er von 1893 bis 1914, also einundzwanzig Jahre, in Südafrika. In dieser Zeit gewann er deutlich an Persönlichkeit, sowohl was den Menschen Gandhi als auch was seine berufliche Qualifikation betraf. Es reifte der Mensch heran, der später so große Siege für den Frieden erringen sollte.

In jener frostigen Nacht im Wartesaal des Bahnhofs von Maritzburg begann der vierundzwanzigjährige Rechtsanwalt über sich selbst als David nachzudenken, der sich gegen den Goliath der Rassendiskriminierung auflehnt. Warum gerade dieser Mann? Was war es, was ihn von dort zu seiner späteren Größe wachsen ließ? Wollte er moralisch stark sein, weil er physisch schwach war? Konnte er ungehindert und ehrgeiziger vorgehen, weil seine Karriere bislang so erfolglos verlaufen war? Fühlte er in sich eine verborgene Kraft, die er nur auf dem sozialen Gebiet nutzbar einsetzen konnte? War es Glück, Schicksal, Erbgut, die Bhagavadgita oder irgendein anderer, nicht faßbarer Umstand? Vielleicht wirkte ein bißchen was von alledem, gepaart mit Stolz, moralischer Entrüstung und einem Gefühl der Unzulänglichkeit zusammen und schuf das, was ihn über seinen Schatten springen hieß. Der britische Beamte in Porbandar und der weiße Polizist in Maritzburg zeigten ihm seine Schwäche ebenso wie die seines Volkes. Und das machte ihn wütend. Wann immer Gandhi etwas mißfiel oder ärgerte, wollte er etwas dagegen tun. Wenn er Böses sah, mußte er handeln. Kopfschütteln und Händeringen allein konnten ihn nicht befriedigen. Passivität empörte ihn. Es war keine einzige passive Faser in seinem Charakter – sein Widerstand war durch und durch aktiv.

5 *Rassenvorurteile*

Wenige Tage nach dem Vorfall in Maritzburg berief Gandhi eine Versammlung der in Pretoria lebenden Inder ein und hielt eine Rede über Rassendiskriminierung – seine erste öffentliche Rede. Der Zorn ließ ihn seine Schüchternheit vergessen und löste seine Zunge. Die Zuhörerschaft bestand aus moslemischen Händlern und einigen Hindus. Bei dieser Rede wurden zum erstenmal Gandhis einzigartige Führungsqualitäten deutlich. Er beschwor seine Zuhörer, es in Geschäftsdingen mit der Wahrheit genauer zu nehmen, mehr auf Reinlichkeit zu achten, sich nicht von Religions- und Kastenunterschieden beeinflussen zu lassen und Englisch zu lernen. Er hatte sich fest vorgenommen, alles in seiner Macht Stehende zu tun, daß seine Landsleute in Afrika gerechter behandelt würden. Um dieses Ziel zu erreichen, mußten die Inder erst einmal bei sich selbst anfangen. Er hielt sie an, Gewohnheiten abzulegen, die der Rassendiskriminierung Vorschub leisten könnten. Gandhi wollte eine echte Anerkennung, denn, so meinte er, was nütze es schon dem Menschen, wenn zwar sein Status aufgewertet würde, der Mensch selbst aber nicht. Das zu erreichen, mußte er aber erst den Menschen bessern. Dies blieb seine Aufgabe sein ganzes Leben lang. Er schrieb in seiner Autobiographie: »Es ist mir immer ein Geheimnis geblieben, wie Menschen sich durch Erniedrigung ihrer Mitbürger bestätigt fühlen können.« Er muß die Antwort wohl gewußt haben. Manche Menschen finden Genugtuung, wenn sie anderen ihre Wertschätzung zukommen lassen, andere dagegen nur in der Mißachtung und Erniedrigung anderer. Darin unterscheidet sich der Wohltäter vom Leuteschinder, der Mahatma vom Diktator.

Verfolgung von Minderheiten oder Mehrheiten resultiert aus Intoleranz gegenüber dem Anderssein und aus Ängsten, die aus mangelndem Selbstvertrauen entstehen. In einer wettbewerbsorientierten Welt mögen die meisten Menschen Rivalen, Nonkonformisten, Andersdenkende und

Gegenspieler nicht sonderlich gerne. Minderheitsanwälte versuchen dementsprechend die Minorität der Mehrheit zu »verkaufen«. Gandhi machte denselben Fehler. Lionel Curtis, der Vorsitzende der Asiatenabteilung der Republik Transvaal, die neu geschaffen worden war und sich mit den Problemen der Inder zu befassen hatte, berichtet, daß Gandhi ihm einen Besuch abstattete und die Unterredung damit begann, »mich von den Vorzügen im Charakter seiner Landsleute zu überzeugen, von ihrem Fleiß, ihrer Genügsamkeit, ihrer Geduld«.

»Mr. Gandhi«, erinnerte sich Curtis, habe er geantwortet, »mir brauchen Sie das nicht zu erzählen. Es sind nicht die Laster der Inder, welche die Europäer hierzulande fürchten, sondern ihre Tugenden.« Und da wiederum bei anderen Gelegenheiten die Laster als Vorwand und Entschuldigung für Diskriminierung angeführt werden, sind eigentlich weder die Laster noch die Tugenden der ausschlaggebende Grund. Eine Diskriminierung erfordert die Heilung dessen, der diskriminiert. Gandhi setzte auch da an. Durch Läuterung sowohl der Unterdrücker wie auch der Unterdrückten hoffte er der Moral der Menschen dienlich zu sein.

Gandhi erkannte, daß die Weißen in Südafrika glaubten, sie müßten sich gegen die aus Negern und Indern bestehende farbige Mehrheit schützen. Die Provinz Natal bewohnten im Jahr 1896 rund 400000 Neger, 51000 Inder und 50000 Weiße. Die Kolonie am Kap der Guten Hoffnung zählte 900000 Neger, 10000 Inder und 400000 Europäer, die Republik Transvaal 650000 Neger, 5000 Inder und 120000 Weiße. Im Jahre 1914 waren die fünf Millionen Neger den eineinviertel Millionen Weißen zahlenmäßig bei weitem überlegen.

Offensichtlich hatten die Weißen Angst, daß die Inder den Negern zur Macht verhelfen könnten. Oder die Inder waren in ihrer Minderzahl einfach eine passende Zielscheibe für die Weißen.

Inder waren seit 1860 als Vertragsarbeiter nach Südafrika gekommen, um dort auf den Kaffee-, Zucker- und Teeplantagen der Briten die Arbeit zu verrichten, für die man Neger nicht nehmen wollte. Sie kamen als Zeitsklaven für etwa 5 Jahre ins Land. Viele blieben jedoch freiwillig weitere fünf Jahre. In beiden Fällen bezahlte der Arbeitgeber die Heimreise nach Indien. Sehr häufig fanden die Kontraktarbeiter die Arbeitsbedingungen in Afrika besser als in der Heimat und beschlossen deshalb, als freie Menschen in Südafrika zu bleiben. Die wachsende Zahl der Inder und ihr bescheidener Reichtum, den sie sich durch harte Arbeit, Sparsamkeit und ihre Fähigkeiten geschaffen hatten, mißfielen den Weißen, und so wurden die bis dahin geltenden Bestimmungen im Jahre 1894 geändert. Von nun an mußte ein Vertragsarbeiter nach Ablauf seiner ersten fünf Jahre nach Indien zurückkehren oder er wurde in Afrika ein Sklave auf Lebenszeit. Eine Ausnahmeklausel sah vor, daß er als freier Arbeiter im Land bleiben könne, wenn er für sich und für jeden Angehörigen eine Steuer von drei Pfund pro Jahr zahlte. Da dieses »Lösegeld« praktisch unerschwinglich war, blieb nur die Rückkehr oder die Sklaverei auf Lebenszeit.

Aber auch Emigranten ohne Arbeitskontrakt kamen aus Indien nach Südafrika, die sich ihren Lebensunterhalt als Straßenhändler, Kaufleute, Handwerker und in gehobenen Berufen verdienten. Manche schufen sich einen beträchtlichen Reichtum. Es gab sogar Inder, die Dampfschiffahrtsgesellschaften besaßen.

Diese freien Inder waren Untertanen Ihrer britischen Majestät, der Königin Viktoria, und diejenigen, die das nötige Geld aufbrachten (es waren genau zweihundertfünfzig), durften auch wählen. Im Jahr 1894, ein Jahr nach Gandhis erster Ankunft in Südafrika, trat in Natal ein Gesetz in Kraft, das die Asiaten ausdrücklich entrechtete.

Als Inder hatte man viele Ungerechtigkeiten in Kauf zu nehmen. In der Provinz Natal hatte ein Inder seinen Paß mit sich zu führen, wenn er sich nach neun Uhr abends auf der Straße aufhielt. Im Oranje-Freistaat, einer von Buren, den holländischen Siedlern, gegründeten Republik, war es Indern verboten, Besitz zu haben und Handel oder Ackerbau zu betreiben. In der Kronkolonie Zululand durften Inder weder Land kaufen noch es besitzen. Auch in Transvaal war es den Indern vorenthalten, Land zu erwerben. Darüber hinaus hatten die Inder eine Kopfsteuer von 3 Pfund für die Aufenthaltserlaubnis zu entrichten, obwohl sich diese bezahlte Aufenthaltsgenehmigung immer nur auf Slums beschränkte. Einige Gemeinden in der Kapkolonie verboten es Indern, auf dem Bürgersteig zu gehen. Auch wo es solche Bestimmungen nicht gab, vermieden die Inder die Bürgersteige, weil sie oft genug heruntergestoßen wurden. Auch Gandhi war dies einmal passiert. Die Gesetzesbücher beschrieben die Inder als »halb-barbarische Asiaten«.

»Sie behandeln uns wie Tiere«, rief Gandhi bei einer Versammlung am 26. Oktober 1896 in Madras aus, als er seinem Heimatland einen kurzen Besuch abstattete.

Der Burenkrieg hatte in der Zeit von 1899 bis 1902 zwischen den holländischen Siedlern und den Engländern gewütet. Die Engländer hatten gesiegt, doch wie es so oft der Fall ist, hatten beide Parteien vor, ihre Wunden auf Kosten eines Dritten zu heilen. Folglich wurde die Inder-Frage in Südafrika zum politischen Fußball. Jan Christiaan Smuts, ein Burengeneral und Rechtsanwalt, der nach der Niederlage Finanz- und Verteidigungsminister von Südafrika wurde, erklärte in einer Wahlrede im Oktober 1906: »Das asiatische Krebsgeschwür, das sich schon so tief in die lebenswichtigen Organe Südafrikas hineingefressen hat, sollte radikal ausgemerzt werden.« General Louis Botha, ebenfalls ein ehemaliger Burengeneral und jetzt Premierminister, gab dem anti-indischen Plan seiner Regierung noch deutlichere Züge. Im Jahre 1907 verkündete er anläßlich einer Wahlversammlung: »Wenn meine Partei wieder die Regierungsgeschäfte übernimmt, dann werden wir die Kulis innerhalb von vier Jahren aus dem Land getrieben haben.« »Kulis« war der Schimpfname für die in Südafrika lebenden Inder.

Die Existenz von mehr als 100000 Indern war in Gefahr. Gandhi glaubte, er könne sie retten.

Gandhi erwartete nicht, die Vorurteile der Weißen ausrotten zu können. »Vorurteile«, schrieb er in der *Times of India* vom 2. Juni 1918, »lassen sich nicht durch Gesetzgebung beseitigen... Sie verschwinden nur allmählich durch geduldige Arbeit und Erziehung.« Auch gab er sich nicht der Hoffnung hin, die Rassentrennung rasch zu beenden. »Die Inder«, erklärte er, »fühlen die Ächtung, aber sie ertragen sie schweigend.« Er war den Südafrikanern gram, weil »sie das Vorurteil noch schürten, indem sie entsprechende Gesetze erließen«. Zumindest die Gesetze müßten gerecht sein. Er erwartete nicht einmal eine gerechte Anwendung der Gesetze. Die Weißen würden immer im Vorteil sein. Aber wenn einmal die gesetzliche Grundlage für Gleichheit geschaffen war, würde er die Zeit für sich arbeiten lassen und darauf hoffen, daß einmal der gute Wille der Einsichten obsiegen würde. Wenn die Inder jedoch ihre »Minderwertigkeit« ergeben hinnähmen, verlören sie ihre Würde und würden moralisch verkümmern. Ebenso würde es den für dieses Denken verantwortlichen Weißen ergehen.

Gandhi lebte nun bereits drei Jahre fern von seiner Familie und seiner indischen Heimat. Er wußte, daß er, wollte er an den Grundfesten der Rassendiskriminierung erfolgreich rütteln, in Südafrika bleiben mußte. Deshalb kehrte er 1896 nach Indien zurück, um Kasturbai, seinen Sohn Harilal und seinen 2. Sohn Manilal, der am 28. Oktober 1892 geboren worden war, zu sich zu holen. Er benützte die Gelegenheit, um seine Landsleute von der Misere, in der ihre Brüder und Schwestern in Südafrika lebten, zu unterrichten. Diese Reden wurden schnell auch in Afrika bekannt und schufen dort viel böses Blut. Als sein Schiff zusammen mit einem zweiten mit insgesamt achthundert Passagieren an Bord in Durban anlegte, warf man ihm vor, das Land mit unerwünschten Indern zu überfluten. In Wirklichkeit hatte er damit nicht das Geringste zu tun. Die Weißen forderten die sofortige Rückkehr der neuen Einwanderer in ihre Heimat.

Als schließlich doch die Erlaubnis zum Anlegen gegeben wurde, griff eine aufgebrachte Menge Gandhi tätlich an. Man bewarf ihn mit Steinen, Ziegelbrocken und Eiern. Sein Turban wurde ihm vom Kopf gerissen, und er wurde geschlagen und gestoßen. Obwohl ihn der Schmerz fast bewußtlos machte, hielt er sich an einem Eisengitter an seinem Haus aufrecht. Die Weißen schlugen noch immer auf ihn ein, als zufällig Mrs. Alexander, die Frau des Polizeipräsidenten der Stadt, des Weges kam. Sie stellte sich sofort zwischen die wütende Menge und Gandhi, der sich kaum noch auf den Beinen halten konnte. Blutend und zerschunden brachte man ihn in das Haus eines befreundeten Inders, bei dem auch schon Frau Gandhi und die Kinder Zuflucht genommen hatten. Eine brüllende Menschenmenge belagerte das Haus und verlangte die Herausgabe Gandhis. Trotz der Anwesenheit der Frau des Polizeipräsidenten wollte der Mob Blut sehen. Die außer Rand und Band geratene Menschenmenge grölte: »Hängt den alten Gandhi an den sauren Apfelbaum!« Einige schickten sich an, einen Brand zu legen. Im letzten Moment schickte der Polizeipräsident zwei Polizeibeamte in das Haus. Einer von ihnen gab Gandhi seine Uniform und seinen Helm und färbte sich selbst sein Gesicht dunkelbraun. Nachdem er indische Kleidung angelegt hatte, gelang allen zusammen die Flucht durch die Hintertür des Hauses. Gandhi verbrachte drei Tage auf der Polizeistation, bis sich der Aufruhr gelegt hatte.

Als die Nachricht von dem gerade noch vereitelten Lynchversuch an Gandhi London erreichte, forderte Joseph Chamberlain, der damalige englische Staatssekretär für die Kolonien, die Regierung von Natal auf, die Schuldigen vor Gericht zu stellen. Gandhi kannte zwar einige seiner Angreifer persönlich, weigerte sich jedoch, sie zu benennen. Er sagte, nicht die einzelnen trügen die Schuld an dem, was vorgefallen war, sondern die Gesellschaft und die Regierung, und er wolle deshalb keine Verurteilung anstreben. »Für mich ist das eine religiöse Frage«, und seine Religion gebiete ihm, »Selbstbeherrschung zu üben«.

Zwei Jahre später erbot sich Gandhi, für die Briten im Burenkrieg ein Korps von freiwilligen indischen Krankenträgern und -pflegern aufzustellen, aber die Regierung von Natal wies dieses Angebot zurück. Nichtsdestotrotz ließen sich Gandhi und andere Inder auf eigene Kosten als Sanitäter ausbilden, aber die zuständigen Stellen winkten nach wie vor ab. Dann griffen die Buren mit großer Heftigkeit an. Die Toten und Verletzten türmten sich zu Hauf, und es mangelte allenthalben an Hilfe und Pflege. Schließlich stimmten die Behörden der Aufstellung eines indischen Ambulanzkorps zu. Dreihundert freie Inder meldeten sich, dazu achthundert Kontraktarbeiter, die von ihren Arbeitgebern freigestellt worden waren. Die Öffentlichkeit in Südafrika und in England war beeindruckt. Als man dann auch noch vom mutigen Verhalten der Inder an vorderster Front hörte, war die Bewunderung groß.

In der Johannesburger Zeitung *Illustrated Star* vom Juli 1911 schrieb Vere Stent, ein britischer Redakteur, einen Bericht über den blutigen Kampf bei Spion Kop im Januar 1900. General Buller, der britische Befehlshaber, war auf dem Rückzug und bat die Inder in einer Eildepesche, die Verwundeten zu bergen. Gandhi führte seine Männer zum Schlachtfeld. Tagelang trugen sie trotz feindlichem Feuer die Verletzten ins Lazarett. »Nach einer ganzen Nacht Arbeit, die selbst hartgesottene Männer mitgenommen hatte«, so Mr. Stent, »traf ich zufällig auf Gandhi, der am Straßenrand saß und einen Keks aus der Armeeverpflegung aß. Bullers Leute waren deprimiert und hoffnungslos. Gandhi jedoch verbreitete stoischen Gleichmut, war fröhlich, ausgeglichen und hatte für alle ein ermunterndes Wort. Er tat einem einfach gut.« Er trug eine khakifarbene Uniform, einen flotten, breitrandigen Cowboyhut aus Filz, eine Rot-Kreuz-Armbinde und einen nach unten gezwirbelten Bart. Als das Korps aufgelöst wurde, fand sein selbstloser Einsatz mehrfach Erwähnung, und Gandhi erhielt zusammen mit mehreren Kameraden die Kriegsmedaille. Gandhi hatte gehofft, daß die Tapferkeit der Inder im Krieg in der südafrikanischen Öffentlichkeit den Sinn für gerechte Behandlung anspornen und die feindselige Haltung der Weißen gegenüber den farbigen Asiaten mildern würde. Aber ganz im Gegenteil wuchsen die Spannungen noch mehr.

Dessenungeachtet schloß sich Gandhi in der ersten Hälfte des Jahres 1906 wieder mit einem Zug von vierundzwanzig indischen Krankenträgern und Sanitätspersonal der britischen Armee an, als der Zuluaufstand ausbrach. Gandhi tat dies, wie er sagte, weil »das britische Empire zum Wohle der Welt bestünde« und er dafür in »voller Loyalität« zur Verfügung stehen wollte.

Während seiner Jahre in Südafrika und den dazwischenliegenden Aufenthalten in Indien zeigte Gandhi eine schier unerschöpfliche Energie, die Fähigkeit, sich ständig aufs neue zu entrüsten, eine Ehrlichkeit, die Vertrauen einflößte, und die Gabe, mit Niedriggestellten und Machthabern gleichermaßen gut auszukommen. Er hatte sich als ausgezeichneter Organisator und vorausschauende Führerpersönlichkeit erwiesen. Aber er war zu dieser Zeit noch lange nicht der große Gandhi der Geschichte, und es deutete noch nichts darauf hin, daß er es einmal werden würde.

7 *Die Verwandlung*

In Südafrika trug Gandhi europäische Kleidung, steife, weiße Kragen, gestreifte Hemden, eine buntgestreifte Krawatte und blankgeputzte Schuhe. In Durban mietete er eine englische Villa in einem eleganten Viertel an der Küste. Er verdiente fünf- bis sechstausend Pfund oder fünfundzwanzig- bis dreißigtausend Dollar im Jahr mit seiner Rechtsanwaltskanzlei. Er war zum gutverdienenden Inder avanciert, der den Stil der westlichen Welt nachahmte, aber dort nicht zu Hause war.

Gandhi hatte eigenartige Ideen. Als Ramdas, sein dritter Sohn, im Jahre 1897 in Südafrika zur Welt kam, übernahm er die Babypflege. Nachdem er den »Ratgeber für eine Mutter«, ein Buch über Geburtshilfe, gelesen hatte, stand er seiner Frau am 22. Mai 1900, als sein Sohn Devadas das Licht der Welt erblickte, als Geburtshelfer zur Seite. »Ich war ruhig und nicht nervös«, erinnerte er sich.

Zu dieser Zeit muß er Kasturbai im Haushalt ziemlich lästig gefallen sein. Er redete ihr nicht nur in Küche und Kinderzimmer dazwischen, sondern lud auch viele Gäste ein, die zu bewirten ihm nicht wenig Arbeit machte. Es gab im Haus Gandhi kein fließendes Wasser, und als Toilette dienten Nachttöpfe. Gandhi weigerte sich, einen »Unberührbaren« anzustellen, der in Indien alle »unsauberen« Arbeiten zu verrichten hatte. Es war also an ihm und an Kasturbai und gelegentlich auch an den älteren Söhnen, die Nachttöpfe zu leeren. Gandhi bestand darauf, und Kasturbai mußte gehorchen. Ein Gast, der als Angestellter in Gandhis Büro arbeitete, war ein ehemaliger »Unberührter«, der zum Christentum übergewechselt war, um dem Makel, den die Hindus ihren »Ausgestoßenen« aufbürden, zu entgehen. Für die strenggläubige Kasturbai war er jedoch immer noch ein Unberührbarer, und sie weigerte sich, seinen Nachttopf zu säubern. Sie haßte diese Arbeit sowieso und sah nicht ein, warum sie, oder ihr Mann und ihre Kinder, diese Dinge tun sollten. Er betrachtete es jedoch als Teil ihrer Umerziehung, und so gab es nicht selten rotgeweinte Augen, was wiederum den Herrn des Hauses sehr erzürnte. Sie hätte diese Arbeit zu tun und nicht nur einfach so, sondern mit Liebe und Demut. Als er sie weinen sah, schrie er sie an: »Ich dulde keinen Widerspruch in meinem Hause!« »Dann behalte dir dein Haus und laß mich gehen«, erwiderte sie.

Gandhi faßte sie an der Hand, öffnete die Türe und wollte sie aus dem Haus werfen. »Schämst du dich denn nicht?« schluchzte sie. »Wo soll ich denn hingehen? Ich habe hier weder Eltern noch Verwandte. Besinne dich, um Himmels willen, und schließ die Türe. Sollen wir bei solchen Szenen auch noch Zuschauer haben?«

Gandhi beruhigte sich. Er war von Natur aus leidenschaftlich, und die Ruhe, die er später als Mahatma zeigte, war das Ergebnis langer Arbeit an sich selbst, sein Temperament zu zügeln. Es fiel ihm nicht leicht, ein ausgeglichener, wunschloser Asket zu werden. Er mußte sich selbst neu formen. Nachdem er seine Unzulänglichkeit erkannt hatte, strebte er ständig danach, vollkommener zu werden, sich zu verändern und seiner Natur Zügel anzulegen. Er machte einen anderen Menschen aus sich selbst – eine Art von Wiedergeburt in ein- und demselben Leben. Diese Verwandlung nahm ihren Anfang in Südafrika, und das Ergebnis war ein Mensch, der aus eigener Kraft zu einem anderen, unvergleichlich vollkommeneren geworden war.

Als er 1896 für kurze Zeit aus Südafrika in seine Heimat zurückkehrte, nahm er ohne Gewissensbisse die Geschenke der indischen Gemeinde an. Fünf Jahre später, 1901, bereitete ihm eine goldene Halskette in einem Schmuckkästchen, ein Geschenk für seine Frau Kasturbai, das man ihm vor seiner Abreise nach Bombay überreichte, eine schlaflose Nacht. Er war hin- und hergerissen, ob er Recht tat, das Geschenk anzunehmen, oder ob weniger Besitz nicht gleichzeitig auch mehr Freiheit bedeuten würde. Schließlich entschied er sich gegen den Schmuck. Da half auch Kasturbais Protest nichts. Der Erlös aus den Geschenken sollte zur Gründung eines Treuhandfonds für in Südafrika lebende Inder verwendet werden.

In Bombay im Jahre 1901 wollte ein amerikanischer Versicherungsagent Gandhi eine Police aufschwatzen. Der Mann sagte, Gandhi hätte »ein angenehmes Auftreten« und eine »süße Zunge«. Er sprach über Gandhis Zukunft »als ob wir alte Freunde wären«. In Amerika, so beschwor ihn der Vertreter, »hätte ein Mensch wie Sie auf jeden Fall eine Versicherung; das Leben ist so unsicher«. Dann fand er Gandhis Achillesferse heraus und argumentierte: »Es ist Ihre religiöse Pflicht, versichert zu sein.« Gandhi war zwar eher geneigt, auf Gott mehr zu vertrauen als auf eine Versicherungsgesellschaft, aber schließlich ging der zungenfertige Versicherungsagent doch mit einer Fünftausend-Dollar-Police auf den Namen Gandhi nach Hause.

Zwei Jahre später, wieder zurück in Afrika, änderte Gandhi seine Meinung. Er pflegte 35 Minuten Morgentoilette zu machen – 20 Minuten waren dem Bad gewidmet, 15 Minuten dem Zähnebürsten. Dies war ein alter indischer Brauch. Während dieser Mundmassage sagte er sich im stillen die Verse der Bhagavadgita vor. Und immer wieder beeindruckte ihn die Lehre von der Besitzlosigkeit. Er kündigte die Versicherung. »Gott würde sich um die Familie kümmern«. Die Verwandlung nahm ihren Lauf.

Etwa um diese Zeit machte Gandhi Bekanntschaft mit dem kritischen Vegetarier Henry S. L. Polak, der am *Transvaal Critic* mitarbeitete. Eines Abends, als Gandhi zu einer Reise aufbrach, lieh Polak ihm das Buch *Unto This Last* von dem englischen Essayisten und Kunstkritiker John Ruskin. Gandhi fand es so aufregend, daß er es die ganze Nacht nicht mehr aus der Hand legte. »Dieses Buch«, sagte er im Oktober 1946 rückblickend, »hat einen Wendepunkt in meinem Leben herbeigeführt«. Spontan beschloß er, sich als Bauer niederzulassen und ein einfaches Leben zu führen. Nichts in dem Buch hätte auf eine solche Interpretation hinweisen müssen. Es war einfach so, daß Gandhi zu diesem Zeitpunkt innerlich bereit zu einer Zurück-zur-Natur-Bewegung war, und eine Passage bei Ruskin für eben diesen Entschluß das auslösende Moment wurde. Aber Gandhi interpretierte Texte häufig so, wie er sie verstehen wollte. Er schrieb gleichsam geistig ein zweites Buch mit seiner Version der Handlung. »Es war meine Gewohnheit«, schrieb er einmal, »zu vergessen, was mir mißfiel und zu realisieren, was mir zusagte.«

Er kaufte für tausend Pfund etwa hundert Morgen Land in der Nähe von Phoenix in Natal. Dorthin verlegte er Redaktion und Verlag des Wochenmagazins *Indian Opinion,* das er einige Monate zuvor übernommen hatte. Gandhi lebte nun mit seiner Familie teils in Johannesburg, wo er der Arbeit in seiner Rechtsanwaltskanzlei nachging, und teils auf der Phoenix Farm, wo alle damit beschäftigt waren, Papier zu drucken und Mango- und Orangenbäume zu kultivieren.

Das Problem des einfachen Lebens und der Selbstkontrolle beschäftigten Gandhi in zunehmendem Maße. Er fastete wie seine Mutter, wann immer sich eine Gelegenheit dazu ergab, und an vielen Tagen begnügte er sich mit zwei mageren Mahlzeiten aus Nüssen und Früchten ohne jegliche Gewürze. Auf dieser Farm begann er mit seinen Diätexperimenten, die er zeit seines Lebens nicht mehr aufgeben sollte, »die den Geist über das Tier im Wesen des Menschen erheben sollten, den Tiermenschen aber am Leben erhalten sollten«. Wir leben, so meinte er, nicht um den Körper zu ernähren, zu kleiden, ihm Unterkunft zu geben und ihn zu verwöhnen, sondern wir essen, um ihn zu erhalten. Das tatsächliche Leben beginnt erst, wenn die Bedürfnisse des Körpers befriedigt sind, und doch, wie viele Menschen töten das Leben um eines aufwendigeren Lebens willen. Die Seele braucht zwar eine vorübergehende Bleibe, aber eine saubere Lehmhütte ist genausogut wie ein Palast, ja sogar noch besser. Denn wenn wir nur mehr die Sinnesfreuden genießen, leidet der Geist, verliert das Leben seinen Inhalt, und Unzufriedenheit macht sich breit.

Den Sinnesfreuden zu entsagen wäre Masochismus, sagt der westliche Mensch. Doch auch das Christentum kennt die Askese, und Heiligkeit ist in allen Religionen mit Selbstverleugnung verbunden. Gandhi hielt nichts von Entsagung um ihrer selbst willen oder nur, um das Fleisch zu peinigen. »Eine Mutter«, schrieb er in einem Brief, »würde nie von sich aus in einem nassen Bett schlafen, aber sie würde es bereitwillig tun, wenn sie dadurch ihrem Kind ein trockenes Bett überlassen könnte.« Gandhis Entsagung war die Selbstlosigkeit der Liebe. Jeder erfährt durch Liebe zu seinen Mitmenschen erhebende Augenblicke der Selbstverwirklichung. Ein Heiliger kennt viele solche Augenblicke, weil er, anstatt sich mit seiner eigenen Person zu befassen, diese vergißt, über die Sinnenwelt hinausgeht und einen Platz im anderen Menschen einnimmt. Die Grenze zwischen dem das Denken des Menschen bestimmenden »Mein« und »Dein« verwischt sich und macht Platz für

Stärke und Glück. Gandhi war auf dem Gipfel seiner geistigen Größe in hohem Maße zu dieser Denkweise fähig. Jeder Dokumentarfilm über Gandhi zeigt, daß er seiner selbst fast nicht mehr gewahr wird, dafür aber eins ist mit den anderen. Und genau das ist das Geheimnis seiner Größe und seiner Ausstrahlung: er wurde eins mit denen, die um ihn herum waren. Dieses Phänomen hatte eine enorme gefühlsmäßige Wirkung auf alle, auf Freund und Feind gleichermaßen. Oft schwand dadurch ihr Widerstand, auch wenn die von Gandhi angewandten Mittel eher Zweifel oder Ablehnung hervorriefen. Viele mochten seine Handlungen nicht, billigten aber seine Erfolge.

Eines der Dinge, die er tat, war, den Geschlechtsverkehr aufzugeben. Während er beim Zuluaufstand von Dorf zu Dorf zog, erlebte er lange Perioden der inneren Einkehr und beschloß schließlich, für den Rest seines Lebens keusch zu bleiben. Schon zweimal vorher, so erzählt er uns ganz offen, hatte er versucht, enthaltsam zu werden. Kasturbai hatte sich damit einverstanden erklärt. Sie schliefen in getrennten Betten. Er ging immer erst dann ins Bett, wenn er todmüde von der Tagesarbeit war. Beide Male war er jedoch schwach geworden.

Aber während seines Aufenthalts im Zululand legte er ein endgültiges Gelübde ab. Nach Beendigung des Aufstands kehrte er zurück auf die Phoenix Farm und erzählte Kasturbai von seinem Entschluß. Sie hatte nichts dagegen. »Sie war nie die Verführerin«, schrieb er. Bei den intimen Beziehungen der beiden hatte er dominiert.

Gandhi hielt sein Keuschheitsgelübde vom Jahre 1906 an – damals war er siebenunddreißig – bis zu seinem Tode im Jahre 1948.

Es ist schwierig, Gandhis Beweggründe für diesen Entschluß zu durchleuchten, und sogar er selbst kannte sie nicht so genau. Er glaubte, seine Keuschheit sei »eine Antwort auf den Ruf, der Menschheit zu dienen«. Andererseits äußerte er sich zum gleichen Thema: »Mein Hauptziel war zu vermeiden, daß ich noch mehr Kinder zeugen würde.«

Aber warum wollte er das vermeiden? Phoenix Farm war zu einer Art Gemeinschaftsbesitz geworden, auf den er zahlreiche Kinder und Erwachsene einlud, die in gemeinsamer Verantwortlichkeit füreinander sorgten. Warum sollten das nicht mehr eigene Kinder tun?

Das Verständnis für Gandhis Keuschheitsgedanken kompliziert sich noch weiter durch eine Art Schuldgefühl dem geschlechtlichen Verkehr gegenüber. Als junger Mann massierte er eines Abends die Beine seines Vaters Karamchand, während seine Gedanken bei seiner Frau im Schlafzimmer weilten. Sein Onkel löste ihn bei der Massage ab, und er begab sich zu Kasturbai ins Bett. Einige Minuten später klopfte ein Diener an die Türe des Schlafgemachs und rief nach Gandhi. Gandhi eilte nicht sofort, und als er das Krankenzimmer betrat, war sein Vater bereits gestorben. »Hätte mich nicht tierische Lust blind gemacht«, sinnierte er vierzig Jahre später, »hätte ich meinem Vater in seinen letzten Augenblicken die Qual der Trennung erspart. Meine fleischliche Lust in der Todesstunde meines Vaters... ist ein Schandfleck, den ich nie zu tilgen oder zu vergessen vermochte.« Dieses tiefgreifende Erlebnis mußte seine spätere Handlungsweise beeinflußt haben. Er bezeichnete seinen dreiunddreißigmonatigen Aufenthalt in London als eine lange und heilsame Trennung von Kasturbai. Als er zum erstenmal nach Südafrika aufbrach, tröstete er seine Frau: »Wir sehen uns bestimmt in einem Jahr wieder.« Es sollten aber drei daraus werden.

Keuschheit oder Bramacharya ist im Hinduismus nicht unüblich. Nachdem er seine Pflicht der Zeugung gegenüber der Familie, der Kaste und dem Land erfüllt hat, kann der etwa fünfzigjährige Hindu zu außerehelichem, unproduktivem Geschlechtsverkehr oder zu Enthaltsamkeit übergehen. Es war jedoch ungewöhnlich, zu einem so frühen Zeitpunkt, wie Gandhi es tat, ein Brahmachari zu werden. Vielleicht hatte er das Gefühl, daß vier Söhne genug wären. Oder war für ihn die Vaterschaft Sünde, weil er daran denken mußte, daß er im Augenblick des Todes seines Vaters gesündigt hatte. Auch Kasturbais Gesundheitszustand mag von Bedeutung für diese Entscheidung gewesen sein. Sie war blutarm und wäre einmal fast an inneren Blutungen gestorben. Sie war so schwach, daß eine gynäkologische Operation ohne Narkose vorgenommen werden mußte. Die Operation brachte zwar Erleichterung, aber keine Gesundung. Ihr Zustand stellte ihn vielleicht vor die Alternative: Untreue oder geschlechtliche Enthaltsamkeit.

Rückblickend gibt er an, sein Motiv sei spiritueller Natur gewesen. Bramacharya, »wenn sie voll und richtig verstanden wird«, schreibt er im Jahre 1924, »bedeutet Suche nach Brahma«, also Suche nach Gott. Sie bedeutet Sinnenkontrolle zu jeder Zeit und allerorts in Gedanken, Worten und Taten. Sie schließt sexuelle Enthaltsamkeit mit ein, geht jedoch darüber hinaus. Sie schließt Selbstzucht bei Fasten, Gefühlen und in der Sprache mit ein. Sie verbietet Gewalt, Unwahrheit, Haß und Zorn. Sie schafft Gleichmut und Bedürfnislosigkeit. »Vollkommene Brahmacharis«, sagt Gandhi, »sind frei von Sünde und deshalb Gott nahe. Sie sind wie Gott.« Danach wollte er streben. Das aber setzte die absolute Selbstverwandlung voraus.

Bei der Entsagung sind es nicht der Komfort, der Luxus und die Vergnügungen, die schwierig aufzugeben sind. Viele können auf üppige Mahlzeiten, feine Garderobe, ein schönes Haus usw. verzichten. Es ist das Ego, das sie nicht aufgeben können. Das Selbst ist von materiellen Dingen umgeben, wird davon förmlich erstickt – dazu gehören soziale Stellung, Beliebtheit und Macht. Es ist das einzige Ich, das sie kennen und akzeptieren, das sie auf keinen Fall für ein neues, illusionäres Ich aufgeben wollen, für ein anderes Leben frei von Materiellem, ein Ziel, das sie vielleicht sowieso nie erreichen würden, das vielleicht gar nicht existiert, zumindest nicht für sie und auch nicht in ihrer Umwelt. Gandhi jedoch hatte den Mut, vom festen Boden seines alten Ich aus jenes unbekannte Ich zu suchen. Eine unerklärliche Eingebung ließ ihn wissen, daß er dieses Ich finden würde, das ihn einmal befähigen würde, in seiner Welt neue

Maßstäbe zu setzen. Das war kein einfacher Prozeß, und er muß körperlich schmerzhaft gewesen sein. Sein Geschlechtstrieb war stark, und er fühlte sich auch nach seinem Gelübde sehr zu Frauen hingezogen. Auch hatte er einen »geräumigen Magen«, wie er selbst sagte, und einen entsprechend großen Appetit. Er verdiente gut und wäre vielleicht ein sehr reicher Anwalt geworden. Freiwillige geschlechtliche Enthaltsamkeit und Armut stellten für ihn eine Mühsal dar. Doch er konnte sie ertragen, ja sogar von sich aus bestärken, weil er mit jeder Faser seines Geistes an eine Sache glaubte. Wenn man glaubt, ist der Verzicht kein Opfer, dann wird nur ein Vergnügen durch ein anderes ersetzt. Manche Menschen machen eine Schenkung. Gandhi gab sich selbst – und fand sich dabei selbst. Wieviel man gibt, wird von der Intensität des Glaubens bestimmt. »Gib eine Sache nur auf«, schrieb Gandhi, »wenn du einen anderen Zustand so sehr wünschst, daß das momentan Begehrte keinen Reiz mehr für dich hat, oder wenn sie mit dem, was du dir stärker wünschst, in Konflikt kommt.«

Das keusche, strenge Leben Gandhis war eine Art Sublimierung, durch die seine sozialen Leidenschaften noch stärker zum Ausdruck kamen. Die Entsagung intensivierte seinen Wunsch, sich für das Gemeinwohl einzusetzen. Nun, da er die Sinnenlust unter Kontrolle hatte, war er weniger mit sich selbst beschäftigt. Er hob sich selbst über das Materielle hinaus und machte sich damit freier. Jetzt konnte er ungehindert für seine Ideale arbeiten. Eine bessere Selbstzucht gab ihm eine bessere Kontrolle über andere. Sicherlich wüteten in ihm noch immer Stürme, doch jetzt konnte er sie bezähmen und so mehr Einfluß auf andere gewinnen. Die Entsagung hatte einen zusätzlichen direkten Vorteil: das Volk hatte mehr Vertrauen zu ihm. Die Inder mißtrauen oft Personen, die Geschenke bringen, wahrscheinlich weil sie oft ausgebeutet und ausgenützt und dann hilflos, von ihren eigenen mageren Ressourcen abhängig, zurückgelassen wurden. Sie vermuten hinter Geschenken selbstsüchtige Interessen und befürchten eine Falle. Es fällt ihnen schwer zu glauben, daß irgend jemand etwas gibt, ohne etwas zu wollen. Zu oft wurden sie schon Zeugen, daß die Reichen und Mächtigen einfach nahmen. Wenn sie allerdings einmal von der Selbstlosigkeit eines Menschen überzeugt sind, dann überfluten sie ihn mit zügelloser Hingabe und sklavischem Gehorsam. Das war Gandhis Belohnung.

Erstarkt in sich selbst und in seinem Gefolge trat der neue Gandhi der südafrikanischen Regierung gegenüber. Der Kampf sollte acht Jahre dauern, und Gandhi ging daraus als Sieger hervor.

8 *Stärke, die aus Wahrheit, Liebe und Gewaltlosigkeit geboren ist*

Henry Polak zitiert eine Bemerkung Gandhis, die dieser in Südafrika gemacht hat: »Die Menschen sagen, ich bin ein Heiliger, der seine Zeit mit der Politik vertut. Tatsache ist, daß ich ein Politiker bin, der intensivst versucht, ein Heiliger zu sein.« Gandhis Politik war untrennbar mit seinem Glauben und seiner Religion verwoben. In der Politik blieb er moralischen Prinzipien treu, als Heiliger spürte er, daß sein Platz nicht in einer Höhle oder einem Kloster war, sondern im Wirrwarr des Kampfes um Rechte und Recht. Gandhis Religion machte ihn zum Politiker, und seine Politik war Religion.

Ob nun heiliger Politiker oder Politik treibender Heiliger, auch mit all der zusätzlichen Wirkungskraft, die ihm die praktizierte Entsagung verlieh, hätte Gandhi niemals diese Taten in Südafrika und in Indien vollbringen können, wenn er nicht eine ganz eigene Waffe zum Einsatz gebracht hätte. Sie war etwas völlig Neues, hat auch bislang keine Nachahmer gefunden und war in der Tat so einzigartig, daß er keinen Namen dafür wußte, bis er sich zu »Satyagraha« entschloß. »Satya« bedeutet Wahrheit, Liebe. Beides sind Attribute der Seele. »Agraha« ist Stärke oder Kraft. »Satyagraha« ist also Stärke, die aus Wahrheit, Liebe und Gewaltlosigkeit geboren ist. »Satyagraha«, schrieb Gandhi, »ist die Verteidigung der Wahrheit, nicht indem man dem Gegner Leiden aufbürdet, sondern sich selbst.« Der Gegenspieler muß »von seinem Irrtum durch Geduld und Sympathie abgebracht werden«. Abgebracht und nicht zerschmettert. Satyagraha besteht aus einer ständigen wohlwollenden Wechselwirkung zwischen den beiden Parteien mit dem Ziel einer Versöhnung ohne vorhergehenden Kampf. Gewalt, Beleidigungen und Hetzkampagnen wirken diesem Ziel entgegen.

Gandhi versuchte nie, die Weißen in Südafrika oder die Briten in Indien zu erniedrigen oder zu besiegen. Er wollte sie umstimmen, ihnen den Weg zur Verständigung erleichtern. Er hoffte, General Jan Christiaan Smuts würde sich an sein Christentum erinnern, wenn er, Gandhi, gemäß den Worten der Bergpredigt handelte.

Satyagraha kehrt die Auge-um-Auge-Politik um, die darin endet, daß jedermann blind oder blind vor Zorn ist. Satyagraha vergilt Böses mit Gutem, bis der Übeltäter des Bösen müde geworden ist. Gandhi zeigte in Südafrika und in bestimmten Fällen auch in Indien, daß normale menschliche Wesen auch unter sehr unangenehmen Umständen zu Hochherzigkeit imstande sein können.

Diese Satyagraha wurde ihrer ersten Probe unterzogen, als die *Transvaal Government Gazette* vom 22. August 1906 den Text einer Gesetzesvorlage abdruckte, nach der alle indischen Männer, Frauen und Kinder, die älter als 8 Jahre waren, sich offiziell registrieren lassen mußten, wobei auch Fingerabdrücke genommen wurden. Bei Zuwiderhandlung drohten Bußgelder, Gefängnisstrafe und Deportation aus der Provinz. Die gleichen Strafen sollten jedem Inder, der ohne Registrierungsurkunde angetroffen wurde, auferlegt werden.

Gandhi berief für den 11. September 1906 im Imperial Theatre in Johannesburg eine Massenversammlung ein und gab dabei kund, daß dieses Gesetz eine Diskriminierung der Inder darstelle. »Die Regierung«, so führte er aus, »hat bar jeder Schicklichkeit gehandelt.« Er rief seine 3000 Zuhörer auf, sich dieser Verordnung zu widersetzen, ins Gefängnis zu gehen und wenn es nötig sein sollte, auch zu sterben. Er sagte voraus, daß sie sich auf einen langen Kampf vorbereiten müßten. »Aber«, betonte er, »ich kann euch mit aller Gewißheit versichern: wenn auch nur eine Handvoll von euch zu ihrem Versprechen stehen, dann werden wir in diesem Kampf obsiegen.«

Hier sprach er eine der Grundprinzipien der Satyagraha an: bei Willensstärke kommt es nicht so sehr auf die Anzahl wie auf den Grad der Stärke an.

Das Zwangsregistrierungsgesetz für Asiaten wurde am 3. Juli 1907 erlassen. Gandhi war der Überzeugung, daß auch eine bereits verkündete Gesetzgebung widerrufen werden könne, wenn dieses Gesetz ein Unrecht darstelle und die Betroffenen durch passiven Widerstand »sich selbst treu blieben«. Zusammen mit seinen Landsleuten weigerte er sich, sich registrieren zu lassen, und man verurteilte ihn daraufhin zu zwei Monaten Gefängnis. Es dauerte nicht lange, da kam ein Abgesandter von General Smuts ins Gefängnis mit dem Angebot, daß das diskriminierende Gesetz widerrufen werden würde, wenn sich die Inder freiwillig registrieren lassen würden. Gandhi wurde in Anstaltskleidung in das Büro von General Smuts gebracht, wo dieser Vorschlag diskutiert und schließlich angenommen wurde. General Smuts ordnete daraufhin die Freilassung der inhaftierten Inder an.

Nach Johannesburg zurückgekehrt, wurde ihm dort von seinen Landsleuten mitgeteilt, daß man die von ihm akzeptierte Lösung nicht anerkennen würde, weil ihrer Ansicht nach erst das Gesetz zurückgenommen werden müsse. Erst dann wollten sie sich registrieren lassen. »Was wäre, wenn Smuts sein Wort nicht halten würde?« gaben sie zu bedenken.

»Ein Satyagrahi«, antwortete er, »sagt der Furcht Lebewohl. Selbst wenn der Gegenspieler zwanzigmal mit falschen Karten spielt, ist der Satyagrahi bereit, ihm auch beim einundzwanzigstenmal zu trauen. Denn ein unerschütterliches Vertrauen in die menschliche Natur ist die Grundlage seines Glaubens.« Dann legte er ihnen dar, warum er sich auf den Kompromiß eingelassen hatte: sich dem Zwang zu beugen, verringert Würde und Haltung des Menschen, aber man müsse auch die Schwierigkeiten der Regierung in Betracht ziehen. Sie stand unter dem starken Druck von rassenbewußten Weißen. Der Zweck der Registrierung war es, daß Inder davon abgehalten würden, illegal nach Transvaal zu kommen. Da aber wohl niemand vorhabe, Einwanderer »illegal oder betrügerisch« ins Land zu bringen, warum sollte man sich da nicht registrieren lassen? Eine Zusammenarbeit aus freien Stücken sei großmütig und deshalb anzuerkennen. Deshalb hätte die Zurücknahme der Zwangsregistrierung die Situation verändert.

Auf der gleichen Versammlung, auf der diese Worte gesprochen wurden, kam es zu folgendem Zwischenfall: Plötzlich sprang ein riesiger Pathane aus den wilden Bergen Nordwestindiens auf und rief: »Wir werden niemals unsere Fingerabdrücke geben, noch anderen erlauben, es zu tun. Ich schwöre bei Allah als meinem Zeugen, daß ich den Mann töten werde, der sich als erster registrieren läßt.«

Gandhi antwortete darauf, daß er selbst der erste sein wolle. »Der Tod«, fügte er hinzu, »ist das vorbestimmte Ende allen Lebens. Durch die Hand eines Bruders zu sterben, anstatt durch Krankheit oder irgendeine andere Art und Weise, bereitet mir keine Sorge. Und ich werde weder Haß noch Zorn gegen meinen Widersacher hegen, weil ich weiß, daß alles, was geschieht, zu meinem Wohle ist, und sogar der Angreifer wird einmal erkennen, daß ich unschuldig war und er Unrecht getan hat.« Niemand hätte in diesem Augenblick voraussagen können, daß Gandhi zweiundvierzig Jahre später durch die Hand eines Bruders sterben würde. Der Pathane aber wollte Wort halten, und als sich Gandhi zum Registrieramt begab, stürzte sich der einen Meter achtzig große, kräftig gebaute Mir Alam auf ihn und versetzte ihm einen heftigen Schlag auf den Kopf. »Ich wurde sofort bewußtlos und hauchte nur noch ›Hey Rama‹ (o Gott)«, erinnerte sich Gandhi an diesen Vorfall. Dieselben Worte auf den Lippen sollte er am 30. Januar 1948 sterben.

Mir Alam wurde mit anderen Pathanen festgenommen, aber Gandhi erwirkte ihre Freilassung. »Sie dachten, sie wären im Recht«, sagte er, »und ich will nicht, daß sie dafür bestraft werden.«

Nachdem er sich von dem Angriff erholt hatte, ließ sich Gandhi registrieren, und viele Inder folgten seinem Beispiel. Zu seiner großen Bestürzung weigerte sich Smuts später, das Zwangsregistrierungsgesetz zurückzunehmen. »Da hast du es!« spotteten die Inder. »Wir haben dir ja gleich gesagt, daß du zu gutgläubig bist.«

Am 16. August 1908 um 4 Uhr kamen in der Hamidia Moschee in Johannesburg über zweitausend Inder zusammen und warfen ihre Registrierurkunden in einen riesigen Kessel, der mit brennendem Paraffin gefüllt war. Der Korrespondent der Londoner *Daily Mail* verglich das Ereignis mit der Bostoner Tea Party.

Gandhis Rechtsanwaltskanzlei in Johannesburg wurde nun das allgemeine Hauptquartier der Satyagraha-Bewegung. Er begab sich auf die Phoenix Farm in Natal und warb dort für eine Idee, weil dort weit mehr Inder lebten als in Transvaal, wo sich nur etwa 13000 niedergelassen hatten. Auf der Farm lebte er sehr spartanisch, und wenn es nicht gerade regnete, schlief er auf einem dünnen Tuch im Freien. Vergnügungen lehnte er ab; er bereitete sich jetzt schon innerlich auf den großen geistigen Kampf vor, der ihm bevorstand. »Ein Satyagrahi«, schrieb er, »muß, wenn möglich, noch mehr auf sich selbst gestellt sein als ein Seiltänzer.« Die Inder hatten sich entschlossen, dem Registrierungserlaß zu trotzen und ohne die Urkunde herumzulaufen.

Nun tat Gandhi einen Schritt von dramatischer Einfachheit. Inder aus Natal hatten ihn gebeten, testen zu dürfen, wie ernst es den Behörden mit dem Einwanderungsverbot nach Transvaal wäre. Er wählte einige aus, darunter auch seinen Sohn Harilal. Diese gingen zum Grenzposten von Transvaal und versuchten, Einlaß zu bekommen. Alle wurden festgenommen und zu dreimonatiger Haft verurteilt. Gandhi schloß sich ihnen an. Seinem Beispiel folgten Hunderte von Indern, die der Polizei klipp und klar mitteilten, sie hätten ihre Urkunden weggeworfen.

Gandhi kochte im Gefängnis für fünfundsiebzig Landsleute. Er verrichtete auch harte körperliche Arbeit. Als seine Hände mit Blasen bedeckt waren, meldete er sich freiwillig zum Toilettenreinigen. »Der wahre Weg zu höchster Seligkeit«, schrieb Gandhi einmal, »kann auch der sein, wenn man im Interesse seines Landes und seiner Religion ins Gefängnis geht und dort Leiden und Entbehrungen erduldet.« Nur der Körper wäre in Ketten, die Seele aber frei. Darin war er sich mit Henry David Thoreau, dem Rebellen aus Neu-England, einig, der über seinen eigenen Gefängnisaufenthalt schrieb: »Ich fühlte mich nicht einen Augenblick lang eingeengt, und die Gefängnismauern erschienen mir völlig überflüssig.« Gandhi wiederholte diese Worte aus Thoreaus »Bürgerlicher Ungehorsam« und studierte das ganze Essay währens seines zweiten Gefängnisaufenthalts. Er nannte es eine »meisterliche Abhandlung«, die ihn »tief beeindruckte«. Es erinnert vieles an Thoreau, was Gandhi tat, ebenso wie vieles bei Thoreau an indische Religionsweisheit erinnert. Thoreau und sein Freund Ralph Waldo Emerson hatten die Bhagavadgita und einige der heiligen, hinduistischen Upanishaden gelesen. So borgte Thoreau in Massachusetts von Gandhis Indien und zahlte die Schuld zurück mit Worten, die Gandhi in einer südafrikanischen Gefängniszelle erreichten.

»Die einzige Verpflichtung, die ich das Recht habe anzunehmen«, stellt Thoreau in seiner Darstellung »Bürgerlicher Ungehorsam« fest, »ist zu jeder Zeit das zu tun, was ich für richtig halte.« Er hielt es für ehrenhafter, Recht zu tun, was er als Recht erkannt hatte, als den Gesetzen zu gehorchen. Deshalb protestierte er im Jahre 1849 gegen Sklaverei und die Invasion in Mexiko. »Es gibt Tausende, die ihrer Meinung nach gegen Sklaverei und Krieg sind«, klagte er an, »die jedoch nichts dazutun, um dem ein Ende zu setzen. Es kommen neunhundertneunundneunzig Selbstgefällige auf einen wirklich tugendhaften Menschen.«

Wie Gandhi war auch Thoreau davon überzeugt, daß eine bis zur Selbstaufgabe entschlossene Minderheit eine irrende Mehrheit zur Besinnung bringen könne. »Eines weiß ich gewiß: Wenn tausend, hundert, zehn Leute, die ich mit Namen nennen könnte, wenn nur zehn ehrenwerte menschliche Wesen, wenn nur ein Ehrenmann im Staat von Massachusetts aufhören würde, Sklaven zu halten, und seine Beteiligung (an der Regierung) kündigen und ins Landesgefängnis eingeliefert werden würde, dann würde das das Ende der Sklaverei in Amerika bedeuten. Es ist dabei gar nicht von Bedeutung, wie klein der Anfang sein mag. Was gut getan wird, besteht für immer. Aber wir sprechen ja nur darüber...«

Thoreau weigerte sich, Steuern zu zahlen, und wurde ins Gefängnis gesteckt, aber ein Freund zahlte für ihn, und er kam binnen vierundzwanzig Stunden frei. Emerson erklärte in seinem Essay über Politik: »Ich kann mich an kein einziges menschliches Wesen erinnern, das sich aus moralischen Gründen ständig der Autorität von Gesetzen widersetzt.«

Emerson starb im Jahre 1882 und konnte Gandhi nicht gekannt haben, der in dem Augenblick, in dem er Thoreau las, im Gefängnis saß, weil er sich aus moralischen Gründen ungerechten Gesetzen widersetzt hatte und das auch für den Rest seines Lebens immer tun würde.

Leo Graf Tolstoj, mit dem Gandhi in den Jahren 1909 und 1910 korrespondierte, hatte denselben Gedanken an die Moral im Menschen und an bürgerlichen Ungehorsam. »Die Situation von Regierungen Menschen gegenüber, die sich zum Christentum bekennen«, schrieb Tolstoj in *Das Reich Gottes ist in Euch,* »ist so unsicher, daß es nur sehr wenig braucht, um ihre Macht zu zerschmettern.« Und er definierte einen Christen so: »Er streitet nie mit seinem

Nachbarn, er greift nie an und wendet auch nie Gewalt an; im Gegenteil, er leidet selbst, leistet keinen Widerstand. Er befreit sich selbst allein durch seine Einstellung zum Bösen und trägt dadurch dazu bei, die Welt insgesamt von aller äußeren Autorität zu befreien.«

Tolstoj versuchte durch körperliche Arbeit, Verzicht auf Besitz, einfache Lebensführung und christliches Predigen in seinen späten Jahren einen Einklang zwischen seiner Religion und seinem Handeln zu schaffen. Auch Thoreau und Ruskin versuchten, des Menschen Ziele und seine Handlungen einander näherzubringen. Der Künstler in ihnen strebte nach der Ganzheit, die sich aus der Integration von Worten mit Glaubensvorstellungen und von beiden mit Taten ergibt.

Romain Rolland, der von Tolstoj beeinflußt war, zog einen scharfsinnigen Vergleich zwischen Tolstoj und Gandhi. »Bei Gandhi«, schrieb Rolland im Jahre 1924, »ist alles Natur, einfach, bescheiden, rein. Alle seine Kämpfe sind durch eine religiöse Heiterkeit geheiligt. Bei Tolstoj hingegen ist alles stolze Rebellion gegen Stolz, Haß gegen Haß, Leidenschaft gegen Leidenschaft. Alles an Tolstoj ist Gewalt, sogar seine Lehre von der Gewaltlosigkeit.«

Tolstoj war aufgewühlt, Gandhi ruhig und ausgeglichen. In dieser Hinsicht waren viele Anhänger Gandhis in Wirklichkeit Tolstojaner. Gandhi tat in jeder Situation das, was er für richtig hielt, und nicht das, was opportun war, was schneller ging, bequemer war, mehr einbrachte, beliebt, sicher oder eindrucksvoll war. Mehr und mehr gewann Gandhi die Fähigkeit, sich mit äußerster Geduld und Friedfertigkeit mit denen auseinanderzusetzen, die seiner Meinung nach Unrecht taten. Er nahm Worte und Gedanken ernst und befolgte sorgsam seine moralischen Richtlinien. Nur so konnte er sie anderen predigen. Gandhi predigte, was er selber praktizierte.

Das viele Unrecht in unserer Zivilisation wurzelt in der Diskrepanz zwischen Glaube, Wort und Tat. Das ist die Schwäche von Kirchen, Staaten, Parteien und Personen.

Das spaltet Menschen und Institutionen. Gandhi versuchte, diese Spaltung zu überbrücken, indem er anstelle der Diskrepanz Harmonie walten ließ, und während er sich diese allmählich erwarb, wurde er selbst glücklich, entspannt und fröhlich.

Gandhi war geistig gesund, weil in ihm Wort, Glaube und Tat eine Einheit bildeten. Er war zu einem geschlossenen Ganzen vervollkommnet. »Wahrheit soll dich frei machen« – und gesund. Die Wahrheit machte Gandhi frei, damit er ins Gefängnis gehen konnte.

9 *Glücklicher Sieg*

Um ins Gefängnis zu kommen, mußte ein in Transvaal lebender Inder nur in die Provinz Natal reisen und wieder nach Transvaal zurückkehren. Das verstieß gegen das Einwanderungsverbot und wurde mit Gefängnisstrafe zwischen einem und drei Monaten belegt. Einige Widerständler waren bis zu achtmal hintereinander im Gefängnis gewesen. Nach jeder Entlassung führten sie absichtlich eine erneute Verurteilung herbei. Einmal waren so von den 13000 in Transvaal lebenden Indern gleichzeitig 2500 im Gefängnis und 6000 auf der Flucht. Und es war kein Ende der Misere in Sicht.

Im Jahre 1909 schickte Gandhi Henry Polak nach Indien, er selbst begab sich nach England. Er war der Meinung, ein aufgebrachtes Volk und verständige Behörden in einem Teil eines Reiches, dessen Bevölkerung überwiegend farbig ist, könnte im Kampf gegen Rassendiskriminierung in einem anderen Teil der Welt vonnutzen sein. Wenn man in Indien auf das Südafrikaproblem aufmerksam würde, würden die Bedenken des Vizekönigs sicher in London vorgetragen werden. Von dort aus könnte, über die richtigen Kanäle, Druck auf Smuts ausgeübt werden. Heute bezeichnet man eine derartige Taktik als Lobbyismus – damals hatte man noch weniger Erfahrung mit solchen Praktiken.

Gandhi gelang es, in England viele für seine Sache zu gewinnen. Obgleich seine Reise keine unmittelbar greifbaren Ergebnisse brachte, hatte man zumindest Kenntnis genommen von der prekären Situation der Inder in Südafrika. Der Keim für den späteren Triumph war eingepflanzt. Gegen Ende des Jahres 1909 nach Südafrika zurückgekehrt, beschloß Gandhi eine Art »Kooperative« en miniature aufzubauen, wo seine Widerständler »lernen sollten, ein neues, einfaches Leben in Harmonie miteinander zu führen«. Die Bewegung brauchte ein Heim für die Angehörigen der eingesperrten Gesinnungsgenossen und für diese selbst in der Zeit zwischen ihren Gefängnisaufenthalten. Hermann Kallenbach war der zweite in der Hierarchie der Satyagraha-Bewegung. Er war ein großer, vierschrötiger deutscher Jude mit einem beeindruckenden Schnurrbart und einem Kneifer. Der reiche Architekt war Buddhist, Boxer, Ringer, Schüler des berühmten Sandow, ein Mann, in Gandhis Worten »von starken Gefühlen, großen Sympathien und kindlicher Einfachheit«. Er kaufte 21 Meilen von Johannesburg ein Stück Land und überließ es unentgeltlich der Bewegung. Gandhi nannte es die Tolstoj-Farm. Er, seine Familie und Kallenbach zogen nun dorthin.

»Ich backe das Brot, das auf der Farm gebraucht wird«, schrieb Gandhi an einen Freund in Italien. »Es heißt allgemein, daß es gut gewürzt ist und schmeckt. Wir geben keine Hefe und kein Backpulver zu. Eben haben wir aus den auf unserer Farm wachsenden Orangen Marmelade gemacht. Ich habe auch gelernt, Karamelkaffee zuzubereiten; man kann ihn bedenkenlos Babys zu trinken geben.«

Gandhi war Brot- und Zuckerbäcker zugleich. Kallenbach lehrte ihn Truhen, Kästen und Schulbänke zu tischlern sowie Ledersandalen herzustellen. Gandhi nähte Jacken für seine Frau, die sie, wie er stolz feststellte, sogar trug. Er half in der Küche, hielt die Frauen vom Streit ab und war überall zugleich. Wenn ein juristischer Prozeß seine Anwesenheit erforderte, verließ er die Farm um zwei Uhr früh und legte die einundzwanzig Meilen in die Stadt zu Fuß zurück. Am

Abend kehrte er auf die gleiche Weise wieder zurück. »An einem Tag«, erinnert er sich, »bin ich fünfzig Meilen gegangen.«

Gandhi führte seine Ausdauer auf sein gottgefälliges Leben und eine gesunde Diät zurück. Er und Kallenbach vermieden es, Nahrung zu kochen. Sie begnügten sich mit Bananen, Datteln, Zitronen, Orangen, Erdnüssen und Olivenöl, und nachdem man ihnen von den grausamen Praktiken erzählt hatte, wie man in Indien Kühe und Wasserbüffel dazu bringt, mehr Milch zu geben, verzichteten sie auch auf die Milch.

Auf der Farm lebten mal mehr, mal weniger Menschen, je nachdem, wie viele Satyagrahis gerade zur Strafverbüßung eingesperrt waren. Manchmal beherbergte die Farm über hundert Personen. Während ihres Aufenthalts erhielten die Inder von Kallenbach und Gandhi Unterricht in Religion, Geographie, Geschichte, Arithmetik und so weiter.

Gandhis Methode einer gemischten Erziehung war geradezu revolutionär. Er ermutigte die Jungen und Mädchen bis hin zum Alter der Heranwachsenden, zusammen an der Quelle zu baden. Zur Sicherheit der Mädchen war er immer gegenwärtig: »Meine Augen beobachten die Mädchen wie das Auge einer Mutter die Tochter beobachtet.« Aber seinen Augen entging auch nichts, was die Knaben taten. Die Nacht verbrachten alle auf einer offenen Veranda. Die jungen Leute schliefen dicht bei Gandhi, und die Mädchen lagen keinen Meter von den Jungen entfernt, die er eindringlich zur Selbstzucht ermahnte. Als es aber dann doch einmal zu einem Zwischenfall kam, suchte Gandhi nach einem Weg, »das Auge des Sünders zu sterilisieren«. Nach einer schlaflos durchdachten Nacht hatte er am Morgen die Lösung. Er wies das Mädchen an, den Kopf kahl zu rasieren. Sie lehnte zwar entsetzt ab, aber er ließ nicht locker. Sie gab widerstrebend ihre Zustimmung, und Gandhi selbst schnitt ihr die Haare ab.

Nach wie vor wechselten auf der Farm die Bewohner, alles ging seinen Gang. Viele verließ der Mut, Gandhi aber blieb zuversichtlich. Als Gopal Krishna Gokhale, der herausragende Führer der indischen nationalistischen Bewegung, nach Südafrika kam, um sich durch Augenschein über die Situation zu informieren, fragte er Gandhi nach einer Liste von wirklich verläßlichen Leuten aus der Widerstandsbewegung. Gandhi schrieb sechsundsechzig Namen auf, räumte aber ein, daß sich diese Zahl auf sechzehn verringern könnte. Diese nannte er seine »Friedensarmee«. Auch wenn er nicht mit Heeresstärke aufwarten konnte, war er doch sicher, daß er die Regierung zum Nachgeben zwingen würde. Gokhale genoß großen Einfluß beim indischen Volk und nicht minder bei den britischen Machthabern. Die neue Regierung der Union von Südafrika unter den Generälen Botha und Smuts wollte einen guten Eindruck hinterlassen, und so bereitete man Gokhale einen überaus freundlichen Empfang. Es stand ihm frei, das Land zu bereisen, wann und wo immer er wollte. Die beiden Generäle versprachen, das Einwanderungsverbot aufzuheben und die 3-Pfund-Steuer für Kontraktarbeiter abzuschaffen.

»Da möchte ich schon Zweifel anmelden«, sagte Gandhi, als ihm Gokhale von diesem Versprechen erzählte.

Gandhi verehrte Gokhale. Er sei »wie der Ganges, in dessen erfrischenden, heiligen Wassern man baden möchte«. Gokhale war für ihn der politische Guru. Trotzdem hätte er sich niemals der Meinung Gokhales angeschlossen, wenn er diese nicht für richtig gehalten hätte, ganz gleich, wie sehr er ihn auch sonst verehrte. Gokhale wertete das Versprechen der Generäle als Signal, daß der Kampf in Südafrika seinem Ende zuginge. Er forderte Gandhi auf, »innerhalb von zwölf Monaten nach Indien zurückzukehren«. Für den Fall, daß er das nicht tun würde, wollte er keine der dafür vorgebrachten Entschuldigungen gelten lassen. Gandhi war jedoch eigensinnig, und Gokhale tadelte ihn: »Sie werden wohl immer Ihre eigene Art haben.« Nach Bombay zurückgekehrt ließ er jedoch anläßlich einer Versammlung in der Towan Hall wissen, daß »Gandhi die wunderbare Macht in sich habe, gewöhnliche Menschen um ihn herum in Märtyrer und Helden zu verwandeln.« Man schäme sich, in Gandhis Anwesenheit etwas Unwürdiges zu tun, ja man fürchte sich sogar, Unwürdiges in seiner Gegenwart zu denken. Gandhi empfand vor berühmten Männern wie Gokhale Achtung, Demut, ja sogar Ehrfurcht, trotzdem war er manchmal für ihre Gedanken unzugänglich. Er war scheu, aber unabhängig. Selbstvertrauen erfüllte ihn mit einer überschäumenden Energie und einer Ausstrahlung, der kein Kritiker und schon gar keiner seiner Gefolgsleute widerstehen konnte.

Die politische Entwicklung ließ Gandhi recht behalten. Smuts verkündete schon bald im House of Assembly, die europäischen Arbeitgeber, die die Kontraktarbeiter in Natal beschäftigten, würden es nicht zulassen, daß die Drei-Pfund-Steuer der ehemaligen Sklaven abgeschafft würde. Das war ein offener Bruch des Botha-Smuts-Versprechens an Gokhale. Nun gab es massenweise Freiwillige für den bürgerlichen Ungehorsam.

Zu den beiden Streitfragen, der Steuer und dem Einwanderungsverbot, kam noch eine dritte dazu, als ein Richter des Obersten Gerichtshofs der Kapkolonie verfügte, daß nur christliche Ehen legal wären. »Dann bin ich also nicht deine Frau!« rief Kasturbai entsetzt aus. Hindu-, Moslem- und Parsen-Ehen wurden für ungültig erklärt, und indische Ehefrauen galten als Konkubinen. Dermaßen erniedrigt, schlossen sich auch viele Frauen der Widerstandsbewegung an.

Gandhi plante seinen Feldzug. Zuerst sollte eine Gruppe von Frauen aus Natal ihre Verhaftung provozieren, indem sie ohne Erlaubnis nach Transvaal gingen. Gleichzeitig sollte eine andere Gruppe Frauen von Transvaal nach Natal reisen. Die »Natal-Schwestern« wurden verhaftet. Entrüstung flammte auf und brachte neue Gefolgschaft. Die »Transvaal-Schwestern« wurden nicht verhaftet. Wie man ihnen geheißen hatte, marschierten sie weiter zu den Kohlebergwerken von Newcastle und bedrängten die indischen Kontraktarbeiter zu streiken. Daraufhin ließ die Regierung diese Frauen ins Gefängnis werfen und verfügte eine dreimonatige Haftzeit. Daraufhin legten viele, die sich der Streikbewegung bisher nicht abgeschlossen hatten, spontan die Arbeit nieder. Gandhi ging nach Newcastle. Die Bergwerksbesitzer ließen in den Unterkünften der Streikenden Licht und Wasser abdrehen.

Da Gandhi sicher war, daß dieser Streik nicht so schnell beigelegt sein würde, riet er den Arbeitern, ihre Unterkünfte zu verlassen, Decken und Kleidung mitzunehmen und unter freiem Himmel zu kampieren. Bald waren es mehr als 5000 Inder, die ohne festes Dach über dem Kopf lebten.

Gandhi wußte nun nicht, was er mit ihnen tun sollte. Wie konnte er eine so große Zahl von Menschen ernähren und ihnen Unterkunft bieten. Er sah keine andere Möglichkeit, als sie nach Transvaal zu führen und dort »sicher im Gefängnis unterzubringen«. Bevor er jedoch das Lager abbrach, telegraphierte er der Regierung, sie könne die »Friedensarmee« schon verhaften, bevor sie nach Transvaal zöge. Die Regierung war allerdings nicht geneigt, ihm diesen Gefallen zu tun. Eine Woche später rief Gandhi Smuts in Pretoria an und wiederholte seine Aufforderung, seine Inder bereits in Natal zu inhaftieren. Er würde andererseits aber die Arbeiter in die Bergwerke zurückschicken, wenn die 3-Pfund-Steuer abgeschafft würde. Smuts Sekretär ließ wissen, »daß General Smuts nichts mit den Aufständischen zu tun haben möchte. Er sehe keinen Weg für irgendwelche Verhandlungen.«

Da befahl Gandhi den Marsch von Natal nach Transvaal. Er glaubte nicht, daß die Regierung von Transvaal die Friedensarmee inhaftieren würde, und deshalb plante er einen Achttagemarsch zur Tolstoj Farm, wobei jeden Tag zwanzig Meilen zurückgelegt werden sollten. Während er das Unternehmen vorbereitete (zu jedem Rastpunkt mußten entsprechende Mengen Lebensmittel gebracht werden), gab er zu bedenken, wie mühselig so ein Gewaltmarsch sein würde, und beschwor die Furchtsamen, heimzukehren.

Am Morgen des 6. November 1913 um 6 Uhr 30 zählte Gandhi seine Schar. Es waren 2037 Männer, 127 Frauen und

57 Kinder. Sie beteten und »begannen ihren Marsch im Namen Gottes«.

Die Polizei an der Grenze zu Transvaal ließ sie passieren. Einige Frauen trugen Babys auf den Hüften oder auf dem Rücken. Die meisten waren barfuß. Es war eine buntgemischte Schar, die Tamil, Telugu, Gujarati, Hindi und andere indische Dialekte sprachen, und Trachten konnte man so viele sehen, wie es indische Stämme gab. Allen gemeinsam war nur die Liebe zu ihrem kleinen Anführer, der folgende Tagesbefehle herausgegeben hatte: »Widersetzt euch keiner Verhaftung; erduldet die Züchtigung der Polizei; bewahrt eure moralische Haltung, und vergeßt nie unser großes Ziel.«

Gegen Abend des ersten Tages wurde Gandhi festgenommen, aber aufgrund seiner Verantwortung für die Gruppe wieder freigelassen. Am darauffolgenden Abend wurde er wiederum inhaftiert, einem Gericht vorgeführt und freigelassen. Als er am vierten Tag noch einmal eingesperrt wurde, durfte er das Gefängnis nicht mehr sofort verlassen. Der Zug zur Tolstoj Farm ging ohne ihn weiter.

Als der Treck am nächsten Morgen Balfour erreichte, trieb man die Teilnehmer in bereitgestellte Züge und brachte sie zu den Bergwerken in Natal zurück. Dort pferchte man sie in drahtumzäunte Gehege, die von als spezielles Wachpersonal vereidigten Firmenangestellten beaufsichtigt wurden. Doch der Streik blieb ungebrochen. Niemand war gewillt, die Arbeit wiederaufzunehmen.

Weitere Kontraktarbeiter legten ihre Arbeit aus Solidarität zu den Bergleuten nieder. Da der Staat sie aber als Sklaven ohne Streikrecht betrachtete, schickte man Soldaten, um den Streik zu brechen.

An einem Ort griff das Militär sogar zu den Waffen. Dabei wurden einige Inder getötet und andere verletzt.

Fünfzigtausend Kontraktarbeiter waren nun im Ausstand, mehrere tausend freie Inder im Gefängnis. Die Nachricht wurde nach Indien gekabelt, wo ein Sturm der Entrüstung losbrach. Lord Harding, der britische Vizekönig, brach in einer leidenschaftlichen Rede in Madras die Regel der Nichteinmischung, kritisierte die südafrikanische Regierung aufs heftigste und forderte die Einrichtung einer Untersuchungskommission. Depeschen gingen von Indien nach London und zwischen London und Südafrika hin und her. Am 18. Dezember 1913 ließen die Behörden Gandhi, Polak und Kallenbach, die mit ihm festgenommen worden waren, frei. »Wir«, so kommentierte Gandhi diese Freilassung, »waren darüber entsetzt. Unsere indischen Landsleute konnten auf uns als Führer verzichten.« Bürgerlicher Ungehorsam braucht keine Führer, wenn er einmal in Gang gebracht war.

Gleichzeitig richtete die südafrikanische Regierung eine Kommission ein, die sich um die Belange der im Lande ansässigen Inder kümmern sollte. Gandhi bezeichnete sie sofort als »parteiisch zusammengesetzt in der Absicht, die Regierung und die öffentliche Meinung in England und in Indien zu täuschen«. Sir William Solomon, der Vorsitzende der Kommission, bemerkte Gandhi, sei »integer und unparteiisch«, aber Mr. Ewald Esselen sei von Vorurteilen geprägt, und das dritte Mitglied, Oberst J. S. Wylie, sei einer der Anführer des versuchten Meuchelmords an Gandhi gewesen, als er von Bord eines der beiden Schiffe ging, die mit achthundert Indern im Januar 1897 in Durban angelegt hatten. Gandhi schlug vor, die Kommission durch mehrere Inder oder inder-freundliche Personen zu erweitern.

Gandhi erwartete Schwierigkeiten und war bereit zu kämpfen. Bei einer Massenversammlung erschien er in einem knielangen weißen Gewand, einer Art verlängertem Lendenschurz, und in Sandalen. Er hatte die westliche Kleidung abgelegt, gab er als Erklärung an, um damit seine Trauer über die getöteten Bergleute zu bekunden. »Seid ihr bereit, das Schicksal eurer Landsleute zu tragen, die jetzt unter dem kalten Stein liegen?« fragte er.

»Ja, ja«, gelobte die Menge.

»Ich hoffe«, fuhr er fort, »daß niemand unter euch ist, der seine Sicherheit höher erachtet als unser gemeinsames

Ziel!« Er erwartete absolute Selbstverleugnung, wie sie in der Bhagavadgita geschrieben stand. Er konnte sich auf seine Gefolgsleute verlassen, denn dies waren religiöse Menschen, und er hatte immer wieder betont, daß ihr Kampf ein Kampf für die menschliche Freiheit, also ein Kampf für die Religion sei.

Als Smuts sich weigerte, die Zusammensetzung der Kommission zu ändern, kündigte Gandhi einen Protestmarsch zusammen mit einigen Freiwilligen von Durban nach Natal für den Neujahrstag des Jahres 1914 an, auch wenn er dabei wieder in Haft genommen würde.

Während diese unangenehme Drohung eines erneuten Massenprotestmarsches der Inder in der Luft lag, gingen die weißen Angestellten aller südafrikanischen Eisenbahngesellschaften in den Ausstand. Gandhi sagte seinen Marsch sofort ab. Eine edle Geisteshaltung, so sagte er, mache sich nie die Schwäche des Gegners zunutze. Er hoffe, den Verstand des Gegners überzeugen und sein Herz durch Aufrichtigkeit und Ritterlichkeit erobern zu können. Es wäre ihm in keiner Weise darum getan, den Gegner zu erbittern oder zu erniedrigen. Gandhis Haltung wurde durch Anerkennungsbotschaften aus Indien, England und Afrika selbst honoriert. Smuts hatte zwar mit dem Eisenbahnerstreik den Kopf voll (das Kriegsgericht war verkündet worden), lud Gandhi aber nichtsdestotrotz zu einer Unterredung ein. Die Inder warnten Gandhi vor einer Täuschung und erinnerten an das gebrochene Versprechen von 1908 und die nicht gehaltene Zusage an Gokhale. Gandhi aber antwortete mit einem Sanskrit-Sprichwort: »Versöhnlichkeit ist die Zierde des Mutigen.«

Das Gespräch zwischen Smuts und Gandhi weitete sich zu Verhandlungen aus. »Gandhi«, sagte Smuts bei einer ihrer Unterredungen, »diesmal wollen wir keine Mißverständnisse, wir wollen keine geistigen oder anderen Vorurteile, lassen Sie uns die Karten offen auf den Tisch legen.« Diese positive Ausgangshaltung führte zu langsamem, aber stetigem Fortschritt. Jede Passage und jedes Wort des anstehenden Abkommens wurde genau analysiert. Schließlich tauschten die beiden feinsinnigen Männer am 30. Januar 1914 Schriftstücke aus, in denen sie die Vertragsbedingungen bestätigten. Dieses Dokument wurde unter dem juristischen Namen India Relief Bill dem Unionsparlament in Kapstadt übermittelt und im Juli in dem »entschiedenen Geist«, für den Smuts plädiert hatte, angenommen.

Gemäß diesem Abkommen wurden die 3-Pfund-Steuer, die indische Kontraktarbeiter zu leisten hatten, wenn sie nach Ablauf ihrer Vertragszeit in Südafrika bleiben wollten, abgeschafft und etwaige Rückstände ersatzlos gestrichen. Hindu-, Moslem- und Parsen-Ehen wurden als rechtsgültig erklärt. In Südafrika geborene Inder konnten in die Kapkolonie einreisen, ein freies Umherziehen in den Unionsprovinzen war ansonsten jedoch unzulässig. Vom Jahr 1920 an sollte es keine Kontraktarbeiter aus Indien mehr geben. Freie Inder könnten jedoch weiterhin einreisen, und ihre Familien könnten ihnen nachfolgen.

Gandhis Mission war beendet. Er war müde aber glücklich und schiffte sich am 18. Juli 1914 nach England ein. Begleitet wurde er von seiner Frau, die in ihrem weißen Sari mit dem bunten Blumenmuster wunderschön anzusehen war, und von Hermann Kallenbach. Vor seiner Abreise schickte er General Smuts als Geschenk ein paar von den Ledersandalen, die er im Gefängnis angefertigt hatte. Smuts trug sie auf seiner Farm in Pretoria bis zum Jahre 1939. Dann schickte er sie als Freundschaftsgeste zurück und schrieb dazu: »Ich habe diese Sandalen seit damals viele Sommer lang getragen, obgleich ich das Gefühl habe, es nicht verdient zu haben, in den Schuhen eines so großen Mannes zu stehen.« Sein Humor und seine Großzügigkeit zeigten ihn Gandhis würdig. Gandhi hatte Smuts nicht besiegt, er hatte ihn überzeugt. Die Einigung kam nicht, weil Smuts keine Kraft mehr zum Kämpfen hatte, sondern weil sein Herz anders fühlte. »Man kann einfach nicht zwanzigtausend Inder einsperren«, erklärte Smuts damals. Er war glücklich, als das Ringen vorüber war. 1939 schrieb Smuts, der ein weltbekannter Staatsmann geworden war, in einem Beitrag zu einem dicken Band anläßlich von Gandhis siebzigstem Geburtstag: »Männer wie Gandhi befreien uns von einem Gefühl der Nichtigkeit und der Sinnlosigkeit und sind uns eine Anregung, nach dem Guten zu streben... Es war mein Schicksal, der Gegenspieler eines Manens gewesen zu sein, vor dem ich auch damals die höchste Achtung empfand... Er vergaß niemals die menschliche Seite des Problems, wurde nie ärgerlich oder haßerfüllt und erhielt sich seinen sanften Humor auch in den prekärsten Situationen. Sein Benehmen und seine geistige Haltung standen damals wie später im krassen Gegensatz zu der unbarmherzigen und brutalen Gewalt, die in unserer Zeit in Mode ist.«

Fünfundzwanzig Jahre danach darüber zu schreiben war einfacher, als damit unmittelbar konfrontiert zu sein. »Ich muß offen zugeben«, fuhr Smuts in seinem Beitrag fort, »daß Gandhis Handlungen für mich sehr unangenehm waren... Er hatte eine neue Taktik... Seine Methode war, bewußt und offensichtlich das Gesetz zu brechen und seine Anhänger in einer Massenbewegung zu organisieren.« Viele wurden inhaftiert und »Gandhi selbst verbrachte – zweifelsohne entsprechend seinem Plan – eine Zeit der Ruhe im Gefängnis. Alles verlief, wie er es sich vorstellte. Für mich, den Vertreter von Ordnung und Gesetz, war es die unangenehme Situation, einem unbeliebten Gesetz erst Geltung zu verschaffen und das gleiche Gesetz dann zurückzunehmen.«

Der Sieg der Menschlichkeit in Südafrika im Jahre 1914 wurde getragen von drei wesentlichen Pfeilern: erstens Gandhi. Professor Murray aus Oxford schrieb im Jahre 1914 im *Hibbert Journal:* »Vorsicht ist geboten bei diesem Manne, der sich nichts aus sinnlichen Genüssen, aus Bequemlichkeit oder Lob oder Förderung macht. Er ist einfach entschlossen, das durchzusetzen, was er für richtig hält. Er ist ein ebenso gefährlicher wie unbequemer Feind, weil sein Körper, den man jederzeit besiegen könnte, keine Macht über seine Seele hat.« Das erklärt Gandhis Anteil an diesem

Sieg. An zweiter Stelle sind da die indischen Satyagrahis zu nennen, die an die in einem Gedicht von Shelley beschriebenen Helden erinnern, das Gandhi einmal bei einer Versammlung von Christen in Indien vorgelesen hat:

Stand ye calm and resolute
Like a forest close and mute,
With folded arms and looks which are
Weapons of unvanquished war.

And if then the tyrants dare,
Let them ride among you there,
Slash, and stab, and naim and hew, –
What they like, that let them do.

With folded arms and steady eyes,
And little fear, and less surprise,
Look upon them as they slay,
Till their rage has died away.

An dritter Stelle war da Smuts. Ein anderer mit seiner Machtfülle hätte vielleicht nicht gezögert, zwanzigtausend Inder ins Gefängnis zu werfen oder sie gar exekutieren zu lassen. Keine Demokratie, kein Gandhi. Smuts ließ Gandhi zu dem werden, was er von dieser Zeit an immer war, indem er ihn nicht vernichtete. Gandhi wiederum fühlte die geistige Größe Smuts.

Gandhis Vater,
Karamchand

Gandhis Mutter,
Putlibai

Gandhi im Alter von sieben Jahren

Gandhi als Student der Rechte in London

Rechts: Gandhi mit seinen Rechtsanwaltkollegen in Johannesburg, 1913

Folgende Seite: Gandhi beim Verlassen des Buckingham Palastes

ATTORNEY

Teil II

Gandhi in Indien

1. Januar 1915
bis
23. März 1946

In Indien hatte sich Gandhis geistige Fühungskraft längst herumgesprochen. Nach seiner Rückkehr in die Heimat im Januar 1915 rief ihm die Menge bei Versammlungen immer wieder zu: »Mahatmaji, Mahatmaji« (die Endung »ji« drückt Zuneigung und Achtung aus). Einige Zeit später nannte ihn Rabindranath Tagore, der indische Literaturnobelpreisträger von 1913, »Mahatma«. »Große Seele im Bauernkittel« schrieb der Dichter, und die Krone saß für immer auf dem Haupt des Politiker-Heiligen.

Tagore und Gandhi waren die beiden hervorragenden Inder in der ersten Hälfte des zwanzigsten Jahrhunderts. Sie verehrten einander. Tagore weinte, als er Indien wie »den ewigen Lumpensammler in anderer Leute Abfalleimer« sah – ein Gefühl, das Gandhi teilte. Und er betete wie der Mahatma für die »wundervolle Harmonie aller menschlichen Rassen«. Sie waren beide Nationalisten und dachten doch global, gefühlsmäßig unzertrennlich und wie Seelenverwandte bis zum Ende. Doch gleichzeitig waren sie auch grundverschieden und führten Wortgefechte miteinander. Gandhi war genügsam, Tagore verschwenderisch. Gandhi war der abgezehrte Asket mit rasiertem Kopf und Bart, Tagore der große, reiche, aristokratische Intellektuelle mit weißer Mähne und weißem Bart und einem Gesicht von klassischer Schönheit. Gandhi das Reisfeld, Tagore der Rosengarten. Gandhi der General, Tagore der Verkünder. Gandhi der arbeitende Arm, Tagore die singende Stimme. Gandhi saß sozusagen auf einem Marktplatz, den zehn Millionen Menschen überqueren, aber er sitzt still, und von ihm geht Frieden aus. Er wäre in der Abgeschiedenheit eines Elfenbeinturms oder in olympischen Höhen erstickt, wohingegen Tagore sagte: »Wenn ich ein Lied höre, nimmt meine Sitar die Melodie auf, und ich stimme in den Chor ein, denn ich bin ein Sänger. Aber im wirren Geschrei einer Menschenmenge ist meine Stimme verloren und mir wird schwindelig.«

»Die leidenden Massen«, sagte Gandhi zu Tagore, »brauchen nur *ein* Gedicht – kräftige Nahrung.« Tagore gab ihnen Musik. In Shantiniketan sangen Tagores Schüler und tanzten, flochten Girlanden und machten das Leben schön. Als Gandhi dort zu Besuch weilte, überredete er die Lehrer und die Studenten, sich um die Küche zu kümmern, den Abfall aufzusammeln, die Toiletten zu reinigen und den Boden zu kehren. Tagore ließ ihn großzügig gewähren und meinte dazu: »Das Experiment ist der Schlüssel zu Swaraj« – der Selbstregierung. Aber als Gandhi von dort wegging, fand das Experiment damit auch sein Ende. Da es in Indien einen so großen Unterschied macht, aus welcher Provinz man kommt (wegen der Sprachbarriere und der schlechten Verkehrsverbindungen), war vielleicht der Unterschied zwischen den beiden Männern symptomatisch für die Herkunft aus dem isolierten Kathiawar und dem weltoffenen Bengalen. Tagore akzeptierte die Gegenwart und die westliche Welt mit ihren Kulturen und ihren Maschinen und sagte sich von der Religion los. Gandhi war mit dem Hinduismus verwurzelt, er schöpfte aus der Vergangenheit Indiens. Gott war sein täglicher Begleiter. Rückblickend gesehen kann man ihn als Reformer des Hinduismus, etwa wie Buddha, sehen. Er war für den Hinduismus, jedoch gegen seine Auswüchse. Gleichzeitig war er ein Produkt und ein Kritiker der westlichen Zivilisation. Er liebte die westliche Welt, doch ihren Einfluß auf Indien lehnte er kategorisch ab. Er liebte sein Land und kritisierte seine Fehler. Ideologisch gesehen stand er mit einem Fuß im Individualismus und Nationalismus des Europa des 19. Jahrhunderts, mit dem anderen im fernen Zeitalter des ruhmreichen Hinduismus mit seiner Feindlichkeit gegenüber anderen Kulturen. Diese beiden Strömungen flossen in ihm zusammen, und er versuchte dieselbe Synthese auch in der indischen Unabhängigkeitsbewegung zu erwirken. Er strebte danach, sie auf die guten Dinge des Westens hinzulenken – auf Thoreau, Emerson, Ruskin, Mazzini und die utopischen (nicht marxistischen) Sozialisten. Von diesen übernahm er die Verteidigung des Menschen gegen die Maschine und verwob sie mit den Wurzeln des Hinduismus. Von gleicher Seite kam auch der Einsatz des Einzelnen gegen die Gemeinschaft, die jedoch kein Gegenstück in den sozialen Bräuchen Indiens hatte.

Gandhi wollte ein neues Indien – heute – nicht ein freies Indien morgen. Für ihn bedeutete Freiheit für Indien das Emporkommen eines neuen, freien, indischen Individuums. Er glaubte wic Tagore, daß sich Indien seine Fesseln selbst angclegt habe.

Tagore schrieb: »Gefangener, sprich, wer hat dir diese Fessel angelegt? ›Ich war es‹, sprach der Gefangene, ›der diese Kette sehr sorgfältig schmiedete!‹«

Gandhis unkonventionelle Ideen über Indiens Unabhängigkeit entwickelten sich sehr früh und ganz spontan aus seiner eigenen Persönlichkeit. Er legte sie bereits dar, ehe er als Erwachsener in Indien Erfahrungen gesammelt hatte. Gedruckt erschienen sie im Jahre 1909 in seinem ersten Buch *Hind Swaraj or Indian Home Rule.* Er hatte es mit der linken und der rechten Hand auf dem Schiffe geschrieben, als er von einer Reise aus England zurückkehrte. Er genehmigte im Jahre 1921 einen unveränderten Nachdruck und erklärte in der Einführung zur 1938er Ausgabe: »Mir ist nichts bekannt geworden, was mich die hier dargelegten Gedanken verändern ließe.« Die sechsundsiebzig Seiten umfassende Broschüre kann also als sein Credo gelten. »Manche Engländer behaupten, daß sie Indien mit dem Schwert nahmen und es auch nur mit dem Schwert halten«, schrieb Gandhi. »Beide Behauptungen sind falsch. Das Schwert ist in Indien nutzlos. Wir allein halten sie hier. Wir lieben ihren Handel; sie gefallen uns mit ihren feinsinnigen Methoden, und sie bekommen von uns, was sie wollen... Wir stärken ihre Macht, indem wir untereinander uneins sind.«

Dann formulierte er bereits die Grundprinzipien, die seine Handlungsweise über Jahrzehnte hinweg bestimmen sollten. »Wenn wir gerecht handeln, wird Indien früher frei sein«, versicherte er. »Ihr werdet auch sehen, daß die Selbstregierung auf sich warten lassen wird, wenn wir jeden Engländer als Feind betrachten. Wenn wir aber gerecht zu ihnen sind, werden wir ihre Unterstützung haben.« Er schmähte und tadelte die Engländer mit keinem Wort, doch hoffte er, daß ein freies Indien anders als ein englisches Indien sein werde. Manche Leute waren der Meinung, ein befreites Indien müsse wie Japan sein – »unsere eigene Marine, unsere Armee... unser eigener Glanz, und dann wird Indiens Stimme in der Welt nicht zu überhören sein.« – »Mit anderen Worten«, sagte Gandhi, »ihr wollt englische Herrschaft ohne die Engländer. Ihr wollt die Natur des Tigers ohne den Tiger... Ihr würdet Indien englisch machen... Das ist nicht die Swaraj, die ich mir vorstelle.«

Indischen Nationalisten, die er in London kennengelernt hatte, mißfiel es, daß er sich hauptsächlich mit der ethischen und sozialen Zukunft eines freien Indiens auseinandersetzte. Ihr einziges Ziel war es, die Engländer zu vertreiben, wie Mazzini und Garibaldi die fremden Herrscher aus Italien vertrieben hatten. Gandhi hielt dagegen: »Wenn ihr glaubt, daß die italienische Nation glücklich ist, weil Italiener das Land regieren, dann seid ihr auf dem Holzweg... Nach Mazzinis Vorstellungen betraf sie (die Freiheit) das gesamte italienische Volk, das heißt, seine Bauern. Das Italien Mazzinis ist immer noch in einem Zustand der Sklaverei.« Den gleichen Grundgedanken führte er in einem Brief an Lord Ampthill, den früheren Gouverneur von Madras, vom 9. Oktober 1909 an: »Mir wäre es gleich, *wer* regiert. Wichtig ist nur, *wie* er regiert.« Ein indischer Herrscher ist vielleicht nicht besser als ein englischer, genausowenig wie ein »indischer Rockefeller besser wäre wie ein amerikanischer«. Gandhi blickte über die nationale Freiheit hinaus auf eine soziale Befreiung. Achtunddreißig Jahre vor der Unabhängigkeit sah das Auge des Propheten die Probleme voraus, die das unabhängige Indien heute quälen. Nicht die Nationalität der Verwalter interessierte ihn, sondern ihre Methoden und ihre Moral. Diese Sorge um die Wahrheit hinter der Fassade, der Flagge, lenkte seine Bestrebungen von 1915 an bis zum 30. Januar 1948. Sie erklärt auch verschiedene rätselhafte Pausen, in denen er den Kampf gegen England aufgab.

Gandhi hatte diese Ideen schon während des ersten Jahres, nachdem er aus Südafrika nach Indien zurückgekehrt war, bekanntgegeben, obwohl ihm G. K. Gokhale, der Präsident der Gesellschaft der Diener Indiens »befohlen« hatte, dieses Jahr »mit offenen Ohren, aber mit geschlossenem Mund« zu verbringen. Bei den vielen Versammlungen, bei denen dankbare Landsleute seine Taten in Südafrika feierten, sprach er natürlich, sprach aber mit schwacher, bei ihm ungewohnter Stimme. Wer ihn nicht kannte, war enttäuscht. Sie hatten einen Giganten erwartet, einen Löwen, der Smuts besiegt hatte. Statt dessen sahen sie eine magere, kleine Gestalt mit einem lächerlich großen Turban und einem flatternden Lendentuch, die sich kaum verständlich machen konnte und obendrein noch seltsame Redensarten von sich gab. Ein Foto, das in diesem ersten Jahr aufgenommen wurde, zeigt ihn auf einer Plattform sitzend, die Beine verschränkt, nackt bis auf das Lendentuch. Er hielt eine Rede – um ihn herum europäisch gekleidete indische Politiker. Gandhi forderte sie auf, diese Kleidung abzulegen. Wie könnten Politiker mit Anzügen aus der Bond Street die Herzen der Bauern erreichen, wie konnten englischsprechende Redner an diese Bauern herankommen?

Aber was hatte man schon mit Bauern zu tun? Die indischen Nationalisten hofften genauso wie der Kongreß, die Engländer überreden zu können, ihnen einen Teil der Macht zurückzugeben. Man las also lieber möglichst akzentfrei und angetan mit einem maßgeschneiderten Nadelstreifenanzug (um den englischen Bürokraten zu gefallen) Petitionen vor und hoffte so, zum Ziele zu kommen. Im unruhigen Bengalen hielt man weniger von wohlgesetzten Worten, man trainierte Auge und Hand, um die Engländer weniger zartfühlend aus dem Land zu befördern. »Nicht durch Terror, aber auch nicht durch Gewinsel«, so meinten Gandhi und Tagore, »könnte die Freiheit zurückgewonnen werden.« »Nichts, aber auch gar nichts«, mahnte Gandhi anläßlich der Eröffnung des Hindu University Central College im Jahre 1916 seine illustre Zuhörerschaft, »außer unserer Haltung wird uns die Selbstregierung zurückbringen.« Die diamantenbehangenen Maharadschas und ihre Frauen vor sich ließ er wissen: »Nehmt die Juwelen ab und verwahrt sie zu treuen Händen für eure indischen Landsleute.« Aber er erwartete nicht, daß sie das tun würden. »Unsere Rettung kann nur durch unsere Bauern kommen. Weder die Rechtsanwälte noch die Ärzte noch die reichen Landbesitzer werden sie bringen!«

Gandhi plante als erstes eine Verbesserung der prekären Situation auf den Dörfern. Mehr als 80% der indischen Bevölkerung lebte auf dem Lande. Diese Menschen konnten weder lesen noch schreiben, waren krank und mutlos. Weder eine kleine Oberschicht noch eine fremde Macht würde die Bauern von ihrer Not erlösen können. Nur sie selbst konnten eine Wendung herbeiführen. Man mußte den Leuten inneren Frieden geben, der ihnen mit der Zeit noch äußeren Frieden bringen würde, eine psychologische Metamorphose also. Wenn das Volk erst einmal von der Würde des Einzelnen überzeugt war, würde es auf besseren Lebensbedingungen bestehen, und niemand würde es davon wieder abbringen können.

Die Entfernungen in Indien sind groß, und die Nachrichtenübermittlung ist schlecht. Wenige Leute können lesen und wenige besitzen Radios. Deshalb ist das Ohr Indiens groß und feinnervig. Dieses Ohr begann im Jahre 1916 die Stimme eines Mannes zu vernehmen, eines kleinen Mannes, der die Armen liebte und der mutig und schonungslos für sie eintrat – die Stimme eines heiligen Mannes, der das Volk vor den Reichen verteidigte. Wenn ihn auch anfangs kaum einer kannte, verbreitete sich doch rasch sein Ruhm. Macht, Besitz, Elefanten, Juwelen, Armeen und Polizei sind es, die in Indien Gehorsam erwirken. Hingabe aber gewinnt das Herz des Inders.

Jetzt saß Gandhi in seinem Ashram. Im alten Indien waren Ashrams religiöse Zufluchtsorte für Mönche. Ashramiten zogen sich von der Welt zurück, betrachteten sich von innen und von außen und warteten auf ihr Ende. Gandhis Ashram war jedoch eng mit der Welt verbunden. Er wurde sogar so etwas wie der Nabel Indiens. Die Inder dachten darüber nach, und langsam bewegte man sich auf ein neues Leben zu.

Der »Satyagraha Ashram« befand sich zuerst im Kochrab und dann für immer in Sabarmati, gegenüber der überbevölkerten Stadt Ahmedabad am Sabarmati Fluß. Dort wuchs Gandhi, mit dem Boden und dem indischen Volk verwurzelt, zum großen Mahatma heran. Der Ashram bestand aus einer Reihe von niedrigen, weißgetünchten Hütten in einem Hain von schattenspendenden Bäumen. Unterhalb des Grundstücks war der Fluß, in dem die Frauen ihre Wäsche auf flache Steine schlugen und an den seichten Uferstellen die Kühe und Büffel wateten. Rundherum wirkt die Szenerie sehr pastoral, doch sind in der Nähe auch verschachtelte, eng zusammenstehende Slumbehausungen. Dort unter den häßlichen Schornsteinen der Textilfabriken von Ahmedabad, dessen Eigentümer den Ashram finanzierten, wohnten in räumlicher Enge die Textilarbeiter. Gandhis Zimmer im Ashram war nicht größer als eine Zelle, an dessen Fenster die früheren Bewohner Eisenstangen angebracht hatten. Mit Ausnahme der Zeiten, die er im Gefängnis zubrachte, lebte Gandhi sechzehn Jahre in dieser Zelle. Einige der aktiven Führer der Unabhängigkeitsbewegung begannen ihre Karriere zu Füßen des Mahatma in Sabarmati. Anfangs wurde die Siedlung von 30 Menschen bewohnt, später waren es zweihundert mehr. Die dort lebenden Menschen kultivierten die Obstbäume, sponnen, webten, pflanzten Getreide, beteten, studierten und unterrichteten in den umliegenden Dörfern. Als ich den Ashram im Jahre 1948 besuchte, fünfzehn Jahre nachdem Gandhi von dort weggezogen war, lag immer noch ein Hauch von Frieden und Beschaulichkeit darüber.

Bis zum heutigen Tag denkt der Inder mit Wehmut an den verlorenen Ruhm seines Landes, und viele suchten die Illusion der Stärke. Gandhi gab sich dieser Versuchung nicht hin. Er saß unter den Bäumen, betete und ließ sich nicht beirren. Längst hatte er aufgehört, den britischen Gentleman nachzuäffen. Er ähnelte einem Heiligen des Altertums und erinnerte sein Volk daran, daß es schon viele Eroberer gesehen habe. Weil es sich aber selbst treu geblieben sei, mußten alle einmal wieder gehen. So stellte Gandhi das Vertrauen seines Heimatlandes zu sich selbst wieder her.

Indien hatte immer wieder große Männer hervorgebracht, die für eine nationale Reform arbeiteten. Sie waren leuchtende Planeten am fernen Firmament, glänzende Sterne, die ihr Licht auf ein paar Trabanten warfen. Gandhi war fest in der heimischen Erde verwurzelt. Er schöpfte Kraft von den Menschen, die auf dieser Erde lebten, und als Gegenleistung befruchtete er sie. Er war ein Mann des Volkes, durch das Volk und für das Volk.

11 Mahatma Gandhi und die Engländer

Gandhis Wesen, nur das zu tun, was er für richtig hielt, war der Grund, warum er sich auch Richtungen, zu denen er grundsätzlich tendierte, also dem Hinduismus und dem Nationalismus, nicht unbesehen anpaßte. Kein »-ismus« hatte von ihm Besitz ergriffen. Er war unabhängig, für die übliche Denkweise unberechenbar und deshalb aufregend für alle, darüber hinaus schwierig für die Engländer. »Widerspreche ich mir selbst?« fragte er. »Die Logik ist ein Kobold.« Er hatte den Mut des Rebellen, heute sich selbst treu zu sein, morgen aber ganz anders zu denken. »Mein Ziel ist es nicht«, bekannte er, »inter allen Umständen auf einer bestimmten Einstellung zu beharren, sondern ausschließlich der Wahrheit treu zu bleiben, wie sie sich mir jeweils gerade darstellt. Deshalb bin ich von Wahrheit zu Wahrheit gewachsen...« Sein Pazifismus wuchs langsam, ebenso wie seine Sozialphilosophie. Im Jahre 1914 stellte er auf dem Weg von Südafrika nach Indien aus indischen Studenten ein Ambulanzkorps zusammen, das der britischen Armee dienen sollte und konstatierte dann selbstanklagend, daß »diejenigen, die nur Verwundete pflegten, deshalb nicht von vornherein von der Kriegsschuld freizusprechen seien«. In Indien drängte er später seine Landsleute, die britischen Kriegspläne zu unterstützen. »Mir wurde klar«, verteidigte er seinen unpopulären Standpunkt, »daß das britische Empire gewisse Ideale hat, an denen ich Gefallen finde, und eines dieser Ideale ist, daß jeder britische Staatsbürger den größtmöglichen Spielraum für seine Energie und seine Ehre hat... Ich habe mehr als einmal gesagt, daß *die* Regierung die beste ist, die am wenigsten regiert. Ich habe herausgefunden, daß mich das britische Empire am wenigsten regiert. Deshalb meine Loyalität zu dieser Regierung.«

Im Juli 1918 warb er in Stadt und Land für die britische Armee. »Zwischen Mutigen und Weichlingen kann es keine echte Partnerschaft geben. Wir werden als feiges Volk betrachtet. Wenn wir dieses Vorurteil je abschütteln wollen, müssen wir den Gebrauch von Waffen lernen.«

Die Bauern in den Dörfern nahmen ihn ins Kreuzverhör: »Ihr predigt immer Gewaltlosigkeit. Warum sollen wir jetzt auf einmal zu den Waffen greifen?«

»Unser großes Ziel ist eine Partnerschaft im Empire«, antwortete er. Er wünschte sich für Indien denselben Status wie Kanada, Australien oder Neuseeland. Der Gedanke einer gänzlichen Trennung von England war ihm noch ebenso fremd wie auch den meisten indischen Nationalisten. »Wenn das Empire zugrunde geht, gehen damit auch unsere langgehegten Hoffnungen zugrunde«, argumentierte er.

Im Jahre 1942 befragte ich Gandhi hinsichtlich seiner kriegsfreundlichen Haltung im Ersten Weltkrieg. Er antwortete: »Ich war gerade aus Südafrika zurückgekommen und hatte noch keinen Boden unter den Füßen.« Da sein Nationalismus zu dem Kompromiß bereit war, im britischen Empire zu verbleiben, zwang ihn seine Ehrlichkeit dazu, auch hinsichtlich seines Pazifismus Kompromisse zu schließen und für die britische Armee zu werben. Realismus triumphierte über Religion. Politik verwässerte seinen Pazifismus.

Seit seiner Rückkehr aus Südafrika hatte er erst einen einzigen Zusammenstoß mit den Engländern gehabt. Es begann während der jährlichen Versammlung des indischen Nationalkongresses im Dezember 1916 in Lucknow. »Ein Bauer«, erzählte Gandhi, »kam auf mich zu. Er sah aus wie jeder andere indische Bauer, arm und ausgemergelt, und sagte: ›Ich bin Rajkumar Shukla. Ich komme aus Champaran und ich möchte gerne, daß Sie mit in meinen Bezirk kommen.‹« Gandhi hatte von diesem Ort noch nie etwas gehört, der im Staat Bihar am Fuße des Himalaya liegt, nahe dem Königreich Nepal. Dort hatten die Landpächter Schwierigkeiten mit den britischen Grundbesitzern. Ob er nicht kommen und sich ihre Sorgen anhören wolle, fragte der Bauer. Der Mahatma berief sich auf andere Pflichten, aber Shukla folgte ihm, wohin er auch ging, und schließlich bis zum Ashram. Wochenlang war er nicht von Gandhis Seite gewichen. Immer wieder trug er Gandhi seine Bitte vor.

Shuklas Hartnäckigkeit beeindruckte Gandhi, und er vereinbarte mit ihm für einige Monate später ein Treffen in Kalkutta. Shukla erwartete Gandhi zum verabredeten Zeitpunkt bereits. Geduldig wartete er, bis Gandhi sich für ihn Zeit nehmen konnte. Dann reisten sie zusammen nach Champaran.

Gandhi eruierte gewissenhaft die Situation. Zuerst suchte er die britische Pflanzervereinigung auf. Der Sekretär wehrte ab: er könne an Außenstehende keine Informationen weitergeben. Gandhis Einwand, kein Außenstehender zu sein, machte den Sekretär nicht gesprächsbereiter. Als nächstes wandte er sich an den britischen Distriktskommissar, der »mich einzuschüchtern versuchte und mir riet, abzureisen...« Gandhi blieb. Die Situation in der Region stellte sich ihm so dar: über eine Million Bauern kultivierten von Engländern gepachtetes Land. Es war ihnen freigestellt, Reis, Weizen, Mais, Gerste oder was immer sie wollten, anzupflanzen, nur 15% der Felder mußten mit Indigo bebaut werden. Die Indigo-Ernte mußte als Pacht für das gesamte Ackerland abgeführt werden. In den frühen Jahren des 20. Jahrhunderts hatte die chemische Industrie in Deutschland synthetischen Indigo entwickelt. Der Weltmarkt für natürlichen Indigo geriet zunehmend in Absatzschwierigkeiten und brach schließlich zusammen. Die Bauern wurden deshalb angewiesen, keinen Indigo mehr anzubauen. Gleichzeitig erhöhte sich die Pacht. Diese Erhöhung begründete man mit einem alten Abkommen, demzufolge die Pacht erhöht werden konnte, wenn ein Bauer den Indigo-Anbau aufgab. Aber die Bauern hatten von dem synthetischen Indigo erfahren, und sie wußten deshalb, daß es vor allem das Interesse der Pflanzer war, daß kein Indigo mehr angebaut würde. Deshalb widersetzten sie sich der Pachterhöhung. Die Pflanzer reagierten mit Gewalt. Pächter wurden körperlich gezüchtigt, ihre Häuser ausgeplündert, ihr Vieh auf kleinsten Weiden zusammengepfercht. Unter diesem Druck unterschrieben Tausende ihr Einverständnis zur Pachterhöhung. Die Schwierigkeiten hatten im Jahre 1912 begonnen. Die Bauern waren ebenso verbittert wie machtlos. Diese mißliche Lage hatte Rajkumar dazu veranlaßt, geduldig Gandhis Schritten zu folgen, bis dieser ihm schließlich im Jahre 1917 in seine Heimat folgte.

Als der Mahatma eines Tages auf seinen Erkundungszügen auf einem Elefanten durch ein Dorf ritt, holte ihn ein Polizist ein und brachte ihn zurück in die Stadt. Dort händigte man ihm die offizielle Aufforderung aus, Champaran unverzüglich zu verlassen. Er unterschrieb sie, fügte jedoch auf der Rückseite hinzu, daß er sich dieser Anordnung widersetzen würde. Das brachte ihn schon am nächsten Tag vor Gericht.

Vor dem Gerichtsgebäude drängten sich Tausende von Bauern, die gehört hatten, daß der Mahatma, der gekommen war, um ihnen zu helfen, deshalb jetzt Schwierigkeiten mit den Behörden hätte. Die Polizei ersuchte Gandhi, ihr zu helfen, die öffentliche Sicherheit zu gewährleisten, und er erklärte sich sofort dazu bereit. Der Beweis schien ihm erbracht, daß die bis dahin uneingeschränkte Macht der Behörden seiner Herausforderung nicht standgehalten hätte.

Vor dem Gericht bekannte sich Gandhi schuldig. Er hatte sich der Aufforderung, Champaran zu verlassen, widersetzt »nicht aus mangelndem Respekt vor gesetzlicher Autorität, sondern aus Gehorsam gegenüber dem höheren Gesetz unseres Lebens, nämlich der Stimme des Gewissens«. Er fragte nach dem Strafmaß, welches ihm das Gericht für dieses Vergehen zudiktieren wolle.

Das Hohe Gericht ließ wissen, daß es sich zwei Stunden zur Beratung zurückziehen und dann das Urteil verkünden wolle. Bis dahin dürfe sich Gandhi nach Zahlung einer Kaution frei bewegen. Als der Gerichtshof wieder zusammentrat, erklärte der Richter, er werde das Urteil erst in einigen Tagen sprechen. In der Zwischenzeit sollte der Mahatma frei sein. Nach einigen Tagen wurde aber das Verfahren auf höhere Weisung hin eingestellt. Gandhi triumphierte: der bürgerliche Ungehorsam hatte gesiegt – zum erstenmal in Indien!

»Was ich tat«, erklärte Gandhi, »war nichts Besonderes. Ich bewies nur, daß die Engländer auch nicht in meinem Heimatland nach Belieben herumkommandieren können.« Ganz so gewöhnlich, wie Gandhi seine Beweisführung sieht, war diese aber für sein Land gewiß nicht.

Gandhi blieb sieben Monate in Champaran und kam später noch zweimal zu kurzen Aufenthalten zurück. Aber sein erster Aufenthalt auf die flehentliche Bitte eines armen Landpächters hin, der nur einige Tage hätte dauern sollen, hatte sich immerhin auf fast ein volles Jahr verlängert. Die Landherren verzichteten auf eine weitere Erhöhung des Pachtschillings und erstatteten sogar 25% der bereits eingezogenen Erhöhungen zurück. Gandhi war der Meinung, es wäre von geringer Wichtigkeit, wieviel die Pflanzer zurückerstatteten, sondern daß sie es überhaupt taten.

Während seines Aufenthalts in diesem Distrikt ließ Gandhi einen Arzt für die Bauern und einen Lehrer für die Kinder nachkommen. Auch Kasturbai half bei der Aufklärungsarbeit mit und lehrte die Frauen Hygiene.

Die Champaran-Affaire war nach einem für Gandhi typischen Schema abgelaufen. Ursprünglicher Beweggrund für Gandhis Bemühungen war nicht der Grund, sich den britischen Behörden zu widersetzen, sondern der Wunsch, das Elend der Armen zu mildern. Gandhis Politik erklärte sich aus den Problemen von zahllosen Armen und Entrechteten. Seine Zuneigung galt dem Menschen in seinem Kampf im Alltag. Und er ließ es nicht nur beim guten Willen bewenden, sondern er half tatsächlich.

Bevor er Champaran verließ, organisierte Gandhi einen Ausschuß, der sich aus renommierten Rechtsanwälten von Bihar zusammensetzte und der die Aufgabe hatte, die Pächter vor überzogenen Übergriffen und Forderungen seitens der Landbesitzer zu schützen. Auch Rajendra Prasad, der spätere Präsident des freien Indien, gehörte zu diesem Gremium. Die indischen Rechtsanwälte wollten Charles Freer Andrews, einen englischen, pazifistisch denkenden Missionar, der Gandhis Schüler geworden war, in ihren Reihen haben. Andrew stimmte dem zu, aber Gandhi hatte Einwände. »Ihr denkt«, zürnte er, »es wäre in diesem ungleichen Kampf nützlich, einen Engländer auf eurer Seite zu haben. Das beweist nur, wie schwach euer Herz ist. Die Sache, für die ihr kämpft, ist aber gerecht, und ihr müßt euch auf euch selbst verlassen, um diesen Kampf zu gewinnen.«

»Er hatte recht«, kommentierte Rajendra Prasad später einmal Gandhis Rede, »und wir wußten keine Antwort.«

Gandhi hatte in Champaran Wert darauf gelegt, das Bewußtsein seiner Landsleute zu steigern, weil er davon ausging, daß die Engländer genügend Fähigkeiten aufbrächten, sich politisch anzupassen. Wenn die Inder durch Disziplin, Einheit, Würde und Zuverlässigkeit zeigten, daß sie mehr Freiheit verdienten, würde England dies gewähren. Diese These wurde wirkungsvoll dokumentiert, als im Dezember

1916 der Lucknow Pakt zwischem dem vorwiegend hinduistischen, indischen Nationalkongreß und der moslemischen Liga angenommen wurde. Der Präsident der moslemischen Liga, Mohammed Ali Jinnah, sagte, daß seine Organisation »jetzt mit dem indischen Nationalkongreß zusammen bereit wäre, für alle patriotischen Bestrebungen im Lande zu kämpfen«. Nachdem sich jetzt also Hindus und Moslems, die beiden großen religiös-politischen Strömungen im Lande, zu kooperativem Vorgehen geeinigt hatten, war man neugierig, wie sich das britische Königshaus zu der Eingabe des Kongresses stellte, daß »Indien von seinem Status als Kolonie zu dem eines gleichgestellten Partners im Empire neben den sich selbstverwaltenden Dominions aufsteigen möge«. Hoffnungen in dieser Richtung verstärkten sich noch, als Sir Edwin S. Montagu zum Staatssekretär für Indien ernannt wurde. Er kündigte in der Tat am 20. August 1917 im englischen Unterhaus eine neue englische Politik an, die nicht nur »den wachsenden Einbezug von Indern in alle Verwaltungsbereiche« vorsah, sondern auch die Einrichtung von »Institutionen der Selbstverwaltung mit Blickrichtung auf die progressive Verwirklichung einer selbstverantwortlichen Regierung in Indien als integrierter Teil des Britischen Empire.«. Diese Worte wurden als Versprechen für einen baldigen Dominion-Status genommen.

Weite Kreise in Großbritannien hatten Verständnis für die legitimen Wünsche Indiens. Selbst weniger liberal Gesinnte mußten angesichts der Tapferkeit von einer halben Million Inder im gerade überstandenen Krieg zugeben, daß die Rückkehr zum stumpfen Vorkriegsimperialismus einfach nicht mehr möglich war. Zudem war nicht zu übersehen, daß Präsident Wilsons Selbstbestimmungsdoktrin die Kolonialvölker in höchstem Maße aufgewühlt hatte.

Lange war es her, daß Robert Clive von den blutrünstigen »Kämpfen, Machenschaften, Schikanen, Intrigen, Ränken und weiß Gott was noch« berichten konnte, mit denen England in Indien die Macht ergriff. Lange war es her, daß die Gerichtsverhandlung gegen den Generalgouverneur Warren

Hastings vom Februar 1788 bis zum April 1795 verwerfliche Skrupellosigkeiten und Korruption aufgedeckt hatte. Ein Jahr nach dem Aufstand im Jahre 1857 war die Herrschaft der East India Company beendet, und Königin Viktoria übernahm die Regierung Indiens. Lord Canning wurde ihr erster Vizekönig, und schrittweise erhielt Indien eine »saubere« britische Verwaltung. Andererseits konnte der britische Imperialismus jedoch weder seine Ursprünge verleugnen, noch seine Ängste totschweigen. »Schließlich sind wir die Besatzungsmacht«, sagte Lord Linlithgow, der britische Vizekönig im Jahr 1942 zu mir. »Seit dem Aufstand haben wir gezögert, den Indern Waffen in die Hand zu geben.« Von 1858 bis 1947 blieb die Herrschaft die einer Besatzungsmacht. Die Engländer hatten nie gelernt, wie Inder zu denken oder zu fühlen, obwohl sich viele englische Beamte für Indien aufopferten und nach zwanzig oder mehr Jahren im Lande sich dort wie zu Hause fühlten. Sie gingen als Freunde, wenn sie schließlich nach England zurückkehrten. Sie bemühten sich bis zur Selbstaufgabe, um mit schwierigen Problemen und schwierigen Menschen fertigzuwerden, deren Dankbarkeit sie spüren wollten, die ihnen jedoch nur sehr selten entgegengebracht wurde.

Die Briten waren die Herren im Haus des anderen. Ihre Anwesenheit allein war eine Erniedrigung. Imperialismus ist die Regierung fremder Menschen durch Fremde für ein fremdes Volk. Er nimmt für sich das Recht in Anspruch, andere Leute zu regieren, denen man eine Selbstverwaltung entweder nicht zutraut oder nicht zugesteht. Selbst wenn die Engländer aus Indien das Land gemacht hätten, in dem Milch und Honig fließen – immerhin haben sie es fertiggebracht, daß in einigen Wüstenstrichen reichlich Wasser fließt – hätte man sie nicht gemocht. Unterwerfung erzeugt den Wunsch nach Befreiung. Der Imperialismus gräbt sich also sein eigenes Grab. Geliebte Kolonisatoren gibt es einfach nicht.

Mit dem Beginn des 20. Jahrhunderts stieg die Zahl der gebildeten Inder, und auch ein Mittelstand hatte sich etabliert. Zahlreiche Inder, die in Industrie und Handel reich geworden waren, wünschten sich mehr wirtschaftlichen Spielraum. Nur der Weg zur Macht war den Einheimischen verschlossen. Der Sieg der Japaner gegen die Russen in den Jahren 1904 und 1905 (das erstemal, daß ein farbiges, asiatisches Land weiße Europäer besiegt hatte), gab der indischen nationalistischen Opposition neuen Auftrieb gegen England.

Eine Gruppe britischer Politiker wollte der indischen Feindseligkeit mit Blut und Eisen entgegentreten, eine andere wollte sie mit Reformen beruhigen. Lord Dufferin, der britische Vizekönig, ahnte wohl ein Aufbegehren des Volkes voraus und gründete den indischen Nationalkongreß, der das Sturmesbrausen in ruhige, kontrollierbare Bahnen lenken sollte. Nachfolgende Vizekönige gaben ihren Segen dazu. Aber die Blut- und Eisen-Autokraten konnten sich mit den Gemäßigten nicht einigen.

Über viele Jahre hinweg war die Politik des britischen Königreichs gleichermaßen geprägt von seiner Welterfahrenheit und seiner Machtlust. Man gab nach außen hin so viel Macht ab, wie die Umstände es verlangten, gab aber dabei so wenig von der Substanz auf, wie es die Bedingungen zuließen. Konzessionen wirkten sich fast immer negativ im Sinne des Königreichs aus, und so gab es immer mehr Stimmen dafür, überhaupt keine Zugeständnisse mehr zu machen. Der Hunter Report aus dem Jahre 1920, ein offizielles britisches Dokument, charakterisiert diese unnachgiebige Haltung. Der Bericht zitiert General Drake-Brockmann aus Delhi: »Härte ist das einzige, wovor der Asiate Respekt hat.« Diese Meinung hatte viele Freunde innerhalb der britischen Regierung. Feldmarschall Lord Roberts Überzeugung schlägt in die gleiche Kerbe: »Allein das Bewußtsein der dem Europäer angeborenen Überlegenheit hat uns Indien gewonnen. Wie gut ausgebildet und wie klug auch immer ein Einheimischer sein mag oder wie tapfer er sonst auch ist, ich glaube, daß kein Rang, den wir ihm verleihen, ihn einem britischen Offizier gleichwertig machen kann.«

Den Indern war diese abwertende, beleidigende Einstellung ihrer Besatzer bekannt. Sir Edwin Montagu charakterisierte die britische Herrschaft in Indien als »weitaus zu hölzern, weitaus zu eisern, weitaus zu unbeweglich und weitaus zu vorsintflutlich, um dem Zweck in unserer modernen Zeit dienlich zu sein«. Sie war ein pflanzlich-mineralischer politischer Dinosaurier, der unfähig war, sich zu ändern, dabei aber von Reaktionären in London und Dummköpfen in Delhi gefüttert und am Leben gehalten wird. Montagu hatte den Indern sein Versprechen, sie in den Dominion Status zu erheben, gegeben, als gerade das Kriegsglück der Engländer zu schwinden begann, und mehr als ein Stück Pergament blieb von dieser Hoffnung nicht übrig. Als dann Frieden war und sich nichts für die Inder geändert hatte, lief das enttäuschte indische Volk Amok.

Auch Gandhi war enttäuscht. Sein Geist war ein Schlachtfeld, auf dem die Rücksicht ständig mit der Leidenschaft kämpfte. Zwar war er bereit, für einen Grundsatz zu sterben, jedoch zog er es vor, einen Kompromiß herbeizuführen oder durch Schiedsspruch zu schlichten. Er war von Natur aus sowohl Kämpfer wie Friedensstifter. Er hoffte auf eine ersprießliche Zusammenarbeit mit den Engländern und wünschte sich sehnlich, daß das zwanzigste Jahrhundert dem alten Dinosaurier den Garaus machen würde.

Als aber der Dominion-Status auf die lange Bank geschoben wurde und statt dessen die repressiven Maßnahmen der Kriegszeit wieder eingeführt wurden, unternahm der Mahatma seine erste vorsätzliche Handlung gegen den britischen Imperialismus in Indien.

12 Blut

Geheimtribunale hatten Menschen in allen Teilen Indiens wegen Aufwiegelei und Opposition verurteilt. Bal Gangahar Tilak, Indiens angesehenster Nationalist, war ebenso im Gefängnis wie Mrs. Annie Besant, die in Irland geborene

Theosophin und brillante Rednerin, die nach Indien gekommen war, um hier zu leben und zu arbeiten. Zwei einflußreiche moslemische Führer, die Brüder Shaukat und Mohammed Ali waren ebenfalls im Gefängnis und mit ihnen tausend andere Nationalisten. Die Berichte in den Zeitungen über das Geschehen im Lande waren durch die Zensur der Kriegszeit verstummt.

Als der Erste Weltkrieg im November 1918 endete, erwarteten die Inder wieder jene großzügigen bürgerlichen Freiheiten, die sie unter britischer Herrschaft in normalen Zeiten genossen hatten. Es gab ein böses Erwachen, als die strengen Kriegsmaßnahmen durch die Rowlatt Acts vom New Delhi Imperial Legislative Council am 18. März 1919 bestätigt wurden. Gandhi war dagegen zu Felde gezogen und nannte diese Gesetzgebung »ungerecht, dem Grundsatz der Freiheit entgegengesetzt und die Grundrechte des Menschen, auf denen die Sicherheit der Gemeinschaft als Ganzes und die des Staates selbst beruht, zerstörend«. Er war ärgerlich. Der Mahatma bedeutete für seine ohnmächtige Nation ein Symbol der Stärke. Trotz seiner äußerlichen Zerbrechlichkeit strahlte er Kraft aus, er handelte selbstsicher und hatte Erfolg. Indien war seiner früheren Stärke beraubt worden, so dachten die Inder. Gandhi würde seinem Land die Lebenskraft wieder zurückbringen. Aber alle Proteste gegen die Rowlatt Gesetze blieben ungehört. Die Inder zählten nicht, Gandhi zählte nicht – was war zu tun?

Gandhi, der sich nach einer durch diätetische Experimente selbstverschuldeten Ruhr in Madras langsam wieder erholte, suchte nach einer Lösung. Eines Morgens kündigte er seinem Gastgeber Chakravarti Rajagopalachari, dem späteren Generalgouverneur von Indien, gegenüber an: »Letzte Nacht kam mir in einem Traum die Idee, daß wir einen Generalstreik ausrufen sollten.« Ein vollständiges Aussetzen jeglicher wirtschaftlicher Aktivität – geschlossene Läden, stillstehende Fabriken, Schiffe, deren Ladung nicht gelöscht wird, geschlossene Banken – da würden alle mitmachen und so Einigkeit, Disziplin und Stärke demonstrieren.

Ein Hartal, also ein Generalstreik, dauert einen, zwei oder drei Tage. Gleichzeitig sollte ein Satyagraha-Feldzug den Widerstand gegen die Beschränkungen der bürgerlichen Freiheiten noch stärker zum Ausdruck bringen. Es war geplant, als erstes die von der Regierung verbotene Literatur zu verkaufen. Gandhi war glücklich, als sechshundert Männer und Frauen den Satyagraha-Appell unterzeichneten, aber viele spotteten über die geringe Zahl. »Ob der Pudding gut ist, merkt man erst beim Essen«, antwortete Gandhi. Er hatte in Südafrika schon mit weit weniger Leuten Siege errungen. »Sogar eine so mächtige Regierung wie die Indiens wird klein beigeben müssen«, war er sich sicher, »wenn wir nur mit ganzem Herzen hinter unserer Sache stehen. Wir müssen versuchen, den religiösen Geist in die Politik einzubringen. Es ist ein Unding, weiter an eine Vergeltungsdoktrin zu glauben. Wir wollen Haß nicht mit Haß, Gewalt nicht mit Gewalt, Bösem nicht mit Bösem begegnen... Tut Gutes dem, der euch Böses erleiden läßt.«

»Nichts ist unmöglich«, schloß er. Dieser Schlüsselsatz war erfüllt vom Glauben an sich selbst, an das Volk, an Gott.

Der Hatal war außerordentlich erfolgreich. Gandhi nannte ihn ein »wundervolles Schauspiel«. Aber er kannte seine Landsleute noch nicht gut genug. Er hatte ihre Neigung zu Gewalttätigkeit unterschätzt. In den großen Städten war der Streik von Brandstiftung, Zerstörung von Telegrapheneinrichtungen, Plünderung von Läden, Blockierung von Zügen und tätlichen Beleidigungen gegen Engländern begleitet. Zur Buße fastete Gandhi drei Tage und forderte seine Gefolgsleute auf, ebenfalls vierundzwanzig Stunden zu fasten. Dann erhielt er weitere Nachrichten über Ausschreitungen auch in kleineren Städten. Das veranlaßte ihn, am 18. April 1919 die Satyagraha-Aktion abzubrechen. Es sei ein »himalayagroßer Fehler« von seiner Seite gewesen, teilte er dem Volk mit. »Ich muß jetzt eine Pause machen und überlegen, wie man der Situation am besten beikommen könnte.« Er hatte keine Bedenken, sein Gesicht zu verlieren, als er seinen Fehler zugab. Er kannte das Verlangen des Diktators nach Unfehlbarkeit nicht. Im Gegenteil, »nur wenn man seine eigenen Fehler mit einer konvexen Linse sieht und genau das Gegenteil bei den Fehlern anderer tut«, schreibt er in seiner Autobiographie, »ist man in der Lage, die beiden in der richtigen Relation einzuschätzen«. Er stellte seine eigenen Irrungen übertrieben dar und verniedlichte die seines Nachbarn. Irgend jemand deutete einmal an, daß er seine moralische Autorität verlieren könnte. »Moralische Autorität wird nie bewahrt, indem man sie festzuhalten versucht«, war seine Antwort. »Sie kommt, ohne daß man nach ihr sucht, und bleibt, ohne daß man dazu etwas tun müßte.« In ihm wohnte moralische Autorität. Nichts, auch nicht der größte Fehler oder der größte Mißerfolg konnten dieser moralischen Autorität etwas anhaben.

Die schlimmsten Gewalttätigkeiten im Anschluß an den Generalstreik ereigneten sich in der Provinz Pandschab, vor allem in Amritsar. Diese 150000 Einwohner zählende Stadt war die heilige Stadt der Sikhs, jener Religionsgemeinschaft, deren männliche Mitglieder man an ihren vollen Bärten und ihren Turbanen erkennen konnte. Hier zeigte sich am deutlichsten, wie gefährlich die Feuer waren, die in indischen und britischen Herzen schwelten. Zwei Hartals, am 30. März und am 6. April, waren laut Angaben der britischen Hunter Kommission, die sich mit den Vorgängen im Lande zu befassen hatte, ohne Zwischenfall verlaufen. »Europäer konnten sich ungefährdet in der Menge bewegen.« Am 9. August wiesen die Behörden zwei Kongreßleiter aus der Provinz aus. Es waren dies Dr. Saifuddin Kitchlew, ein Moslem, derselbe, den Stalin kurz vor seinem Tod im März 1953 empfing, und Dr. Satyapal, ein Hindu. »Aus Zorn über die Regierungsentscheidung, die beiden Lokalpolitiker auszuweisen«, heißt es im Hunter Report, »wütete der Mob in den Straßen. Drei bekannte Engländer wurden getötet.«

Zwei Tage nach diesen Übergriffen übernahm Brigadegeneral Reginald E. H. Dyer, ein britischer Armeeoffizier, der in Indien geboren und ein alter Indienhase war, in Amritsar das Kommando. Am 12. April erließ er eine Proklamation, die Zusammenkünfte und Versammlungen verbot. »Aber«, so hieß es im Hunter Report, »offensichtlich wurde die Proklamation in vielen Teilen der Stadt nicht zur Kenntnis genommen.«

Dann berichtet der Hunter Report von dem Massaker auf dem Jallianwalla Bagh, das die nachfolgenden Jahre in der Geschichte Indiens so nachhaltig beeinflussen sollte. »Etwa um ein Uhr«, heißt es im Text, »erfuhr General Dyer, daß das Volk für halb fünf Uhr eine große Versammlung plante.« Als man ihn befragte, warum er nicht versucht habe, dies zu verhindern, antwortete er: ›Ich begab mich hin, sobald ich konnte. Ich mußte erst über die Sache nachdenken.‹«

»Auf unsere Fragen hin«, berichtet der Hunter Report, »erklärte er (Dyer), daß sein Entschluß gefaßt war, als er im Auto vorfuhr; wenn man sich seinem Versammlungsverbot widersetzt hatte, würde er sofort Schießbefehl geben.«

»Ich war entschlossen«, bekannte er, »alle Rebellen zu erschießen.«

Der Jallianwalla Bagh, führt der Bericht aus, »ist ein rechteckiger, unbebauter Platz, an dem an einigen Stellen Baumaterial und Trümmer herumliegen. Er ist fast ganz von Gebäudemauern umschlossen, die nur wenige schmale Zugänge offenließen. General Dyer betrat den Platz an einem Durchlaß, an dem an beiden Seiten Erde aufgeschüttet war. Auf der gegenüberliegenden Seite des Platzes hatte sich eine große Menschenmenge versammelt, zu der ein Mann auf einer Plattform sprach. Etwa 120 m davon entfernt stellte General Dyer seine Soldaten auf.« Dyer schätzte die Menschenmenge auf etwa zehn- bis zwanzigtausend Personen. »Feuerwaffen waren nicht zu sehen, aber möglicherweise trugen einige der Leute Stöcke bei sich«, vermutet der Hunterbericht.

Dyer kam mit fünfundzwanzig Gurkhas aus Nepal und fünfundzwanzig Baluchia aus Baluchistan, die mit Gewehren bewaffnet waren, vierzig nur mit Messern bewaffneten Gurkhas und zwei Panzerwagen.

Der Hunterbericht gibt das Kreuzverhör wie folgt wieder: »Frage: Nehmen wir einmal an, der Zugang wäre groß genug für die Panzerwagen gewesen, hätten Sie dann das Feuer mit Maschinengewehren eröffnet? Antwort: »Ich glaube schon, ja!« Die Panzerwagen waren also zu groß, um durch den schmalen Durchgang auf dem Platz auffahren zu können. Der Bericht fährt fort: »Sobald General Dyer zu dem Bagh gekommen war, ließ er auf beiden Seiten des Eingangs je fünfundzwanzig Soldaten in Stellung gehen. Er hielt es nicht für nötig, die Menschen aufzufordern, die verbotene Versammlung aufzulösen, da sie ja seinen Erlaß mißachtet hatten, und gab seinen Leuten Feuerbefehl. Die Soldaten schossen zehn Minuten lang in die Menge.«

»Als das Feuer eröffnet wurde, versuchten die Leute davonzulaufen. Im ganzen wurden 1650 Schüsse abgegeben... Man schoß Einzelfeuer, keine Salven... 379 Menschen wurden getötet« und (nach Schätzung der Kommission) etwa dreimal so viele verwundet, also zirka 1130 Menschen. Anders ausgedrückt: 1516 Treffer auf 1650 Schuß. Die Menge war eine perfekte Zielscheibe. Die meisten hatten sich auf die Seite des Platzes mit der niedrigsten, nur etwa 1,50 m hohen Mauer geflüchtet. Dyer befahl seinen Soldaten, dorthin zu zielen. Er wurde von der Kommission dazu befragt: »Ist es richtig, daß Sie jeweils dorthin schießen ließen, wohin gerade die meisten Menschen flohen? Antwort: Das ist richtig.«

General Dyers eigene Darstellung des Geschehens an seine militärischen Vorgesetzten, die im Hunter Report in Kursivschrift wiedergegeben ist, lautet: *»Es ging nicht mehr einfach darum, die Menge zu zerstreuen, sondern eine moralische Wirkung nicht nur auf die Anwesenden, sondern auf die gesamte Provinz Pandschab auszuüben. Somit stellte sich für mich die Frage, ob meine Entscheidung eine unverhältnismäßige Härte bedeutete.«*

»Ich war der Überzeugung, wirklich eine gute Tat vollbracht zu haben«, faßte Dyer seine Einstellung zum Massaker am Jallianwalla Bagh zusammen. Aber die Hunter Kommission (deren Ermittelungen im *East India Report of the Commitee Appointed by the Government of India to Investigate the Disturbances in the Punjab, etc.* London, His Majesty's Stationary Office, 1920. Cmd 681, abgedruckt sind) kam zu dem Entschluß: »Dies war unglücklicherweise eine verfehlte Pflichtauffassung.«

13 *Der Weg ins Gefängnis*

Gandhis Antwort auf das Blutbad in Amritsar war, die Kooperation einzustellen. Er rief dazu auf, englische Waren, englische Ehrungen, englische Gerichtshöfe, englische Schulen und die Arbeit bei englischen Institutionen zu boykottieren.

Im Dezember des gleichen Jahres erlaubte die Regierung, daß die jährliche Kongreßversammlung in der Nähe des Platzes stattfinden durfte, wo das Blutbad geschehen war. Sie ließ auch zwei moslemische Nationalisten, Shaukat und Mohammed Ali, frei, die sich vom Gefängnis aus direkt zur Versammlung begaben. Im gleichen Monat verkündete der englische König quasi als Trostpflaster auf die tiefen Wunden, die General Dyers Vorgehen geschlagen hatte, daß die Montagu-Chelmsford-Reformen und einige der Provinzialministerien an die Inder übergeben würden. »Eine neue Ära hat begonnen«, erklärte der Monarch.

Gandhi schöpfte wieder Hoffnung. Er forderte den Kongreß auf, die Reformen zu billigen und deren Durchführung zu unterstützen. Er gab seine Politik der Nicht-Zusammenarbeit auf, die er einen Monat zuvor initiiert hatte, und riet zur Kooperation. »Vertrauen ist eine Tugend«, begründete er seine jetzige Entscheidung. »Mißtrauen entsteht nur aus Schwäche.« Er wußte, daß seine Landsleute nicht für Schwächlinge gehalten werden wollten.

Gandhis Autorität wuchs. Er entstammte der Mittelklasse, und diese Mittelklasse stärkte ihm den Rücken in der Politik. Bei den jährlichen Kongreßversammlungen ab 1919 dominierten Delegierte aus der indischen Mittelklasse. Auch die Armen nahmen daran teil.

Der Kongreß stimmte folglich einer Resolution für die Montagu-Chelmsford-Reformen zu.

Aber Tilak, Jinnah und andere führende Nationalisten kritisierten die Reformen (die auch weit entfernt vom Dominion-Status waren). Man war enttäuscht hinsichtlich der gegebenen britischen Versprechungen. Die jüngere Generation hatte wenig Vertrauen zum britischen Empire. Lord Chelmsford, der damalige britische Vizekönig, klagte Dyer nicht an, und der Hunter Report mißbilligte zwar das Vorgehen des Generals, schwieg sich jedoch hinsichtlich Vorkehrungen aus, damit so etwas nicht mehr vorkommen konnte. Die Moslems waren zudem erzürnt über die unerbittlichen Friedensbedingungen der Engländer gegenüber der Türkei, einer islamischen Nation, und darüber, daß der Sultan und damit die Würde des Kalifen abgesetzt worden waren.

Immer bereit, Hindus und Moslems zu vereinigen, immer für die Belange der Jugend aufgeschlossen und immer empfindlich gegenüber Abweichungen von hochgesteckten Normen der Moral, kehrte Gandhi zur Politik der Nicht-Zusammenarbeit zurück. Im Dezember 1920 widerrief die jährliche Kongreßversammlung in Nagpur ihre Entscheidung vom Vorjahr und stimmte gegen die Kooperation mit England. Gandhi selbst sandte seinen beiden Auszeichnungen, die ihm in Südafrika verliehen worden waren, an den Vizekönig zurück und begründete diesen Schritt in einem Begleitbrief folgendermaßen: »Ich kann einer Regierung, die Unrecht um Unrecht tut, um ihre Unmoral zu verteidigen, weder Achtung noch Zuneigung entgegenbringen.«

Dieser Wandel von Liebe zu Abneigung gegen das britische Empire war eine Folge des Blutbads am Jallianwalla, und dieser Wandel sollte für Gandhi und Indien von großer Bedeutung werden. Die Zeit des vertrauensvollen Versuchs der Zusammenarbeit, der eigentlich dem friedliebenden Wesen des Mahatma eher entsprach, schlug in landesweiten

Zorn um. Gandhis Handlungen wurden oft von der Furcht geleitet, daß der Zorn der Unterdrückung sein Volk unregierbar machen könnte, wenn er es nicht lenkte. Seine Taktik in solchen Fällen war üblicherweise die, auf ein gemeinsames Ziel hinzuarbeiten, aber auf seinen eigenen Methoden fest zu bestehen. Bei der Kongreßsitzung im Dezember 1920 in Nagpur versprach Gandhi seinen Landsleuten, wenn die Nicht-Zusammenarbeit wirklich gewaltlos praktiziert würde, wäre auch binnen eines Jahres die Autonomie erreicht.

Vallabhbhai Patel, ein sehr reicher Rechtsanwalt aus Ahmedabad, Jawaharlal Nehru und Hunderte anderer verließen die englischen Gerichtshöfe für immer. Die Studenten boykottierten die Vorlesungen, gingen zusammen mit ihren Lehrern in die Dörfer und predigten Nicht-Zusammenarbeit, also keine Steuern zu zahlen, keinen Alkohol zu trinken – beides ein Schlag für die englische Staatskasse.

Sieben Monate lang fuhr Gandhi bei drückend heißem Wetter in muffigen Zügen übers Land und sprach zu den Massen. Wenn man bedenkt, daß solche Reden damals noch ohne Mikrofon und Verstärker gehalten werden mußten, kann man sich kaum vorstellen, wie der Geist des Redners auf die ungeheuren Menschenansammlungen übertragen wurde. Jeder, der kam, wollte wenigstens einen Blick auf den großen Mahatma werfen. Die Einwohner eines kleinen Dorfes ließen ihn wissen, daß sie sich auf die Schienen legen und überfahren lassen würden, wenn sein Zug nicht an ihrer Station halten würde. Der Zug hielt an, und als sich Gandhi den Wartenden zeigte, fielen sie auf die Knie und weinten. Während dieser sieben Monate bestand seine tägliche Mahlzeit aus sechzehn Unzen Ziegenmilch, drei Scheiben Toast, zwei Orangen und etwas Trauben oder Rosinen.

Gandhis Propagandareisen für die Nicht-Zusammenarbeit, auf denen er häufig von den moslemischen Brüdern Ali begleitet wurde, hatten alle Attribute einer religiösen Erweckung. Er beschwor seine Zuhörer, keine fremdländische Kleidung zu tragen. Als sie applaudierten, forderte er sie auf, ihre ausländischen Kleidungsstücke auszuziehen und auf einen Haufen zu werfen. Diesen Berg von Hemden, Hosen, Mänteln, Kappen und Schuhen (ja sogar der Unterwäsche hatte man sich entledigt), setzte Gandhi dann mit einem Streichholz in Brand. Während die Flammen das Fremde vernichteten, beschwor Gandhi seine Zuhörer, ihre Kleidung wieder selbst zu spinnen und zu weben. Er selbst saß von nun an eine halbe Stunde pro Tag am Spinnrad. Das Spinnen bezeichnete er als »ein Sakrament«, das den Geist des Spinners »gottwärts« wende. Schon bald sah man um Gandhi herum nur mehr Menschen in handgewebten, selbsthergestellten Stoffen.

Das Jahr verging, ohne daß die von Gandhi versprochene Autonomie erfolgt war, und es mehrten sich die Stimmen der Nationalisten für eine offene Rebellion gegen die Engländer. Der Unmut im Kongreß wuchs. Man lächelte über Gandhis Spinnrad, seine Mäßigung und seinen verbalen Trotz gegen die ausländischen Herrscher. Besonders die Jugend forderte Taten.

»Wenn Indien die Lehre vom Schwert aufnimmt«, mahnte Gandhi, »mag es vielleicht einen momentanen Sieg erringen, aber dann wird dieses Indien nicht mehr der Stolz meines Herzens sein.« Seine Ablehnung von Gewalt sei hartnäckig »bis zu einem Grad, der an Fanatismus grenzt«. Da er jetzt für die nationalistische Bewegung unentbehrlich war, nahm das Exekutivkomitee des Kongresses bei einem Treffen am 4. November 1921 in Delhi eine Resolution zugunsten einer gewaltlosen Kampagne des zivilen Ungehorsams an. Gleichzeitig kam man überein, nicht ohne Gandhis Zustimmung zu handeln. Rabindranath Tagore hatte ihn vorwurfsvoll darauf aufmerksam gemacht, daß das Feuer, das die fremdländische Kleidung auffraß, auch den Geist erfassen könnte. Und Gandhi fürchtete sich davor. Im Dezember 1921 und im Januar 1922 wurden mehr als zehntausend Inder wegen politischer Vergehen inhaftiert. Motilal Nehru, C. R. Das und Hunderte andere offizielle Kongreßteilnehmer waren bereits im Gefängnis. In mehreren

Provinzen hatten sich die Bauern spontan geweigert, Steuern zu zahlen. In Indien rumorte es.

Bei der jährlichen Kongreßsitzung im Dezember 1921 in Ahmedabad appellierte Gandhi »in aller Bescheidenheit« noch einmal an England: »Was immer ihr tut«, rief er aus, »wie auch immer ihr uns unterdrückt, wir werden euch eines Tages Reue abringen; seht zu, daß ihr euch die dreihundert Millionen Inder nicht zu ewigen Feinden macht!« Dieser Appell an englische Weisheit war auch eine Bitte um Hilfe. Gandhi war in großer Sorge, daß seine Landsleute nicht mehr länger im Zaum gehalten werden könnten, wenn sie weiter provoziert würden.

Um England zu beeindrucken und sein eigenes und seines Volkes Bedürfnis nach Handeln zu befriedigen, plante Gandhi jetzt eine Kampagne des bürgerlichen Ungehorsams im Bezirk Bardoli (87000 Einwohner) in der Nähe von Bombay, wo er das Experiment persönlich beobachten konnte. Am 1. Februar 1922 informierte er Lord Reading, den neuen Vizekönig, über sein Vorhaben.

Gandhi beschränkte die Aktion auf Bardoli, weil er sich nicht sicher war, eine Kampagne in größerem Rahmen friedlich halten zu können. Außerdem wollte er die Engländer durch eine Demonstration von indischer Selbstbeherrschung dazu anregen, dem Land mehr Unabhängigkeit zuzugestehen, als sie dies bislang für klug gehalten hatten.

Das Bardoli-Experiment hatte kaum begonnen, als Gandhi am 8. Februar die Nachricht von einem Zwischenfall erreichte, der sich drei Tage zuvor in einer kleinen Stadt namens Chari Chaura in Uttar Pradesh ereignet hatte. Dieser Ort war 800 Meilen von Bardoli entfernt. Dort hatte eine genehmigte Prozession stattgefunden. »Aber«, berichtete Gandhi im *Young India,* »als die Prozession bereits vorbeigezogen war, kamen die Nachzügler mit den Ordnungshütern in Konflikt. Auf ihre Hilferufe hin kehrten die Prozessionsteilnehmer sofort um. Die Polizisten eröffneten das Feuer. Als sie keine Munition mehr hatten, flüchteten sie sich in die Thana (das Rathaus). Daraufhin, so gibt mein Informant an, steckte der Mob das Rathaus in Brand. Die Polizisten mußten aus ihrem selbstgewählten Gefängnis fliehen. Sie wurden von der aufgebrachten Menge in Stücke zerhackt, die wieder ins Feuer zurückgeworfen wurden.

»Dieser ›brutale Mord‹ an zweiundzwanzig Polizisten war ein ›böses Vorzeichen‹«, erklärte Gandhi. »Nehmen wir einmal an«, fuhr er fort, »dem gewaltlosen Ungehorsam in Bardoli wäre von Gott Erfolg beschieden gewesen und die Regierung hätte zugunsten der Sieger von Bardoli abgedankt, wer würde dann die aufrührerischen Elemente kontrollieren, die auf jede Provokation mit unmenschlicher Grausamkeit reagieren?« Einfach weil er keine Antwort auf diese Frage wußte, brach er die Bardoli-Kampagne ab und verbot in ganz Indien jegliche Zuwiderhandlungen gegen die Gesetze der Regierung. »Laßt unsere Widersacher ruhig über unsere Erniedrigung oder unsere Niederlage, wie sie es nennen wollen, triumphieren«, kommentierte Gandhi seine Entscheidung. »Es ist besser, der Feigheit und der Schwäche bezichtigt zu werden, als sich selbst untreu zu werden und gegen Gott zu sündigen. Es ist viel besser, sich vor der Welt zu erniedrigen und seinen Grundsätzen untreu zu *erscheinen,* als sich selbst untreu zu *sein.*«

Ein entsprechendes Wort Gandhis hätte genügt, und Indien wäre zur Revolution aufgestanden. Es gab Extremisten, die dem Volk einredeten, die Engländer könnten aus dem Land vertrieben werden. Die Welt hatte immer noch mit Nachkriegsproblemen zu kämpfen, und England steckte in vielen Teilen der Erde bis zum Hals in Schwierigkeiten. Aber Gandhi wollte die Unabhängigkeit seines Landes nicht mit Blutvergießen erkaufen. Ein freies Indien, durch Mord geboren, würde dieses Mal für Jahrzehnte auf seiner Stirn tragen.

Nachdem er die Anweisung zum zivilen Ungehorsam zurückgenommen, die Rebellion untersagt und offene Feindseligkeiten der fremden Regierung gegenüber verboten hatte, hatte Gandhi sich selbst jeden Schutzes beraubt, und Lord Reading ließ ihn inhaftieren.

Man hatte von London und von den britischen Provinzialgouverneuren aus Druck auf Lord Reading ausgeübt, Gandhi einsperren zu lassen, doch er hatte sich diesem Ansinnen widersetzt. Er war vom Schiffsjungen zum obersten Richter aufgestiegen, war Botschafter in Washington gewesen und war jetzt Vizekönig in Indien. Seinem juristisch geschulten Geist widerstrebte es, jemanden wegen gesprochener oder geschriebener Worte einzusperren. Er erklärte: »Ich bin bereit, die Konsequenzen von Gandhis Inhaftierung zu tragen, wenn er sich zu ungesetzlichen Handlungen hinreißen lassen sollte.« Als diese Handlungen dann unterblieben, befahl er doch Gandhis Verhaftung aus eben diesem Grunde, und weil Gandhi dem Volk gegenüber versichert habe, ein solcher Schritt würde keine Folgen haben. In einem Artikel seiner Wochenzeitschrift *Young India* vom 9. März 1922 mit dem Titel »Wenn ich inhaftiert werde« schrieb Gandhi: »Ströme von Blut, die die Regierung vergießt, können mich nicht erschrecken, aber ich wäre sehr betrübt, wenn das Volk für mich oder in meinem Namen die Gesetze der Regierung mißachtete. Es würde mich mit äußerstem Schmerz erfüllen, wenn das Volk im Falle meiner Inhaftierung das Gleichgewicht verlieren würde.« Er wurde am 10. März um 22.30 Uhr abends festgenommen.

Gandhi hatte darum gebeten. Die Anklage lautete auf Aufwiegelung, wie er sie in drei Publikationen dokumentiert hatte. Im ersten dieser Artikel vom 19. September 1921 schrieb er: »Ich zögere nicht zu sagen, daß es für jeden, Zivilist oder Soldat, eine Sünde ist, dieser Regierung zu dienen... Aufwiegelung ist zum Credo des Kongresses geworden... Nicht-Zusammenarbeit strebt, sowohl sie religiös und moralisch begründet ist, bewußt einen Umsturz der Regierung an und ist deshalb nach den Buchstaben des Gesetzes eine Verleitung zum Aufstand...« In der zweiten Veröffentlichung vom 21. Dezember 1921 schrieb er: »Lord Reading muß verstehen, daß die Nicht-Zusammenarbeit ein Mittel zum Kampf gegen die Fremdherrschaft ist. Wir haben ihr den Krieg erklärt... Das berechtigt andererseits

Lord Reading, die Bewegung seinerseits unschädlich zu machen.« Im dritten Artikel vom 23. Februar 1922 schrieb Gandhi: »Wie kann es jemals zu einem Kompromiß kommen, wenn der britische Löwe uns immer noch mit seinen blutigen Pranken ins Gesicht schlägt?... Die reisessenden, schwachen Millionen Indiens scheinen sich entschlossen zu haben, ihr weiteres Schicksal ohne Bevormundung und ohne Waffen selbst in die Hand zu nehmen... Der im Jahr 1920 begonnene Kampf wird bis zum Ende gehen...«

Der kleine Gerichtssaal in Ahmedabad war am 18. März überfüllt. Nachdem die Anklage verlesen worden war und der Generalstaatsanwalt Gandhi als im Sinne der Anklage für schuldig bezeichnet hatte, erhob sich der Mahatma und erklärte: »Ich bin hier..., um freudig die höchste Strafe anzunehmen, die mir auferlegt wird, dafür, was den Buchstaben des Gesetzes nach ein vorsätzliches Verbrechen ist, das gleiche, was mir aber als die höchste Pflicht erscheint.« Er fuhr dann fort und erklärte, warum er von einem überzeugten und kooperativen Loyalisten zu einem leidenschaftlichen Gegner und Proklamator der Nicht-Zusammenarbeit geworden ist. Er berichtete dem Gericht von seinen Erfahrungen in Afrika, wie er für die Briten in den Krieg gezogen war und in Indien Männer für die britische Armee angeworben hatte. »Ich war damals überzeugt«, fuhr er fort, »daß derartige Dienste es meinen Landsleuten erleichtern würde, einen gleichwertigen Status im Empire zu erlangen.«

Dann kamen im Jahre 1919 eine Reihe von Gegenschlägen. Die Rowlatt-Gesetze, das Jallianwalla Massaker, die körperlichen Züchtigungen, die Ungerechtigkeit gegen den türkischen Kalifen. Nichtsdestotrotz – »ich kämpfte für Zusammenarbeit und unterstützte die Montagu-Chelmsford-Reformen.« Aber »ich kam widerstrebend zu dem Schluß, daß Indien durch die Verbindung mit England politisch und wirtschaftlich hilfloser geworden ist als es je zuvor war... Es hat kaum die Kraft, sich gegen eine Hungersnot zur Wehr zu setzen. Bevor die Engländer kamen, spann und wob man in Indien in Millionen Hütten gerade so viel, wie man als Ergänzung zu den mageren landwirtschaftlichen Ressourcen brauchte.« Die Kleinindustrie in den Hütten war durch britische Industrieproduktion zugrunde gegangen. Obgleich es nicht von der Hand zu weisen ist, daß viele britische Beamte in Indien überzeugt waren, sie würden dem Land helfen – »sie wissen nicht, daß ein verstecktes aber wirksames Terrorsystem und eine organisierte Zurschaustellung von Stärke einerseits sowie der Entzug aller Kräfte der Vergeltung und der Selbstverteidigung andererseits das Volk ausgemergelt und zu bloßen Nachahmern gemacht haben.« Er betrachte es deshalb als »eine Ehre, daß man mir ablehnend gegenübersteht« und forderte für sich die Höchststrafe.

Als Gandhi sich setzte, verbeugte Richter Broomfield sich vor ihm und verkündete das Urteil: »Das Gesetz sieht die Person nicht an«, sagte er einleitend. »Nichtsdestotrotz wird es nicht möglich sein, die Tatsache zu ignorieren, daß Sie eine andere Art von Mensch sind als die, über die ich je geurteilt habe oder zu urteilen haben werde. Ich kann nicht übersehen, daß Sie in den Augen von Millionen Ihrer Mitbürger ein großer Patriot und Führer sind. Auch diejenigen, die politisch anders denken als Sie, erkennen Ihre hohen und edlen Ideale an und wissen um Ihre heilige Lebensführung.«

Nach dieser Erklärung verurteilte er Gandhi zu sechs Jahren Gefängnis. Viele Zuschauer fielen vor Gandhi auf die Knie und weinten. Gandhi aber lächelte, als er abgeführt wurde.

Dies war weder das erste noch das letztemal, daß die Engländer Gandhi verhafteten und einsperrten. Aber es war das letztemal, daß sie ihn vor Gericht stellten.

14 Gandhi fastet

Am 12. Januar 1924 wurde der Mahatma in höchster Eile aus dem Yeravda Gefängnis in das Sassoon Krankenhaus in Poona gebracht. Am gleichen Abend noch operierte ihn

Oberst Maddock, ein britischer Chirurg, wegen einer akuten Blinddarmentzündung. Die Operation verlief erfolgreich, und Gandhi dankte dem Arzt von Herzen. Es entwikkelte sich jedoch ein Abszeß, und die Genesung machte nur sehr langsam Fortschritte. Die Regierung hielt es unter diesen Umständen für weise, den kränkelnden Gefangenen zu entlassen, und am 5. Februar 1924 war der Mahatma wieder frei. Trotz seiner körperlichen Schwäche gab er bereits nach zwei Wochen wieder sein Wochenmagazin *Young India* in englischer Sprache und die Zeitschrift *Navajivan* in seiner Muttersprache Gujarati heraus.

Während der zweiundzwanzig Monate, die Gandhi im Gefängnis zubrachte, hatte sich die politische Lage in Indien ernsthaft verschlechtert. Zusammenfassend beschreibt Gandhi sie so: »Viele Rechtsanwälte hatten wieder ihre Kanzleien eröffnet. Einige bedauern sogar, sie jemals geschlossen zu haben... Hunderte von Jungen und Mädchen, die Regierungsschulen boykottiert hatten, sind zurückgekehrt.« Einige nationalistische Führer, allen voran Motilal Nehru, der Vater von Jawaharlal, und C. R. Das, hatten sich entschlossen, an städtischen, provinzialen und nationalen gesetzgebenden Behörden mitzuarbeiten mit dem Ziel, die britischen Behörden sowohl zu behindern wie auch zu belehren. Gandhi teilte diese Ansicht nicht. Er blieb, so ließ er in einem in der Zeitschrift *Young India* erschienenen Artikel vom 10. April 1924 wissen, »beim Mißtrauen gegen diese Regierung«. Aber die meisten seiner Mitbürger waren der Opfer, welche die Nichtzusammenarbeit forderte, nicht fähig, und der Mahatma erkannte, daß die nachlassende Begeisterung der Bevölkerung seinen Regierungsboykott nicht tragen würde. Er zog sich deshalb aus der Politik im üblichen Sinn zurück und widmete sich für die nächsten Jahre nur mehr der Politik in seinem Sinne. Gandhi verstand darunter den Versuch, die Menschen besser zu machen. »Ich glaube fest daran«, schrieb er seinem englischen Freund Charles F. Andrews, »daß Indien in dem Moment frei wird, in dem es rein ist, und keinen Augenblick früher.«

Reinigung hatte keinen mystischen Begriffsinhalt. Er meinte damit ganz konkrete Dinge wie die Freundschaft zwischen Hindus und Moslems. »Keine Frage ist wichtiger und dringender«, versicherte der Mahatma. Er stimmte mit dem moslemischen Führer Jinnah überein, daß »Einigkeit zwischen Moslems und Hindus Swaraj bedeutet«, also Autonomie. Aber anstelle von Einigkeit herrschte ein tiefer Zwist zwischen den beiden Religionsgemeinschaften. »Ich fühle eine Welle der Gewalt auf uns zukommen«, prophezeite Gandhi.

Nachdem Gandhi aus Afrika im Jahre 1915 in seine Heimat zurückgekehrt war, wurde ihm schnell klar, daß die Beziehung zwischen Hindus und Moslems für die Zukunft Indiens von elementarer Wichtigkeit war. Er sprach oft über dieses Problem und widmete diesem Thema einen Sechstausend-Wort-Artikel in der *Young India* vom 29. Mai 1924 mit der Überschrift »Spannungen zwischen Hindus und Moslems – Ursachen und Lösungsvorschläge«.

Die Lösung legte er in wenigen Worten klar: Die Freundschaft zwischen Hindus und Moslems ist möglich, schrieb er, »weil sie etwas Natürliches, für beide Teile Notwendiges ist und weil ich an die Menschen glaube«. Dieser Satz sagt eigentlich alles über Gandhi aus. Da der Zweck gut ist und der Mensch gut ist, kann das Ziel erreicht werden. Das war der Glaube, der ihn zum großen Mahatma machte. Was machte es schon aus, wenn er einmal etwas nicht erreichte? Er war groß, auch wenn er nicht immer gewann. Die Niederlage eines Menschen kann ihn größer machen als ein Erfolg; es kommt immer darauf an, was er zu tun versucht.

Im Jahre 1946 spaltete sich Indien in Jinnahs Pakistan und Nehrus Indien mit unendlichem Schaden für beide.

Damals unterhielt ich mich mit Mr. Jinnah, der zu dieser Zeit nicht mehr der Reformer der zwanziger Jahre war, darüber, »daß die Welt Harmonie brauche, nicht neue Zwietracht«, die Vereinigung Indiens, nicht die Trennung.

»Ich bin ein Realist«, antwortete er, »ich beschäftige mich mit Tatsachen.« Ich brachte ihm das Chaos in Erinnerung, das religiöse und völkische Teilungen über Europa gebracht hatten.

»Ich muß mich mit der Teilung, so wie sie ist, abfinden«, beharrte er. Gandhi war ebenfalls ein Realist. Aber sein Realismus bekämpfte das Übel, anstatt es anzunehmen. Er war alles andere als ein Traumtänzer und wußte sehr wohl, daß der Mensch gut ist, das Gute in ihm aber erst geweckt werden muß, damit nicht ein anderer das Böse für seine Zwecke ausnützen könnte. Um das Gute zu wecken, fastete er für die Versöhnung zwischen Hindus und Moslems.

Gandhis Fasten war ein Weg, mit seinen Landsleuten in Kontakt zu kommen. »Offensichtlich kann nichts, was immer ich sage oder schreibe, die beiden Gemeinschaften einander näherbringen«, gestand Gandhi sich ein – deshalb fastete er. Die westliche Welt spricht oder tut etwas, die östliche Welt betrachtet, sitzt, leidet. Gandhi bediente sich sowohl westlicher wie auch östlicher Methoden. Wenn Worte versagten, fastete er.

Sein ganzes Leben lang erforschte Gandhi neue Wege der Kommunikation. Manchmal ging er zu großen Massenversammlungen, aber anstatt eine Rede zu halten, saß er mit gekreuzten Beinen nur da, wiegte seinen Körper hin und her und sagte kein Wort. Dann lächelte er, faltete die Hände zum Hindu-Gruß, und die Menschenmenge fiel auf die Knie und weinte. Er hatte sich mitgeteilt. Er hatte ihre Herzen berührt. Bei Interviews gab er nicht nur Stellungnahmen ab oder beantwortete Fragen. Sein Hauptziel war es, mit dem Interviewpartner eine enge Verbindung zu schaffen, weil das mehr zum besseren Verständnis beitrug als seine Worte.

Aber auch mit Fasten konnte er die Herzen und den Geist der Menschen erreichen. »Ich faste«, sagte Gandhi einmal, »um diejenigen, die mich lieben, zu reformieren.« Und er fügte hinzu: »Gegen einen Tyrannen kann man nicht fasten.« Ein Tyrann ist der Liebe nicht fähig und deshalb einer Waffe der Liebe, wie sie das Fasten ist, nicht zugänglich. Gandhi fastete nie, um der britischen Regierung Zugeständnisse abzuringen. Sein Fasten war auf sein eigenes Volk ausgerichtet, weil es zwischen diesen beiden eine enge Verbindung gab, die auf das Fasten ansprach. Ein Fasten mußte selbstlos sein. »Ich kann für meinen Vater fasten, um ihn von einem Laster zu befreien«, erklärte der Mahatma seine Gedanken, »aber ich kann es nicht tun, um eine Erbschaft von ihm zu bekommen.« Sein Fasten sollte ihm also keine persönlichen Vorteile bringen, sondern der Allgemeinheit nützen – und die Allgemeinheit würde dies sehen und spüren.

Obgleich Gandhi dies verneinte, wollte er doch gelegentlich mit seinem Fasten erschrecken. So zum Beispiel die Spinnereibesitzer in Ahmedabad, die ihm zwar treu ergeben waren, aber einen Schiedsspruch bei einem Streik nicht akzeptieren wollten. Er fastete, und sie gaben nach, um ihn nicht zu töten. Sein Tod wäre ihnen zur Last gelegt worden. Aber das Fasten für die Versöhnung zwischen Hindus und Moslems war frei von jedem Zwang. Der Hindu in Allahabad und der Moslem in Agra würden nicht gezwungen sein, ihre Beziehungen zu verbessern, weil Gandhi im Sterben lag. Sie würden es, wenn überhaupt, erst tun, wenn sein Opfer eine Art gleicher Wellenlänge zwischen ihm und ihnen geschaffen hätte. Das Fasten war seine Art, in ihre Herzen einzudringen, damit sie fühlen konnten, was er fühlte, und handeln konnten, wie er es tat. »Deshalb«, kündigte er an, »erlege ich mir selbst von heute an ein einundzwanzigtägiges Fasten auf, das am 6. Oktober (1924) beendet sein soll. Ich nehme mir die Freiheit, Wasser mit und ohne Salz zu trinken.« Von purem Wasser wurde ihm während einer Fastenperiode schlecht, deshalb gab er eine Prise Salz oder Natriumkarbonat zu. Er trank Wasser, weil er nicht sterben wollte. Er liebte das Leben und wollte seinen Körper erhalten. Er ließ sich massieren, schlief regelmäßig und ging zur Stärkung seiner Muskeln spazieren. All seine diätetischen Experimente, die dem westlichen Menschen seltsam vorkommen und selbst für manchen Inder schwer verständlich waren, dienten dazu, aus sich ein biologisch perfektes Werkzeug zur Erreichung geistiger Ziele zu machen. Er blieb, bis ihn die tödlichen Kugeln trafen, ein unerschütterlicher Mensch, der noch viele Jahre hätte leben können. Wenn moralische Überlegungen ein Fasten unumgänglich machten, hatte sein Körper kein Vetorecht. Wenn das Fleisch schwach war, litt es oder erlag sogar; es gab kein Nein.

Als Gandhi für die Versöhnung der Moslems und der Hindus fastete, waren zwei moslemische Ärzte ständig bei ihm, und Charles Freer Andrews, der christliche Missionar, war sein Krankenpfleger. Er fastete im Haus von Mohammed Ali, dem jüngeren Bruder von Shankat. Einundzwanzig Tage lang waren alle Augen Indiens auf dieses moslemische Haus gerichtet. Die Moslems sahen, daß Mohandas und Mohammed Freunde waren. Die Hindus wußten, daß ihr Heiliger sein Leben einem Moslem anvertraute. Das war eine dramatische Demonstration der Verbrüderung.

Am zweiten Tag seines Fastens schrieb Gandhi ein Plädoyer für »Einigkeit trotz aller Unterschiede«. »Der Augenblick«, versicherte er, »verlangt nicht nach einer gemeinsamen Religion, sondern nach gegenseitiger Achtung und Toleranz.« Am sechsten Tag verfaßte er einen weiteren Artikel zum selben Thema. Am zwölften Tag schrieb er 112 Worte zur Veröffentlichung nieder, die beweisen, wie sehr sich der Schwerpunkt seiner Politik verlagert hatte. »Früher«, versicherte er, »war dies ein Kampf und ein Verlangen, die Herzen der Engländer umzustimmen, die Indien regieren. Dieser Wandel muß erst noch kommen. Doch muß der Kampf im Augenblick darauf ausgerichtet sein, die Hindus und Moslems im Herzen umzustimmen. Bevor sie an Frieden denken dürfen, müssen sie tapfer genug sein, einander zu lieben, die Religion des anderen zu tolerieren, einschließlich der Vorurteile des Aberglaubens, und einander zu trauen. Dazu bedarf es Glaube an sich selbst. Und Glaube an sich selbst ist Glaube an Gott. Wenn wir diesen Glauben haben, werden wir aufhören, uns voreinander zu fürchten.« Furcht mit Glauben und Vertrauen zu begegnen war eines von Gandhis Hauptanliegen. Am zwanzigsten Tag diktierte er ein Gebet; die zwanzig Tage, heißt es darin, seien »Tage der Gnade, des Vorrechts und des Friedens« gewesen.

An jenem Abend »war Mahatma Gandhi wundervoll fröhlich und heiter«. Am nächsten Morgen um vier Uhr früh, berichtet Andrews, »wurden wir zu den Morgengebeten gerufen«. Er fragte Gandhi, ob er gut geschlafen habe. »Ja, ganz ausgezeichnet«, antwortete dieser. Andrews schreibt darüber: »Es machte mich glücklich, als ich feststellte, daß seine Stimme kräftiger war als am vorhergehenden Morgen...« Sechs Stunden später, an seinem letzten Fastentag, wandte sich Gandhi an Andrews: »Du kennst doch mein liebstes, christliches Kirchenlied?«

»Ja, soll ich es dir vorsingen?«

»Nein, jetzt nicht, aber ich möchte gerne, wenn mein Fastengelübde erfüllt ist, eine kleine Zeremonie der religiösen Einheit haben. Imam Sahib soll die ersten Verse des Koran rezitieren, dann sollst du dieses christliche Kirchenlied singen.« Danach sollte noch ein religiöses Hindu-Lied folgen.

Um die Mittagszeit flüsterte Gandhi nur mehr und bat seine vielen anwesenden Freunde, ihr Leben zu geben, falls es für die Verbrüderung nötig sei. Dann wurde die religiöse Zeremonie abgehalten. Gandhi trank etwas Orangensaft und beendete damit sein dreiwöchiges Fasten.

Es gibt keinen Grund zur Annahme, daß die schwere Prüfung, die Gandhi auf sich genommen hatte, eine große Wirkung zeigte. Gandhis Liebe schaffte es nicht, den Granitfelsen der Feindschaft zwischen Hindus und Moslems zu zersprengen. Er schrieb diese Kluft weitgehend den falschen Vorstellungen über die Verteidigung der Religion zu. So führten beispielsweise die religiösen Prozessionen der Hindus oftmals an mohammedanischen Moscheen zur Gebetsstunde vorbei, was wiederum den Unmut der dort Betenden hervorrief. Die Hindus glaubten, es wäre ihre religiöse Pflicht, die Andacht der Andersgläubigen zu stören. Die Moslems vergalten Gleiches mit Gleichem und waren dabei nicht mehr im Recht wie die Hindus bei ihren Störaktionen. Den Hindus ist die Kuh heilig, für die Moslems ist sie ein

Schlachttier. Aber obwohl Gandhi der Meinung war, der Schutz der Kuh symbolisiere »den Schutz der gesamten Kreatur Gottes« und sei deshalb ein Manifest des Hindu-Glaubens, konnte er nie verstehen, warum die Moslems, allein schon weil sie in diesem Punkt anders dachten, von den Hindus so sehr abgelehnt wurden. »Wir sagen doch auch nie etwas gegen das Schlachten (von Kühen), das täglich für die Engländer stattfindet«, stellte Gandhi fest, »aber wir sehen rot, wenn ein Moslem eine Kuh schlachtet.« Und schließlich »gelangen die Kühe nur unter das Schlachtmesser, weil Hindus sie verkaufen... In keinem Teil der Welt wird das Vieh schlechter behandelt als in Indien... Die meisten Tiere sind halb verhungert und eine Schande für uns.«

Die Musik vor den Moscheen und das Schlachten von Kühen war oft der Grund für Zusammenstöße zwischen Hindus und Moslems. Die Feindseligkeiten führten sogar so weit, daß Frauen und Kinder der anderen Religionsgemeinschaften geraubt und gezwungen wurden, zur anderen Religion überzutreten. In Bombay kursierte im Jahre 1938 das Gerücht, es habe Kämpfe gegeben, nachdem drei Hindus und ein Moslem Karten gespielt, getrunken und danach einfach nur laut gestritten hatten. Das Gerücht verbreitete sich, und plötzlich kam es tatsächlich zu regelrechten Kämpfen, die 14 Tote, 98 Verletzte und 2488 Inhaftierungen zur Folge hatten. Derartige Gewaltausbrüche hatten ihre Ursprünge in sozialen und wirtschaftlichen Umständen, die der Mahatma für gewöhnlich unterschätzte, und über die er selten sprach. Man sollte sich vor Augen führen, daß in den 700000 Dörfern Indiens Moslems und Hindus friedlich nebeneinander lebten. In der indischen Armee aßen, schliefen, exerzierten und kämpften Hindus, Moslems, Sikhs und Christen Seite an Seite, ohne daß es je aus religiösen Gründen zu Reibereien gekommen wäre. Die Spannungen zwischen Hindus und Moslems waren eine Krankheit der Städte im zwanzigsten Jahrhundert, ein vom Menschen geschaffenes Übel der Mittelklasse, das einige Politiker mit Machtgier infizierte.

Nach islamischem Gebot wurde der Großteil des moslemischen Reichtums in Land investiert. Industrie und Handel gehörten traditionsgemäß den Hindus und Parsen, die es vorzogen, mit ihren Religionsbrüdern zusammenzuarbeiten. Deshalb gab es erst sehr spät eine moslemische Mittelklasse, und als sie dann schließlich zu Beginn des Jahrhunderts etabliert war, konnte sie sich kaum mit den Hindus und Parsen, die eine bessere Bildung und bessere Beziehungen hatten, messen. Junge Moslems hatten es auch äußerst schwer, Regierungsstellen zu bekommen, die im Hinblick auf die wirtschaftliche Rückständigkeit des Landes eine wichtige Schlüsselstellung für die Industrie des Landes waren. Die Moslems bestanden deshalb darauf, daß ein bestimmter Prozentsatz solcher Stellen ihnen ohne Rücksicht auf die Qualifikation des Bewerbers vorbehalten bliebe. Die Engländer gaben dieser Forderung teils aus Notwendigkeit, teils auf Fairneß nach.

Die Moslems, die ein Viertel der Bevölkerung Indiens ausmachen, und die Hindus, die drei Viertel bilden, sind eigentlich nahe Verwandte. Die meisten Moslems sind vom Hinduismus zum Islam übergetreten, als im achten Jahrhundert Araber, Afghanen und Perser in Indien einfielen. Mr. Jinnah meinte, 75% der Moslems seien konvertierte Hindus. Nach Pandit Nehrus Ansicht waren es sogar 95%. Mancherorts beteten Moslems in Hindu-Tempeln. Das ist auch heute noch so. In vielen Gegenden kann man Moslems und Hindus weder an ihrer Kleidung, an ihrer Sprache noch an ihrem Brauchtum voneinander unterscheiden. Moslems haben auch – wie Hindus – Kasten. Hindi und Urdu, die beiden Hauptsprachen der Hindus und Moslems, werden mit verschiedenen Schriftzeichen geschrieben, erstere hat aber mehr Worte aus dem Sanskrit übernommen, während letztere mehr persische Worte übernommen hat. Die Unterschiede sind aber minimal und unwesentlich. Hinzu kommt, daß sowohl die Moslems wie auch die Hindus in großen Teilen Indiens weder Urdu noch Hindi sondern eine gemeinsame Sprache benützen, bengalisch in Bengalen zum

Beispiel. Jinnah, der in Kathiawar geboren ist und aus einer hinduistischen Familie stammt, sprach zu Hause Gujarati wie Gandhi auch.

Rassische und linguistische Gemeinsamkeiten waren jedoch von religiösen Unterschieden getrübt, und neuerliche Rivalitäten wegen der begrenzten wirtschaftlichen Möglichkeiten verschlechterten die Situation ungemein. Der Hindu tendiert außerdem dazu, sich abzusondern, und nimmt von alters her gegenüber Moslems eher eine überlegen-arrogante Haltung ein. Er würde zum Beispiel nie ein moslemisches Mädchen heiraten oder mit Moslems zusammen essen. Ein orthodoxer Hindu würde vielleicht einen Moslem zu Hause besuchen, niemals aber dort ein Glas Wasser trinken oder gar mit ihm essen. Moslemische Politiker, die diese bittere Situation zu Ende dachten, wiesen ihre Anhänger darauf hin, daß Unabhängigkeit von der englischen Herrschaft Unterdrückung durch die hinduistische Majorität bedeuten könnte, also keine Arbeitsplätze bei Regierung oder Wirtschaft, vielleicht sogar eine zwangsweise Rückkehr zum Hinduismus. Diese Drohungen, erklärte Jinnah im Jahre 1917, waren unrealistisch. »Fürchtet euch nicht«, rief er ihnen zu, »das ist ein Schreckgespenst, um euch von Zusammenarbeit und Einigkeitsstreben fernzuhalten, die so wichtig für die Autonomie sind.« Aber das Schreckgespenst ließ sich nicht so einfach hinwegreden, und schließlich benutzte sogar Jinnah es für den üblichen Zweck.

Die Engländer, die auf ihre eigene Sicherheit bedacht waren, machten sich natürlich die Reibereien zwischen den Hindus und Moslems zunutze. England teilte nicht und herrschte. Die Inder dagegen waren bereits geteilt. England teilte sie nur ein bißchen mehr, um leichter herrschen zu können.

Enttäuscht über sein vergebliches Fasten für die Versöhnung von Hindus und Moslems mußte Gandhi erkennen, daß der Dominion-Status und die nationale Freiheit jetzt wieder unendlich weit entfernt waren. In der zweiten Hälfte des Jahres 1924 begann für die Welt die »Nachkriegsnormalität«. Mit dem Dawes-Plan wurde Deutschlands Wirtschaft gerettet. Die großen europäischen Mächte erkannten Sowjetrußland an. Der Bolschewismus war in der Abnahme begriffen, außer in Südchina, wo General Tschiangkaischek sich mit Moskau alliiert hatte. Gleichgültigkeit und Selbstzufriedenheit regierten in Amerika. Das britische Empire, das durch den Iren Sinn Fein und Nahostrevolten in den Jahren 1919 und 1923 gefährdet war, hatte nun wieder ruhiges Kielwasser. In Indien hatten sich die Leidenschaften der Zeit nach Amritsar gelegt. Zweifel und Verzagtheit und vielleicht auch Gandhis Gewaltlosigkeitskampagne dämpften den Eifer eines kriegerischen Nationalismus. Dies war nicht die Zeit für offene Rebellion gegen die Briten. Der Mahatma widmete sich der Umerziehung einer Nation zur Freiheit – ein langsamer Prozeß.

15 Antwort an Moskau

In den stillen Jahren zwischen 1924 und 1929 hatte Mahatma Gandhi nicht wissen können, was die Weltpresse in den vierziger Jahren berichten würde und was heute in den Geschichtsbüchern nachzulesen ist. Er suchte einfach nach dem Weg zur Freiheit. Und doch führte der Pfad, den er in jener Zeit der politischen Depression in Indien einschlug, zu nationaler Unabhängigkeit. Er hätte diesen Weg auf jeden Fall eingeschlagen, denn was er in den späten zwanziger Jahren tat, war an sich richtig, ein wünschenswerter Weg, wie immer auch das Ende aussehen sollte. Er war davon überzeugt, daß ein gutes Mittel an sich schon ein gutes Ende sei. Das gab ihm die Kraft, weiterzumachen, auch wenn er das Licht am Ende des Tunnels noch nicht sah. Das gab ihm aber auch ein Gefühl der Sicherheit, selbst wenn er sich der Richtung, die er einzuschlagen hatte, noch nicht gewiß war. Den richtigen Weg zu gehen, könnte nie ein Fehler sein, auch wenn das Ende am Anfang dieses Weges noch nicht deutlich zu erkennen ist. Er kam vorwärts, auch wenn er sich nicht von der Stelle zu rühren schien. Es lohnte sich also für ihn, Geduld aufzubringen.

Tilak und Gokhale waren tot, und Mahatma war vom Volk auf den Gipfel der Achtung emporgehoben worden. Seine einfache Hütte im Sabarmati Ashram war zum Weißen Haus Indiens geworden. Auf seinen Reisen wurde er von unzähligen Menschen belagert, die nur einmal einen Blick auf den Mahatma werfen wollten. »Sie lassen mich nicht einmal alleine ein Bad nehmen«, schrieb er. Seine Füße und seine Schienbeine waren voller Kratzer von Männern, Frauen und Kindern, die sich vor ihm auf den Boden geworfen und versucht hatten, ihn zu berühren. Das Volk hatte begonnen, ihn zum Gott zu erheben. Der Gond-Stamm betete ihn an, aber Gandhi lehnte eine solch unangemessene Verehrung ab. »Ich möchte meine Abscheu und stärkste Ablehnung einer solchen Vergötterung kundtun«, ließ er sie wissen.

Für viele Inder war er eine Reinkarnation Gottes, wie Buddha und Krishna, Gott, der für eine bestimmte Zeit zur Erde herabgekommen ist. Von den Bergen, aus den Ebenen, von weit entfernten Dörfern kamen die Menschen, um ihn zu sehen und ihn zu berühren und dadurch gesegnet zu werden. In Dacca in Bengalen kam ein alter Mann, der ein Foto von Gandhi an einer Halskette trug, weinend auf ihn zu und bedankte sich für die wunderbare Heilung von einer chronischen Lähmung. Gandhi wollte aber davon nichts wissen. »Du erlaubst doch, daß ich dir die Fotografie wegnehme«, tadelte er ihn. »Nicht ich, sondern Gott hat dich geheilt.«

Auch Intellektuelle verehrten ihn gottähnlich. Eines Tages fiel ein mit Gandhi im Zug reisender Rechtsanwalt mit dem Kopf zuvorderst aus dem Zug. Wie durch ein Wunder blieb er unverletzt. Er schrieb dies dem Umstand zu, daß er Mitreisender des Mahatma sei. »Dann hätten Sie gar nicht erst hinausfallen dürfen«, entgegnete Gandhi lachend.

Diese Glorifizierung machte ihn traurig. »Ich bin kein Mahatma.« Es wäre ihm lieber gewesen, wenn die Inder in seine Fußstapfen getreten wären, als ihm die Füße zu küssen. Er wollte Hilfe, nicht Ruhm und Bewunderung. Hilfe vor allem dabei, die Baumwollindustrie aufzubauen. »Für mich«, sagte Gandhi zu diesem Thema, »ist nichts in der politischen Welt wichtiger als das Spinnrad.«

Während meines Aufenthalts bei Gandhi im Jahr 1946 betrat ich sein Zimmer, während der Mahatma am Webstuhl saß. Er erklärte sein Engagement: »Wenn dreihundert Millionen Menschen einmal am Tag dasselbe tun würden, nicht weil ein Hitler es angeordnet hat, sondern weil sie vom gleichen Ideal inspiriert wurden, hätten wir genügend Einigkeit, um Unabhängigkeit zu erreichen.« Im Spaß erinnerte ich ihn daran, daß er die Unabhängigkeit verzögert habe, weil er, um sich mit mir unterhalten zu können, eine Stunde Pause eingelegt habe. »Ja, gewiß, Sie haben Swaraj um eine Stunde verzögert.«

Gandhis Lendentuch, seine Umhänge, Handtücher und Bettlaken waren »homespun«, also im eigenen Lande hergestellt. Mehr und mehr Inder begannen, diese Textilien zu tragen. Es gab aber auch solche, die darüber die Nase rümpften. »Langweilige Leinentücher«, spotteten sie. »Das Gewand unserer Freiheit«, entgegnete Jawaharlal Nehru.

Gandhi glaubte so sehr an das Spinnrad, daß er es in die Flagge der Kongreßpartei aufnahm, die später die Flagge des unabhängigen Indien werden sollte. Es war dies sein eigenwilliger Beitrag zur Erziehung der politisch orientierten Städter. Er lenkte ihre Aufmerksamkeit auf den armen, ungebildeten Bauernstand. Es war ein Versuch, zwischen Führerschaft und Massen zu vermitteln, denn er wußte, wie gerne in Indien der goldene Elefant, oder modern ausgedrückt, die gut gestellte Industriegesellschaft ihre Augen vor dem unsäglichen Elend der Bauernhütten verschloß.

Um echtes Mitgefühl mit dem Schlechtergestellten zu haben, lehrte Gandhi, muß man ihn verstehen, und um ihn zu verstehen, muß man manchmal unter denselben Bedingungen wie er leben und arbeiten. »Ich versuche, mich von ganz unten nach oben vorzuarbeiten«, erklärte er und warnte die Intellektuellen davor, seine Khadi-Politik nicht zu unterstützen: Das gebildete Indien wird sich selbst von der einzigen sicht- und greifbaren Verbindung zu den Massen abschneiden. Das Spinnen war somit ein weiterer Kommunikationsweg und eine Arbeit der Liebe.

Um die Spinnradbewegung zu organisieren und zu finanzieren, reiste er landauf, landab. Für gewöhnlich fuhr er dritter Klasse. Wenn der Vizekönig, der Oberkommandierende der Armee und die Maharadschas dasselbe täten, würden sich die hygienischen Bedingungen in der dritten Klasse schlagartig verbessern. Wo immer er hinfuhr, gab man ihm Spenden für sein uneigennütziges Werk. Er fand immer Mittel und Wege, Geld dafür aufzutreiben. Er kaufte damit Spinnräder für die Bauern, eröffnete Geschäfte in den Städten, die Khadi aus den Dörfern verkauften, und ließ Lehrer für die Spinn- und Webkunst ausbilden. Auf den Haltestellen der Zugstrecke hielt er die Hand aus dem Fenster, und schnell füllte sie sich mit Scheinen und Münzen. Oder er ging durch die Menge und verkaufte handgefertigte Textilien. Gandhi nahm auch Gold und Juwelen. »Das Heer meiner Verehrer wächst täglich«, rühmte er sich. »Meine neueste Eroberung ist Ranibala aus Burdwan, ein etwa zehnjähriges, liebes Mädchen. Ich wagte es nicht, nach ihrem Alter zu fragen. Wie üblich habe ich mit ihr gespielt und dabei verstohlen auf ihre schweren Armreifen aus Gold geschaut. Ich erklärte ihr behutsam, daß sie viel zu schwer für ihre zarten kleinen Handgelenke seien. Sofort streifte sie den Schmuck ab und gab ihn mir.« Später erzählte er diese Geschichte einigen Frauen, die mir »ungefragt etwa ein Dutzend Armreifen und zwei oder drei Paar Ohrringe gaben. Selbstverständlich werden sie für Khadi verwendet.« Er redete den Frauen ein, daß ihre Schönheit keineswegs darunter leiden würde, wenn sie ihm ihren Schmuck schenkten. Im Gegenteil! »Schön ist, wer schön handelt«, zitierte er. Indische Frauen trügen sowieso zuviel »persönliche Möbelstücke« an ihren Ohren, Nasen, Armen und Knöcheln. Sie würden sich ohne diese Last freier fühlen.

Gegner beschuldigten ihn, er übertriebe sein Engagement für das Spinnen. Man lebe nun mal im Maschinenzeitalter, und weder seine Arbeit noch seine Weisheit noch seine Heiligkeit könnten die Uhr zurückdrehen. »Vor einhundertfünfzig Jahren«, belehrte sie Gandhi, »stellten wir alle unsere Stoffe selbst her. Unsere Frauen sponnen feine Garne in ihren Hütten und trugen damit zum Wohlstand der Familie bei... Indien braucht fast dreizehn Yards Stoff pro Kopf und Jahr. Trotzdem wird weniger als die Hälfte im Lande hergestellt. In Indien wächst genug Baumwolle für uns alle. Wir exportieren mehrere Millionen Ballen Baumwolle nach Japan und Lancashire und kaufen einen Großteil davon wieder als fertigen Kattun zurück. Dabei wären wir durchaus in der Lage, unseren Eigenbedarf an Stoffen und Garnen durch Handweben selbst zu decken... Das Spinnrad könnte Millionen Beschäftigung geben, die mindestens vier Monate im Jahr nichts zu tun haben.«

Gandhis Hauptanliegen war es, den unterbeschäftigten Armen zu helfen, und da er und sein Gott Partner waren, bezog er den Allmächtigen in seine Aufgaben mit ein. »Einem hungernden und unterbeschäftigten Volk«, schrieb er, »kann Gott nur in der Form von Arbeit und Versprechen auf das tägliche Brot als Lohn erscheinen.« Armut führte seiner Meinung nach zu »moralischer Degradierung«. Er aber wollte ein blühendes und glückliches Indien. »Wenn wir unseren Reichtum und unsere Energievorräte nicht verschwenden«, behauptete er, »könnten wir das glücklichste Volk der Welt werden.«

Die weitverbreitete Meinung, Gandhi wolle ein armes Indien, entstand vielleicht aus der Tatsache, daß er selbst die Arbeit freiwillig auf sich nahm und die Anhäufung von Reichtümern verdammte. »In Südafrika, wo ich das Privileg hatte, mit Tausenden meiner Landsleute sehr engen Kontakt zu haben«, erzählte er einmal, »stellte ich immer fest, daß die Verworfenheit mit dem Reichtum zunahm.« Dann zitierte er Jesus: »Es ist leichter für ein Kamel, durch ein Nadelöhr zu gehen, als für einen Reichen, in das Reich Gottes einzugehen.« Er forderte die Reichen auf, etwas von ihrem Reichtum an die Armen abzugeben.

In Bengalen war Gandhi einmal Gast bei einem Großgrundbesitzer, der ihm Milch in einer goldenen Schüssel und Obst auf goldenen Tellern anbot. »Wo hat er diese Teller her?« fragte Gandhi. »Davon, was er den Bauern wegnimmt«, war die Antwort. »Wo deren Leben eine lebenslange Mühsal ist – wagt er es wirklich, solchen Luxus zu besitzen?«

Gandhi fürchtete, daß die Industrialisierung Bauern und Arbeiter ihrer Arbeit berauben und Indiens »bedrückende Verarmung« vergrößern würde. Deshalb waren ihm die Bauern, die in ihren Hütten am Spinnrad saßen, lieber als die großen Textilfabriken. »Wenn man die Produktion im Kleinen eine Million mal multipliziert«, legte er dar, »ist das nicht auch eine Massenproduktion? Aber ich sehe, daß euer Begriff ›Massenproduktion‹ ein technischer Ausdruck für Produktion ist, die möglichst wenige Menschen mit Hilfe von hochkomplizierten Maschinen ausführen. Meiner Ansicht nach ist das falsch. Meine Maschine muß so sein, daß ich sie in die Wohnungen von Millionen von Menschen stellen kann.« Sein Motto war »eine Miniaturfabrik in jedem Heim«.

»Sie sind also nur gegen Maschinen«, faßte ein Interviewer diese These im November 1934 zusammen, »weil sich die Produktion in den Händen einiger weniger konzentriert?«

»Das stimmt«, antwortete Gandhi. »Ich hasse Privilegien und Monopole. Was man nicht mit den Massen teilen kann, ist tabu für mich. Das ist alles.«

Es ist interessant zu sehen, daß im heutigen Indien, wo Gandhis Lehren größtenteils ignoriert werden, seine einst als rückständig oder naiv bezeichnete Wirtschaftstheorie von einer wachsenden Zahl modern denkender, westlich orientierter Inder akzeptiert werden. Industrialisierung ist natürlich notwendig, aber in vielen asiatischen und afrikanischen Ländern bringt sie eher Massenarbeitslosigkeit als

Wohlstand mit sich. Menschen, die durch eine komplizierte technische Apparatur ersetzt worden sind, finden selten so schnell eine andere Arbeit wie sie die ihre verloren haben. Sie hungern. »Wenn die Industrie in Indien vollautomatisiert wäre, könnten wir unserem Volk keine Vollbeschäftigung mehr bieten«, sagte der Premierminister des Staates Bombay im Jahre 1952.

In den Straßen von Madras habe ich in der glühenden Augustsonne schokoladenbraune Männer mit Turban und Lendentuch bekleidet gesehen, die schwere Lasten zogen, vergleichbar vielleicht dem, was ein Zweitonner-Lastwagen transportiert. Diese Menschen würden sich der Verwendung von Ochsen oder Pferden oder gar von motorisierten Fahrzeugen widersetzen. Gandhi war weder gegen die Industrie noch gegen die westliche Welt eingestellt. Sein indisch geschultes Auge sah nur die wirtschaftlichen Probleme Indiens und Asiens deutlicher als die fanatischen europäischen Verfechter des Maschineneinsatzes nur um der Maschinen willen.

Gandhi war die dauernden Fragen, ob er gegen die Industrialisierung sei, begreiflicherweise mit der Zeit leid, und als er wieder einmal auf dieses Thema hin angesprochen wurde, gab er seufzend zur Antwort: »Wie könnte ich, da ich doch weiß, daß sogar dieser Körper eine sehr komplizierte Maschine ist? Das Spinnrad ist eine Maschine, der kleine Zahnstocher hier im Glas ist ebenfalls eine Maschine. Wogegen ich bin, das ist der Kult um die Maschine, nicht die Maschine als solche ist mir ein Dorn im Auge. Heute helfen die Maschinen nur einigen wenigen, auf Kosten von Millionen. Die Maschine darf die Glieder des Menschen nicht verkümmern lassen. Zum Beispiel würde ich folgende Ausnahmen machen: Nehmen wir einmal die Singer-Nähmaschine. Sie ist eines der nützlichsten Erfindungen aller Zeiten, und sie hat geradezu etwas Romantisches an sich.« Er hatte gelernt, mit der Maschine zu nähen. Würde man denn nicht große Fabriken brauchen, um dieses nützliche Werkzeug zu bauen?

Gandhi mit Romain Rolland

Gandhi mit Leibwächter beim Radfahren

Gandhi in seiner charakteristischen Pose neben seinem Spinnrad, lesend

Folgende Seite: Gandhi zu Besuch bei Lord und Lady Mountbatten in Neu Delhi 1947

»Ja«, gab er zu. »Idealerweise wäre ich gegen jede Maschine, wie ich eigentlich auch diesen meinen Körper ablehnen würde, weil er für das Heil nicht von Nutzen ist. Aber die Maschinen bleiben, ebenso wie dieser Körper, weil sie unvermeidbar sind.« Ähnlich beantwortete er auch die Fragen von zwei amerikanischen Frauen, die wissen wollten, ob es wahr sei, daß er etwas gegen Eisenbahnen und andere schnelle Fortbewegungsmittel habe. Seine Antwort: »Ja und nein.«

Gandhi hatte auch nichts gegen westliche Annehmlichkeiten und Fertigkeiten einzuwenden. »Der Westen«, schrieb er an Miß Madeleine Slade, »hat mich immer in bezug auf chirurgische Erfindungen und den damit verbundenen Fortschritt beeindruckt.« Aber Gandhi war doch zu allererst einmal Inder und wollte weder den Westen sklavisch nachahmen noch jemanden mit einer ultramodernen Technologie beeindrucken. Er wollte sich zunächst einmal auf das indische Dorf konzentrieren, wo mit Einverständnis aller Behörden, einschließlich der technokratischen Amerikaner, die Überbevölkerung fast alle Maschinen überflüssig macht.

Seit Urzeiten kam die Verteidigung Indiens gegen einen Aggressor immer aus den Dörfern. Sechsundzwanzigmal war Indien angegriffen worden, und immer war es vom Westen aus gewesen – deshalb fürchtete Indien den Westen, und es gefiel ihm, ihm zu trotzen und ihn zu verdammen. Gandhis äußerstes Vertrauen in sein Land machte aus ihm alles andere als einen Isolationisten, und er wünschte sich, daß »die Kulturen aller Länder so frei wie möglich mein Haus umwehen« (obgleich er etwas dagegen hatte, »von irgendeiner dieser Kulturen umgeblasen zu werden«), aber im Notfall wäre die letzte Festung, der letzte Rückhalt gegen bewaffnete oder unbewaffnete Eindringlinge, die Bauernschaft. Fremde könnten zwar die Hauptstädte erobern und beherrschen, aber die Dörfer, einzeln, unbedeutend und fernab, hatten ihr eigenes, inneres Gibraltar, eine zusammenhängende, alle Bewohner umfassende Organisation, die

Gandhi gerne intakt halten wollte. Er sprach oft vom Panachayat, dem Rat der Fünf Ältesten, der seit altersher jedes Dorf autonom regierte, und er befürwortete auch eine wirtschaftliche Unabhängigkeit für das Dorf. Sein Idealdorf, schrieb er im *Harijan* vom 26. Juli 1942, wäre eine »komplette Rupublik, von den Nachbarn unabhängig, was die Lebensbedürfnisse angeht, aber doch in vielen Dingen abhängig, wo Abhängigkeit eine Notwendigkeit ist«. Dieses Idealdorf würde sich mit Nahrungsmitteln selbst versorgen und »nützliche Feldfrüchte« – nicht Opium – anbauen und verkaufen, Schulen und Theater haben, über eine geregelte Wasserversorgung verfügen sowie über öffentliche Hallen und Elektrizität in jeder Hütte. All dies zeugt doch davon, daß er wesentlichem Fortschritt aufgeschlossen gegenüberstand, wenn dieser zum Nutzen Bedürftiger eingesetzt werden konnte.

Ein autonomes, auf sich selbst gestelltes Dorf, das hauptsächlich mit anderen autarken Dorfgemeinschaften der Umgebung Handel treibt und nur einige wenige komplizierte Gerätschaften einführt – das war Gandhis Rezept für die Demokratie in Asien. Je mehr diese kleinen geographischen Einheiten durch Zusammenarbeit erreichten, um so weniger Spielraum bliebe einer Diktatur von außen. Er zog diese kleinen Lebensgemeinschaften den heißen, schmutzigen Sardinenbüchsenstädten mit ihren Fabrikslums vor.

Es gibt absolut keinen Grund für die oft wiederholte Behauptung, der Mahatma hätte für die Rückkehr zu einer vorindustriellen Gesellschaft plädiert. Er lehnte westliche Technologie und einen vernünftigen Fortschritt nicht ab, aber diese dürfe nicht auf Kosten der Menschen gehen. Das Unheil der Industrialisierung durch die Europäer, verdeutlicht auch durch die Ausbeutung des Ostens, ist nirgendwo in Indien oder anderswo in Asien ein erfreulicher Anblick.

Auf höherer, philosophischer Ebene erkannte Gandhi einfach früher als die meisten anderen Menschen die Gefahren und Schrecken einer Zivilisation, in der die Maschinen den Menschen zum Sklaven machen, anstatt ihrer wichtigsten

Funktion, den Menschen mehr Freiheit zu geben, gerecht zu werden. Im Jahre 1931 bat Charlie Chaplin um eine Unterredung. Gandhi, der noch nie einen Film gesehen hatte, kannte den Namen Chaplin nicht. Als man ihm erklärte, wer dies war, meinte er, er hätte kein Interesse an Schauspielern. Als man ihn aber darauf hinwies, dieser Schauspieler stamme aus den Slums von Lambeth in London, war er bereit, ihn zu empfangen. Die Unterredung begann, wie dies oft der Fall war, mit falschen Vorstellungen des Besuchers über Gandhis Meinung zur modernen Technik. Die Antwort beeindruckte Chaplin offensichtlich so, daß er einen seiner Filme dem täglichen Kampf zwischen Menschen und Maschinen widmete.

Je schneller sich die Maschinen bewegten, desto schneller lebt der Mensch und desto größer die Nervenanspannung. Kultur, Freizeit, das ganze Leben wird so abhängig von der Technik, daß der Mensch innerlich verarmt.

Der Mensch ist irgendwie in der Lage eines »Wilden«, der sich ein Idol schafft und diesem Götzen dient. Für Gandhi war Mechanisierung oder jede andere Form des Fortschritts nicht ein Ziel an sich. Er beurteilte materielle Fortschritte nach ihrer moralischen und geistigen Wirkung auf menschliche Wesen. Der Mensch war sein Hauptanliegen. Und er beurteilte einen Menschen nicht danach, was er hatte, sondern was er war, nicht nach Besitz, sondern nach seiner Persönlichkeit, nicht nach greifbarem Vermögen, sondern nach innerem Reichtum. Innerer Wert, nicht Wohlstand, zählten für ihn. Die Industrialisierung bringt den Menschen finanziellen Gewinn, aber läßt sie sie auch Mensch bleiben? Als bedeutendstes Individuum des 20. Jahrhunderts, wenn nicht gar aller zwanzig Jahrhunderte, und sicherlich als der glühendste Verfechter des Individualismus unserer Zeit, fragte sich Gandhi, wieviel harten Materialismus der Mensch verkraften könne, ohne Schaden zu nehmen. Er träumte von einem wohlhabenden Indien, das jedoch sein Volk nicht dem Moloch Maschine fütterte, die den Menschen standardisiert. Er beobachtete die Welt, setzte Industrialisierung mit Materialismus gleich und fürchtete beide Begriffe als Bedrohung der menschlichen Zukunft. Sein Glaube an den Individualismus machte ihn ganz natürlich zu einem Antikommunisten. Doch sah er den Kommunismus als das Endprodukt eines Prozesses, der auch nichtkommunistischen Ländern beschieden sein würde. Die Einstellung, die ihn zum Gegner des sowjetischen Regimes machte, ließ ihn ebenso die westliche Zivilisation kritisieren. Den Unterschied zwischen diesen beiden Formen sah er im Grad, nicht in der Verschiedenartigkeit. »Der Bolschewismus«, versicherte Gandhi, »ist das zwangsläufige Ergebnis der modernen, materialistischen Zivilisation. Seine gefühllose Verehrung für die Materie hat eine Schule entstehen lassen, die sich den materialistischen Fortschritt zum Ziel gesetzt hat und zu den endlichen Dingen des Lebens den Kontakt verloren hat... Ich prophezeie, daß in einigen Jahren der Bolschewismus in unserem einst so heiligen Land um sich greifen wird, wenn wir dem Gesetz der letztlichen Herrschaft des Geistes über die Materie, der Freiheit und Liebe über rohe Gewalt nicht gehorchen.« Diese Äußerung bezog sich auf Indien, hätte aber auch auf jedes andere Land gepaßt. Der Westen fürchtet vielleicht den Bolschewismus, Stalinismus oder Sowjetismus so sehr, weil er den Keim derselben Krankheit bereits in sich spürt.

Gandhi hatte die Antwort und kannte auch ein Gegenmittel zum Stalinismus: ein großes, mutiges, geistbetontes Individuum, das Angriffen auf seine Freiheit widerstehen konnte, weil es innere Werte über Vermögenswerte stellt. Dieses Rezept würde den Kommunismus besiegen und der Demokratie Heilung bringen.

In all seinen Reden, Schriften, seinem Fasten, seinen politischen Handlungen und Kämpfen mit Marschall Smuths in Südafrika und gegen die Engländer und mit seinem eigenen Volk in Indien setzte er sich ständig mit der einen Frage auseinander, die uns alle bewegt: wie kann der moderne Mensch seinen inneren Frieden und seine äußere Sicherheit behalten, wie kann er ehrlich, frei und sich selbst treu bleiben bei Angriffen, denen er sich von mächtigen Regierungen, von mächtigen Wirtschaftsnationen, von der Macht des Bösen, die in grausamen Mehrheiten und militanten Minderheiten wohnt, und von der Macht, die wir jetzt aus dem Atom ziehen, ausgesetzt sieht. Die meisten Menschen stehen ehrfurchterstarrt vor dieser Machtzusammenballung, unfähig, dagegen anzukämpfen, und geben schließlich nach. Das Ergebnis ist in allen Ländern ein hilfloser Mensch. Dies öffnet dem Totalitarismus Tür und Tor und ist eine ständige Bedrohung der Demokratie, denn ohne den Menschen, der bereit und fähig ist, sich selbst gegen die Angriffe der Macht zu verteidigen, ist die Freiheit zum Scheitern verurteilt.

Macht war das Hauptanliegen von Lenin und Stalin. Sie mißtrauten dem einzelnen Menschen; er mußte bewacht und unterdrückt werden. Sie gründeten eine Bewegung und einen Staat auf dem Führerprinzip – eine Elite-Partei, beherrscht von einem einzigen Mann, der die gehorsamen Massen »führt«. Daher die unmenschliche Diktatur. Gandhis Hauptanliegen war der einzelne Mensch, den er in seinem Selbst und seinem Willen bestärkte, und das nicht nur gegen den englischen Staat, sondern gegen jeden anderen genauso. »Gandhi hat unseren Rücken aufgerichtet und unser Rückgrat gestärkt«, sagte Nehru. Macht kann sich auf einem aufrechten Rücken nicht halten.

Die Geistesstärke des einzelnen muß zumindest mit der Ausdehnung der bürokratischen, wirtschaftlichen und wissenschaftlichen Macht Schritt halten, ansonsten wird er einem Roboter-Schicksal nicht entgehen. Vom Ausgang des Rennens zwischen Mensch und Macht hängt die Zukunft der modernen Zivilisation ab.

Gandhi widmete einen Großteil seines Lebens Ernährungsstudien. Er suchte nach Nahrung, die den Menschen stark machte. Sein Menü für das Wachstum des einzelnen war Furchtlosigkeit. Zwar war er der Prophet der Gewaltlosigkeit, doch stammt die Aussage, »wenn ich zwischen Feigheit und Gewalt zu wählen hätte, würde ich mich für die Gewalt entscheiden«, auch von ihm. Feigheit nämlich verringere die Selbstachtung des Menschen und daher seine geistige Größe. Gandhi selbst kannte keine Furcht. Gerade dieser Eigenschaft muß man es vor allen anderen zugute schreiben, daß er sich von dem gewöhnlichen Menschen, der er in den zwanziger und dreißiger Jahren seines Lebens war, zu dem Phänomen seiner späteren Lebenszeit entwikkelte. Er fürchtete weder Regierung noch Gefängnisse, noch den Tod – dieser würde ihn mit seinem Gott vereinen – oder Krankheit noch Hunger, Unbeliebtheit, Kritik oder Ablehnung.

Gandhis Individualismus lebte vom Mut. Gewaltlosigkeit verlangt viel mehr Mut als Gewalt. Ein Feigling würde niemals ruhig am Boden sitzenbleiben, wenn Polizeipferde herangaloppierten oder sich einem Auto in den Weg legen oder unbeweglich stehen bleiben, wenn knüppelschwingende Polizisten nahten. Nur ein Mutiger würde es fertigbringen, auf diese Weise Widerstand zu leisten. Gandhis Widerstand war Heroismus, und nie vor ihm hat ein Mensch auf diese Weise Widerstand geleistet. Er setzte sich selbst mit dem Letzten gleich und den Letzten mit sich selbst. »Die Ideale, die für mein Leben bestimmend sind«, schrieb er, »können für alle Menschen gleichermaßen gelten... Ich habe nicht den leisesten Zweifel, daß jeder Mann oder jede Frau das erreichen kann, was ich erreichen kann, wenn er oder sie nur dieselben Anstrengungen machte und denselben Glauben und dieselbe Hoffnung aufbrächte. Ich bin nur eine arme, kämpfende Seele, die danach strebt, gut zu sein. Ich weiß, daß ich noch einen sehr schwierigen Weg zu gehen habe.« Er erkannte menschliche Schwächen an sich selbst und an anderen und erwartete bei niemandem Vollkommenheit, aber er glaubte ganz fest an die Besserungsfähigkeit des einzelnen, an seine Fähigkeit, sich über sich selbst und seine Schwächen zu erheben. Er weigerte sich, das Schlechte im Menschen in den Vordergrund zu stellen. Oft beruhte sein Erfolg bei Menschen darauf, daß er sie nicht behandelte wie sie waren, sondern wie sie gerne sein wollten, und als ob es nur das Gute in ihnen gäbe. Ein solch kreativer Optimismus ließ Menschen, die mit ihm beisammen waren, manchmal förmlich über sich selbst hinauswachsen. Sogar ein Besucher spürte diese Kraft, die von Gandhi ausging.

Gandhi akzeptierte die Menschen jedoch so wie sie waren. Die Liebe machte ihn nachsichtig. Er legte zwar extrem strenge Maßstäbe für sich selbst an, anderen gegenüber war er jedoch sehr milde eingestellt. Er lebte in glücklicher Harmonie mit Männern und Frauen zusammen, die er in seinen Ashram eingeladen hatte, und die weder an Gott noch an Gewaltlosigkeit, noch an Keuschheit, noch an ihn glaubten. Er akzeptierte sogar Rebellion und Widerspruchsgeist, wenn dies der geistigen Entwicklung der Menschen dienlich sein konnte. Untreue ihm gegenüber störte ihn nicht, wohl aber Untreue dem Grundsatz gegenüber. Die Untreue dem Prinzip gegenüber hängt bei allen Sozialsystemen vom Preis ab, den der einzelne zu zahlen hat. In einer Diktatur kann dieser Preis der Tod sein, in einer Demokratie Unbehagen und Schwierigkeiten. Gandhi war bereit zu zahlen, was immer auch der Preis sein sollte. Je ärmer er an materiellen Dingen war, desto mehr konnte er zahlen und desto reicher wurde er im Geiste, das einzige, was für ihn zählte.

Er nährte dieselbe Haltung auch bei anderen. Seine Gefährten forderte er auf, die Beziehung zu ihm zugunsten ihrer persönlichen Überzeugungen aufzugeben. Er war nicht nur Führer einer Bewegung, für deren Erfolg er kämpfte, er schmiedete eine Nation, indem er Menschen formte. Wenn er der Vater einer Nation sein sollte, dann wollte er auch gigantische Söhne haben. Als sich ihm einmal im Kongreß Widerstand bot, gab er einfach nach. Er tat dies sogar gelegentlich auch in seiner unmittelbaren Ashram-Umgebung, obwohl er sich leicht hätte durchsetzen können. Er respektierte es, wenn jemand anderer Meinung war. Durch Verstand zu einer eigenen Meinung zu kommen ist das, was uns vor allen anderen Lebewesen auszeichnet. Einmal waren sich bei einer Debatte über Fragen der Grundschulerziehung alle Anwesenden einig mit Gandhi, nur Zakir Hussain, ein moslemischer Lehrer, nicht. Gandhi ernannte ihn trotzdem oder vielleicht gerade deshalb zum Vorsitzenden der Gesellschaft für Grundschulerziehung. Die Willensstärke Gandhis und seine fanatische Prinzipientreue hätten, in falsche Bahnen gelenkt, einen anderen Mann zu einem eiskalten Diktator werden lassen. Gandhi hatte, wie gesagt, diese Veranlagung auch, aber dank seiner übrigen Eigenschaften wurde ein überzeugter Demokrat aus ihm.

Gandhis Jüngerschaft war folglich groß, vielschichtig und weit verstreut. Er zog auch eine Reihe von Führern an. Pyarelal Nayyar, der viele Jahre Gandhis Sekretär war, zählte einige in der Zeitschrift *Harijan* in der Ausgabe vom 15. März 1952 auf. Zum »engen Kreis« um den Mahatma gehörten demnach so gerissene Kapitalisten und Geschäftemacher wie G. D. Birla und Seth Jamnalal Bajaj, Skeptiker wie Acharya Kripalani und Intellektuelle und Revolutionäre wie Pandit Jawaharlal Nehru, Staatsmänner und Politiker wie Pandit Motilal Nehru und Vithalbhai Patel, Männer des Glaubens und des Verzichts wie Vinoba Bhave, gewandte Rechtsanwälte wie Rajagopalachari, Menschenfreunde wie Dr. Rajendra Prasad, tiefsinnige Gelehrte und Geistliche wie Maulana Azad, hervorragende Mediziner, Genies wie der verstorbene Dr. Ansari und Hakim Ajmal Khan Saheb, schillernde Persönlichkeiten wie die respektlose, mütterliche Nachtigall Indiens Sarojini Naidu, blaublütige Damen der Gesellschaft wie Miß Slade, und nicht zu vergessen unser Mann aus Eisen, der Granitpfeiler des freien Indiens, der leider jetzt gefallen ist – Sardar Patel. Diese Liste soll nur einzelne Beispiele zur Illustration geben.«

»Was war«, fragte Pyarelal, »Gandhis Geheimnis seines so erstaunlichen Einflusses über Geist und Loyalität der Menschen?« Und er gibt sich selbst die Antwort: »Sein starker, vielseitiger Realismus, sein Takt, sein tiefes Mitgefühl; seine Feinsinnigkeit und sein Charme...« Die Kapitalisten fühlten sich zu ihm hingezogen »wegen seiner Gewitztheit in praktischen Dingen, seiner Ehrlichkeit und seines Mutes; Acharya Kripalani wurde sein Sklave, als er Gandhi als den Rebellen und Revolutionär erkannte, der er selbst gerne sein wollte; Pandit Jawaharlal Nehru, hochgeistig und intellektuell, war fasziniert von Gandhis Dynamik und seiner vollendeten Lebenskunst. Ich erinnere mich, wie Nehru im Lauf einer hitzigen Diskussion ungeduldig ausrief: ›Ich will die Revolution, das ist Reformismus‹, worauf Gandhi erwiderte: ›Ich habe Revolutionen gemacht, während andere nur darüber gesprochen haben. Wenn Ihre Überschwenglichkeit sich gelegt hat und Ihre Lungen erschöpft sind, dann werden Sie zu mir kommen, wenn Sie es wirklich ernst meinen mit Ihrer Revolution.‹«

Auch Motilal Nehru, Jawaharlals Vater, hatte gelegentlich Differenzen mit Gandhi. »Ich habe dem Mahatmaji gesagt: ›Ich glaube nicht an Ihre Geistigkeit und werde zumindest in diesem Leben nicht an Gott glauben.‹«

»Und was gab er zur Antwort?« fragte Pyarelal Motilal Nehru, als der ihm die Begebenheit erzählte.

»Er lachte nur. Sonst nichts!«

Maulana Azad, der islamische Gelehrte, fährt Pyarelal fort, »sah in ihm einen praktizierenden religiösen Katholiken«. Vinoba betrachtete Gandhi als einen Heiligen des alten Indien; »Rajagopalachari würdigte seine Klarheit im Denken und seinen Scharfblick, seine realistische Einschätzung der Situation und dessen, was in seinen Gegnern vorging, und ein Urteilsvermögen, das die akrobatischen Kombinationen gewiefter Juristen glattweg in den Schatten stellte«. Die Ärzte begrüßten sein Interesse an allem, was der Gesundheit dient. Mrs. Naidu entdeckte, daß er ein Poet war. Madeline Slade, die Tochter eines geadelten britischen Admirals, schreibt Pyarelal, erhielt von ihm »jene tiefe Geistigkeit, nach der die Seele des mammonanbetenden Westens hungert«. Sardar V. Patel, Staatsmann und Vorsitzender der Kongreßpartei, »fand, daß Gandhi endlich ein politischer Führer war, der nicht nur redete, sondern ein Mann der Tat war, der ein einmal angefangenes Projekt auch zu Ende führte«.

Sicherlich sind das die Lobreden treuer Freunde, sie kommen jedoch der Wahrheit ziemlich nahe. Gandhi wirkte tatsächlich nicht nur auf die Massen, sondern auch auf viele große Männer und Frauen wie ein Magnet. Er hatte Macht über sie, erklärt Pyarelal, weil »Gandiji nie jemanden etwas tun ließ, was nicht im ureigensten Interesse der betreffenden Person selbst war. So benützte er seine Mittel und Wege, sie zu formen und zu schulen, so daß sie von Tag zu Tag an Stärke und Größe gewannen. Im Gespräch versuchte er nie, den Diskussionspartner intellektuell niederzuknüppeln. Statt dessen hielt er ihn dazu an, gleichfalls nach der Wahrheit zu suchen. Gandhis Ziel war es immer, seine Mitmenschen zu bekehren, ohne jemals Druck oder Zwang auf sie auszuüben. Der Gegner litt nie unter der Schmach der Niederlage, sondern teilte mit Gandhi zusammen die Freude und das Vergnügen an der Entdeckung der Wahrheit. Das machte den Geist des Gegenspielers empfänglich anstatt widerstrebend.« Gandhi rühmte sich also zu recht, wenn er behauptete: »Ich bin der geborene Demokrat.«

Mahatma Gandhi liebte die Menschheit nicht als Abstraktum, sondern als Männer, Frauen und Kinder, und er versuchte, ihnen auch als Individuen zu helfen. Er gehörte zu ihnen und sie wußten das, und deshalb gehörten sie zu ihm. Weil er die Untreuen beherbergte, schämten sie sich ihrer Untreue. Seine Treue war ansteckend. Auf diese Weise bereitete er sich während der schlimmsten Jahre der Niederlagen und der Depression von 1924 bis 1929 auf spätere Triumphe vor. Indien nannte ihn jetzt »Bapu« – Vater.

16 *Das Salz der Freiheit*

Im Jahre 1928 gärte es in Indien. Im Dezember dieses Jahres wurde der stellvertretende Polizeipräsident von Lahore ermordet. Gandhi verurteilte dieses Verbrechen als »feige Tat«. Bhagat Singh, der mutmaßliche Mörder, konnte sich der Verhaftung entziehen und wurde schnell zum Nationalhelden. Am 8. April 1929 stürmte er in die Parlamentsversammlung von New Delhi, wo alle britischen und indischen Mitglieder zusammengekommen waren, warf zwei Bomben und feuerte mit einer Pistole auf die Parlamentarier. Wie durch ein Wunder wurde nur ein Mann schwer verletzt.

In Bengalen, wo die erbittertsten Gegner der Engländer und der Kongreßherrschaft saßen, hatte Subhas Chandra Bose, ein stürmischer Freiheitskämpfer, viele Anhänger um sich versammelt. Sein Wahlspruch lautete: »Gebt mir euer Blut, und ich erkämpfe mit euch die Freiheit.«

Auch Jawaharlal Nehru verlangte die Unabhängigkeit und erwarb sich dadurch Sympathien bei der Jugend.

Der Kampf schien jede Minute loszubrechen. Gandhi blieb zurückhaltend. Er lehnte den Kampf mit Feuer und Schwert ab. Für ihn gab es nur ein Mittel, nämlich den bürgerlichen Ungehorsam.

Auf dem Weg zur jährlichen Kongreßsitzung im Dezember 1928 in Kalkutta befragten Freunde Gandhi während eines Zwischenaufenthalts in Nagpur: »Was halten Sie von einem politischen Unabhängigkeitskrieg?«

»Ich würde nicht daran teilnehmen«, antwortete er. »Ich lehre die Menschen eine Krise mit gewaltfreien Mitteln zu bestehen.«

Aufgestachelt von den Reden Boses und Nehrus verlangten die jungen Leute auf der Sitzung, Taten zu sehen. Sie plädierten für eine Unabhängigkeitserklärung und damit indirekt für einen Unabhängigkeitskrieg. Gandhi war eher für ein Zwei-Jahres-Ultimatum an die Engländer. Sein Vorschlag wurde von den Delegierten akzeptiert, allerdings verkürzte man den Zeitraum auf ein Jahr. Bis zum 31. Dezember 1929 sollte England Indien den Dominion-Status gewähren. Für den Fall, daß England dem nicht zustimmte, wollte man im Jahre 1930 die Entscheidung erzwingen.

Lord Irwin, Vizekönig von Indien und der spätere Lord Halifax, war laut Alan Campbell, seinem Biographen, während der ersten vier Monate des Jahres 1929 »größtenteils ausschließlich damit befaßt, Wege zu finden, um den Gefahren des politischen Terrorismus und des Wirtschaftskampfes zu begegnen«. Arbeitsrechtler und Gewerkschaftsfunktionäre wurden reihenweise inhaftiert. Das war natürlich keine Dauerlösung. Eine Möglichkeit schien sich zu ergeben, als die Labour Party in England an die Regierung kam. Ramsay McDonald, ein Vorkämpfer für die Freiheit Indiens, wurde Premierminister. Gandhi schöpfte neue Hoffnung. In seiner Zeitschrift *Young India* vom 9. Mai 1929 äußerte er die Hoffnung, daß der Friede gewaltlos käme »durch ein Gentleman Agreement mit Großbritannien und daß England die Gespräche mit uns nicht als ein Land führen wird, das nach Weltherrschaft strebt, sondern versucht, dem Ziele der Menschlichkeit zu dienen«. Im Sommer fuhr Lord Irwin nach London und verbrachte dort mehrere Monate mit Unterredungen bei der neuen Regierung. Nach Delhi zurückgekehrt, kündigte er am 31. Oktober 1929 an, die Regierung seiner Majestät hätte eine Round Table Conference mit englischen und indischen Delegierten ins Auge gefaßt. Er sagte ferner, daß »das natürliche Ergebnis von Indiens konstitutionellem Fortschritt ... die Gewinnung des Dominion-Status sei«.

Gandhi und die älteren Kongreßmitglieder waren trotz der Proteste von Jawaharlal Nehru und Subhas Chandra Bose sowie deren lautstarker Gefolgschaft mit diesem Vorschlag einverstanden. Für den 23. Dezember war eine Unterredung mit Lord Irwin angesetzt. In London leitete Lord Reading, der frühere Vizekönig, im Oberhaus eine Kampagne gegen MacDonalds Indienpolitik ein, und im Unterhaus taten sich die Tories und die Liberalen gegen die Labour-Regierung zusammen, die parlamentarisch in der Minderheit war. Man warf Irwin ein voreiliges Versprechen hinsichtlich des Dominion-Status vor. Die Nachmittagsunterredung mit Gandhi, Jinnah, Motilal Nehru, Vitalbhai Patel und Sir Tej Bahadur Sapru, einem Spezialisten für Verfassungsrecht, endete damit, daß der Vizekönig erklärte, »er könne keine Round Table Conference in Aussicht stellen«.

Mit dieser Mißstimmung begann die historische jährliche Kongreßsitzung in Lahore im Dezember 1929 unter dem Vorsitz von Jawaharlal Nehru, der einen Monat zuvor vierzig Jahre alt geworden war. Mit Gandhi als Regisseur entrollten die Delegierten die Freiheitsfahne und forderten die volle Unabhängigkeit und den Austritt aus dem britischen Empire. »Swaraj bedeutet nun völlige Unabhängigkeit«, versicherte Gandhi. Der Kongreß instruierte seine Mitglieder und Freunde, sich von allen öffentlichen Ämtern zurückzuziehen, und ordnete bürgerlichen Ungehorsam und Steuerstreik an.

Der Exekutivausschuß des Kongresses sollte über den Zeitpunkt der Satyagraha-Kampagne entscheiden, aber, wie Gandhi sagte, »ich wußte, daß man mir diese Pflicht übertragen würde«. Er würde Herz, Kopf und leitende Hand jeder Bewegung des zivilen Ungehorsams sein, und er würde deshalb auch die Stunde und den Ort festsetzen und, wenn es einmal an der Zeit war, die Befehle geben. Dann zog er sich in seinen Ashram zurück, um zu meditieren.

Im ganzen Land herrschte große Spannung, Rabindranath Tagore, dem Gandhi tiefste Verehrung zollte, war in der Nähe des Sabarmati-Ashrams und kam am 18. Januar zu einem Besuch vorbei. Neugierig fragte er, was denn der Mahatma im Jahr 1930 mit Indien vorhätte. »Ich denke Tag und Nacht darüber nach«, antwortete ihm Gandhi, »aber ich sehe immer noch keinen Lichtschimmer in der Dunkelheit, die mich umgibt.«

»Es liegt mir einfach zuviel Gewalttätigkeit in der Luft«, sinnierte Gandhi. Unter diesen Umständen bringt der zivile Ungehorsam, die einzige Alternative zur bewaffneten Rebellion, »unzweifelhaft Risiken« mit sich. Deshalb suchte er nach einer Form, die nicht zu Gewalttätigkeiten im ganzen Land führen würde. Sechs Wochen war er damit beschäftigt, eine Lösung für dieses Problem zu finden, und das Land wartete ungeduldig. Die Augen Indiens waren wieder einmal auf Gandhis Hütte gerichtet.

Dann wußte er endlich, was zu tun war.

Bevor er seinen Plan in die Tat umsetzte, teilte er ihn dem Vizekönig mit, da er immer der Meinung war, »daß jede Geheimnistuerei dem echten Geist der Demokratie abträglich sei«. Der Brief an Irwin war sicher der seltsamste, den je ein Regierungschef bekommen hatte. »Lieber Freund«, begann er, »bevor das Land mit dem bürgerlichen Ungehorsam beginnt und ich damit die Gefahr auf mich nehme, vor der ich mich all diese Jahre gefürchtet habe, möchte ich mich noch einmal an Sie wenden und mit Ihnen zusammen nach einem Ausweg suchen.« Er war immer dafür, dem Gegner eine Möglichkeit zur Annäherung der Standpunkte zu lassen. »Ich kann wissentlich kein Lebewesen und noch viel weniger Menschen verletzen, auch wenn sie mir und meinesgleichen das größte Unrecht antun«, fuhr der Brief fort. »Obwohl ich also die englische Herrschaft über mein Land für einen Fluch halte, habe ich nicht vor, einem einzigen Engländer oder dem legitimen Interesse, das Ihre Nation in Indien hat, auch nur den geringsten Schaden zuzufügen... Und warum halte ich die englische Herrschaft für einen Fluch? Sie hat Millionen Mitbürger durch ein System der planmäßigen Ausbeutung und durch eine ruinös teure Militär- und Zivilverwaltung, die mein Land sich niemals leisten kann, an den Bettelstab gebracht. Politisch gesehen hat uns das in den Stand von Leibeigenen versetzt. Diese Herrschaft hat uns die Grundlagen unserer Zivilisation entzogen... ich fürchte... daß niemals ernsthaft erwogen wurde... Indien in absehbarer Zukunft den Dominion-Status zu gewähren.«

Dann ging Gandhis Brief ins Detail. In einem unabhängigen Indien, schrieb er, müßte das gesamte System »so revidiert werden, daß das Hauptaugenmerk auf der Kultivierung und Förderung der Landwirtschaft liegt«. Das englische System aber würde gerade den Bauernstand am härtesten treffen. »Sogar das Salz belegen Sie mit hohen Steuern. Aber gerade diese Steuer trifft wieder den Armen am meisten, denn es ist das einzige Nahrungsmittel, von dem er mehr verwendet als der Reiche.« Gandhis Brief kommt an anderer Stelle auf dieses Thema zurück. Er führt aus, daß die Salzsteuer, die der Bauer zu entrichten habe, im Jahr drei Tageseinkommen ausmachte. Der Bauer habe einen größeren Salzbedarf als der reiche Mann, weil er unter der dörrenden tropischen Sonne Indiens auf den Feldern arbeiten müsse. Gandhis Brief beklagte weiter, daß »die Getränke- und Medikamentesteuer ebenfalls die Armen besonders hart trifft. Sie beraubt sie der Grundlage sowohl ihrer Gesundheit wie auch ihres Wohlergehens«.

»Diese Ungerechtigkeiten«, warf der Mahatma dem Vertreter Englands vor, »werden aufrechterhalten, um eine Fremdverwaltung zu stützen, welche nachweislich die teuerste der Welt ist. Nehmen Sie Ihr eigenes Gehalt«, wandte er sich direkt an den Vizekönig. »Es beträgt mehr als 21 000 Rupien im Monat neben manchen anderen indirekten Bezügen... Sie bekommen über 700 Rupien am Tag gegenüber dem indischen täglichen Durchschnittseinkommen von weniger als zwei Annas. So bekommen Sie über fünftausendmal mehr, als Indiens Durchschnittseinkommen beträgt. Der englische Premierminister bekommt nur neunzigmal mehr als das englische Durchschnittseinkommen. Auf den Knien bitte ich Sie, diese Tatsache zu erwägen. Ich habe ein persönliches Beispiel gewählt, um eine peinliche Wahrheit einzuprägen. Meine Hochachtung vor Ihnen als Mensch ist viel zu hoch, als daß ich den Wunsch hätte, Ihre Gefühle zu verletzen. Ich weiß, daß Sie Ihr Gehalt nicht brauchen. Wahrscheinlich verwenden Sie es zur Gänze für wohltätige Zwecke. Aber ein System, das solche Einrichtungen vorsieht, verdient es, insgesamt verschrottet zu werden. Was für das Gehalt des Vizekönigs gilt, gilt für die ganze Verwaltung...

Nur organisierte Gewaltlosigkeit kann es mit der organisierten Gewalt der englischen Regierung aufnehmen... Diese Gewaltlosigkeit wird in zivilem Ungehorsam ihren Ausdruck finden... Mein Ehrgeiz geht nur dahin, das englische Volk durch Gewaltlosigkeit davon zu überzeugen, daß man dem indischen Volk Unrecht antut...«

Dann schlug er inständig Verhandlungen vor. »Ich ersuche Sie ergebenst, den Weg für die sofortige Beseitigung dieser Übel zu ebnen und so eine wirkliche Konferenz zu ermöglichen. »Aber« – und das war Gandhis Plan – »wenn Sie keine Möglichkeit sehen, sich mit diesen Übeln zu befassen, und wenn mein Brief keinen Eindruck auf Ihr Herz macht, dann werde ich mich am elften Tag dieses Monats mit den geeigneten Mitarbeitern aus meinem Ashram auf den Weg machen und das Salz-Gesetz übertreten... Ich weiß, es liegt bei Ihnen, meinen Plan zu vereiteln, indem Sie mich verhaften lassen. Ich hoffe, daß dann Zehntausende bereit sein werden, in aller Disziplinierthéit meinem Beispiel zu folgen.«

Lord Irwin antwortete nicht, nur sein Sekretär schickte eine Empfangsbestätigung. Er selbst weigerte sich zwar, Gandhi zu empfangen, ließ ihn allerdings auch nicht einsperren.

Je näher der 11. März kam, um so mehr stieg die Spannung im ganzen Land.

Trauben von einheimischen und ausländischen Journalisten belagerten Gandhis Ashram. Was würde er tun? Wie würde er sich verhalten? Tausende hatten in der Nähe des Dorfes ihr Lager aufgeschlagen, um Zeugen des Ereignisses zu sein. Das Postamt von Ahmedabad kam nicht mehr zur Ruhe, aus der ganzen Welt trafen Telegramme ein. »Gott beschätze Sie«, telegrafierte der Geistliche Dr. John Haynes Holmes aus New York.

Als am 12. März die Morgengebete gesprochen waren, machten sich der Mahatma und achtundsiebzig Männer aus seinem Ashram, deren Namen und Personalien vorher im *Young India* veröffentlicht worden waren, damit die Polizei es einfacher hatte, auf den Weg. »Wir marschieren im Namen Gottes«, sagte Gandhi.

Sie gingen südwärts, dem Meer entgegen. 24 Tage dauerte ihr Marsch. Allen voran ging Gandhi, gestützt auf einen drei Zentimeter dicken und einmeterfünfunddreißig langen, lackierten Bambusstab.

Ein Pferd wurde für den Mahatma mitgeführt, aber er benützte es nie. »Tagesmärsche von weniger als zwölf Meilen am Tag, mit einer ausreichenden Rast dazwischen, dabei kaum Gepäck! Ein Kinderspiel!« wehrte er ab. An einigen Tagen betrug das Tagespensum fünfzehn Meilen. Einige machten schlapp und klagten über wehe Füße, aber über die Lippen des einundsechzigjährigen Gandhi kam kein Wort der Klage. »Die heutige Generation ist empfindlich, schwach und verzärtelt«, kommentierte er. Auch unterwegs saß er jeden Tag eine Stunde am Spinnrad, und außerdem führte er Tagebuch.

Gandhi und seine Gefolgschaft zog auf staubigen, gewundenen Wegen von Dorf zu Dorf. Die Bauern besprengten den Weg mit Wasser und bestreuten ihn mit Blättern. Die Dörfer, durch die sich der Zug bewegte, waren festlich geschmückt. Wenn die Prozession vorbeizog, fielen die Bauern, die aus der ganzen Umgebung zusammengekommen waren, auf die Knie. Zwei- bis dreimal täglich wurde haltgemacht und zu den Versammelten gesprochen. Immer wieder ermahnte Gandhi seine Zuhörer, nur im Land hergestellte Textilien zu tragen, dem Alkohol und dem Opium abzuschwören und ein gottgefälliges Leben zu führen.

In dem Gebiet, das die Friedensmarschierer durchquerten, gaben dreihundert Dorfvorsitzende ihr Amt auf. Die Bewohner eines Dorfes begleiteten den Zug quasi als Ehreneskorte bis zur nächsten Ansiedlung. Aus ganz Indien stießen junge Frauen und Männer zu den Salzpilgern. Als man am 5. April das Meer bei Dandi erreichte, war aus der kleinen Schar, die sie zu Anfang war, eine gewaltlose Armee von mehreren Tausend Menschen geworden.

Die ganze Nacht des 5. April wachte und betete man für einen guten Ausgang des Unternehmens. Und als der Morgen heraufdämmerte, begleitete man den Mahatma zum Meer. Er tauchte in das Wasser, ging auf den Strand zurück und hob dort etwas Salz auf, das die Wellen angeschwemmt hatten. Mrs. Sarojini Naidu, die neben ihm stand, rief aus: »Heil dem Befreier!«

Gandhis Haltung verstieß gegen das Gesetz, Salz nur in den monopolisierten Regierungsläden zu kaufen. Er selbst verwendete schon seit sechs Jahren kein Salz mehr.

Wäre Gandhi mit dem Zug oder im Auto gefahren, hätte er sicher weniger Aufsehen erregt, als dieser zweihunderteinundzwanzig Meilen Marsch in vierundzwanzig Tagen, um dann eine Handvoll Salz aufzuheben und damit dem Volk ein Signal zu geben. Gandhis Demonstration ging nicht nur den einfachen Bauern ans Herz, sondern kam auch bei den intellektuellen Kritikern wie Subhas Chandra Bose an, der den Salzmarsch mit »Napoleons Marsch nach Paris nach seiner Flucht von Elba« verglich.

Nach dieser Tat zog sich Gandhi zurück. Er hatte Indien das Zeichen zum Widerstand gegeben, indem er eine Handvoll Salz von der Wüste gestohlen hatte.

An Indiens langer Meeresküste und in den zahllosen Buchten wateten nun die Bauern mit Pfannen in das Wasser und gewannen entgegen dem Regierungsverbot Salz. Die Polizei führte Massenverhaftungen durch. Kongreßmitglieder verkauften in den Städten demonstrativ unversteuertes Salz. Viele wurden zu kurzen Gefängnisstrafen verurteilt. Die Polizei stürmte das Kongreßgebäude in Bombay, wo Salzpfannen auf dem Dach aufgestellt worden waren. 60000 Menschen versammelten sich, um gegen den Eingriff der Polizei zu protestieren. Hunderte wurden in Handschellen oder mit Stricken gefesselt abgeführt. Das von Gandhi aufgenommene Salz wurde an den Meistbietenden für 1600 Rupien zugunsten eines wohltätigen Zwecks versteigert. Jawaharlal Nehru wurde wegen Vergehens gegen das Salzgesetz zu sechs Monaten Gefängnis verurteilt. Der Bürgermeister von Kalkutta erhielt eine ähnliche Strafe wegen Verlesens von aufwieglerischem Schrifttum bei einer öffentlichen Versammlung und wegen Aufrufs zum Boykott von importierten Textilien. Kishorlal Mashruwala, einer der treuesten Schüler des Mahatma, wurde für 2 Jahre eingekerkert. In vielen Städten wurde gestreikt, wenn Kongreßmitglieder Haftstrafen erhielten. Ganze Provinzen waren ihrer nationalistischen Führer beraubt. Vithalbhai Patel, der Sprecher der gesetzgebenden Versammlung, trat zurück und wies seine Landsleute an, die Regierung zu boykottieren. In Peshawar, an der Nordwestgrenze des Landes, wurde die Polizei und das Militär aus der Stadt gejagt. Daraufhin stürmten Kampftruppen die Stadt, töteten dabei siebzig Menschen und verwundeten über hundert. Die Regierung ordnete Zensur der nationalistischen Presse an. Der Vizekönig, schreibt Lord Irwins Biograph, »hatte die Gefängnisse mit nicht weniger als sechzigtausend politischen Gefangenen gefüllt«. Einen Monat, nachdem der Mahatma das Meer bei Dandi erreicht hatte, brodelte ganz Indien in zorniger, aber friedlicher Revolte. Die Inder wollten die Kampagne fortsetzen. Da sie aus Erfahrung wußten, daß Gandhi sich zurückziehen würde, wenn Gewalt aufkäme, blieben sie trotz Prügelstrafen und Inhaftierungen friedlich.

Am 4. Mai, nicht ganz einen Monat nachdem er gegen das Salzgesetz verstoßen hatte, wurde Gandhi in der Nacht, während er in einem Zelt wenige Meilen vom Meer entfernt schlief, verhaftet. Im Gefängnis maß man ihn und trug 1,64 m in seinen Unterlagen ein. Um sicherzugehen, daß sie ihn bei eventuellen späteren Festnahmen identifizieren konnten, notierten sie auch seine unveränderlichen Merkmale: eine kleine Narbe am rechten Oberschenkel, ein kleines Muttermal am rechten unteren Augenlid und eine erbsengroße Narbe unter dem linken Ellenbogen. Gandhi war glücklich im Gefängnis. »Ich war ganz zufrieden und konnte endlich wieder einmal ausschlafen«, schrieb er an Miß Slade. Die Gefängnisziege wurde in seiner Gegenwart gemolken. (Er trank weder Kuh- noch Büffelmilch, aber seine Frau hatte ihn während einer sehr schweren Krankheit überredet, Ziegenmilch zu trinken. Sie brachte ihm Besserung, und so blieb er auch später dabei.)

Mehrere Tage vor seiner Festnahme hatte Gandhi den Vizekönig informiert, daß er »so Gott will« mit einigen Getreuen die Dharsana Salzwerke, 150 Meilen nördlich von Bombay, besetzen werde. Gott wollte anscheinend nicht.

Mrs. Sarojini Naidu, die Dichterin, führte statt dessen die Schar der Freiwilligen an. 2500 Menschen nahmen daran teil. Mrs. Naidu warnte ihre Gefolgschaft, daß sie tätlich angegriffen werden könnten und gab strikte Anweisung, nicht einmal die Hand zur Abwehr zu heben oder einen Schlag abzuweisen.

Webb Miller, der populäre United Press Korrespondent, der während des Zweiten Weltkriegs in England starb, war dabei und beschrieb das Ereignis erst in aktuellen Berichten und dann noch einmal in seinem Buch *I Found No Peace.* Manilal Gandhi, der zweite Sohn des Mahatma, ging an der Spitze der Gruppe und näherte sich den großen Salzpfannen, die von Gräben und Stacheldrahtzäunen umgeben und von vierhundert Surat Polizisten, die von sechs britischen Offizieren kommandiert wurden, bewacht waren.

»In vollständigem Schweigen«, kommentierte Miller das Ereignis, »marschierten die Gandhileute auf und hielten etwa hundert Yards von der Einfriedung entfernt. Eine ausgewählte Schar löste sich aus der Menge, watete durch den Graben und näherte sich dem Stacheldrahtzaun.« Die Offiziere forderten sie auf, sich zurückzuziehen, aber sie schritten weiter voran. »Plötzlich«, heißt es in dem Bericht, »ein Kommando und Haufen von indischen Polizisten stürzten sich auf die herandrängenden Demonstranten und ließen Schläge mit ihren stahlbeschlagenen Lathis auf ihre Köpfe regnen. Nicht einer der Demonstranten erhob auch nur einen Arm, um die Schläge abzuwehren. Sie fielen um wie Kegel. Dort, wo ich stand, hörte ich die krank machenden Schläge der Keulen auf ungeschützte Schädel. Die wartende Menge stöhnte und zog bei jedem Schlag den Atem ein in leidendem Mitgefühl. Die Niedergeschlagenen fielen mit ausgebreiteten Armen hin, bewußtlos oder sich krümmend mit gebrochenem Schädel oder Schultern. Die bisher verschont Gebliebenen marschierten, ohne aus ihren Reihen auszubrechen, still und verbissen vorwärts, bis auch sie niedergemacht wurden.« Als die erste Reihe niedergeschlagen worden war, rückte die nächste nach. »Obgleich jeder wußte«, schreibt Wepp Miller, »daß er in wenigen Minuten niedergeknüppelt, ja vielleicht sogar getötet werden würde, konnte ich keine Anzeichen von Schwanken oder Furcht entdecken. Sie schritten gleichmäßig voran, mit erhobenen Köpfen, ohne die Aufmunterung durch Musik oder anfeuernde Rufe und ohne daß ihnen die Möglichkeit gelassen wurde, schweren Verletzungen oder dem Tod zu entgehen. Die Polizei machte weitere Ausfälle und schlug methodisch und mechanisch auch die zweite Marschkolonne nieder. Da gab es keinen Kampf, kein Handgemenge. Die Demonstranten marschierten einfach vorwärts, bis sie niedergeschlagen wurden.« Eine weitere Gruppe von fünfundzwanzig rückte nach und setzte sich nieder. »Die Polizei«, bezeugt Miller, »begann jetzt wie wild die Sitzenden in Bauch und Geschlechtsteile zu schlagen.« Eine weitere Reihe rückte nach. Wütend zogen die Polizisten die Demonstranten an Armen und Beinen und warfen sie in die Gräben. »Einer wurde zu einem Graben gezogen«, erinnerte sich Miller; »als er hineinfiel, wurde ich über und über mit schlammigem Wasser bespritzt. Ein anderer Polizist zog einen Gandhigefolgsmann zu dem Graben, warf ihn hinein und schlug ihm dann mit dem Schlagstock über den Kopf. Stunde um Stunde wurden Ströme von bewegungslosen, blutenden Leibern auf Tragbahren zurückgetragen.«

Ein britischer Offizier nahm Mrs. Naidu am Arm und sagte: »Sarojini Naidu, Sie sind verhaftet.« Sie schüttelte seine Hand ab. »Ich komme mit Ihnen«, antwortete sie, »aber rühren Sie mich nicht an.« Auch Manilal Gandhi wurde unter Arrest gestellt.

Das Gemetzel dauerte Tage. Indien war jetzt frei. Gesetzmäßig und was die Verwaltung betraf, hatte sich aber nichts geändert. So gesehen war Indien immer noch eine britische Kolonie. Aber etwas war anders geworden. Im *Manchester Guardian* vom 17. Mai 1930 schrieb Tagore: »Europa hat nun sein moralisches Prestige in Asien verloren. Es wird nun nicht mehr in aller Welt als der Verfechter von fairem Handeln und als der Exponent von hohen Prinzipien angesehen, sondern als der Verteidiger der westlichen Rassenüberlegenheit und der Ausbeutung jener Menschen außerhalb seiner eigenen Staatsgrenzen. In Wahrheit aber sind diese Geschehnisse eine große moralische Niederlage. Obwohl Asien schwach und nicht fähig ist, sich selbst vor Angriffen zu schützen, wenn lebenswichtige Interessen bedroht sind, wird es doch zukünftig auf Europa herabsehen, zu dem es vormals aufzublicken pflegte.« Tagore schrieb diese Leistung Gandhi zu.

Der Salzmarsch und sein Nachspiel erreichte zweierlei: Er überzeugte die Inder davon, daß sie das fremde Joch aus eigener Kraft von ihren Schultern abschütteln konnten. Er machte den Engländern klar, daß sie Indien unterjochten. Nach 1930 war es unvermeidlich, daß Indien sich eines Tages weigern würde, weiter unter Fremdherrschaft zu leben und, was noch wichtiger war, daß England sich eines Tages weigern würde, eine solche Fremdherrschaft auszuüben.

Als die Inder sich mit Schlagstöcken und Gewehrkolben zusammenschlagen ließen, ohne zu zucken, zeigten sie, daß England ohnmächtig und Indien unbesiegbar war. Die Schlußfolgerung war nur mehr eine Frage der Zeit.

17 Der halbnackte Fakir

Premierminister Ramsay MacDonald war es peinlich, als derjenige zu gelten, der quasi Gandhi durch seine unbewegliche Politik ins Gefängnis gebracht hatte. Aus der ganzen Welt und aus seinem eigenen Land kam eine Flut von Telegrammen, die die Freilassung des Mahatma forderten. Premier McDonald und einige seiner Kabinettsminister wurden an die öffentlichen Erklärungen erinnert, in denen sie Gandhi lobten und sich für die Autonomie Indiens ausgesprochen hatten. Lord Irwin war mehr als peinlich berührt. Der zivile Ungehorsam hatte seine Verwaltung lahmgelegt. Das Steueraufkommen war drastisch gesunken. Polizei und Militär waren nur mehr mit Mühe Herr der Lage.

Eine Round Table Konferenz, zu der indische Delegierte durch den Vizekönig geschickt wurden, obwohl dieser selbst eine solche Möglichkeit nicht lange zuvor ausgeschlagen hatte, fand im späten November des Jahres 1930 statt, blieb jedoch ohne Ergebnis. Der Kongreß, die einzige offizielle Vertretung des indischen Volkes, war nicht gehört worden. Bei der Schlußsitzung am 19. Januar 1931 drückte MacDonald die Hoffnung aus, daß der Kongreß zur zweiten Round Table Konferenz seine Vertreter schicken würde. Aber diese Männer waren alle in Indien inhaftiert. Lord Irwin ließ am 25. Januar, also am Vorabend des vom Kongreß proklamierten Unabhängigkeitstages, Gandhi, die beiden Nehrus, Vater und Sohn, sowie zwanzig andere führende Kongreßmänner frei. Gandhi bedankte sich schriftlich dafür bei Lord Irwin, wertete ihre Freilassung als versöhnliche Geste und bat um eine Unterredung.

Irwin gewährte sie diesmal. Das erste Treffen fand am 17. Februar um 14.30 Uhr statt und dauerte drei Stunden und vierzig Minuten. »Die Bühne war frei«, schreibt Irwins Biograph, »für das wohl dramatischste persönliche Treffen zwischen einem Vizekönig und einem indischen Volkshelden.«

Und dieses Treffen war in der Tat mehr als dramatisch. Es war historisch und entscheidend. Winston Churchill erkannte dies besser als irgend jemand sonst. Er war entsetzt, erklärte er, über das »Übelkeit erregende und erniedrigende Schaustück dieses Inner-Temple-Rechtsanwalts, eines jetzt aufsässigen Fakirs, wie er halbnackt die Stufen zum Palast des Vizekönigs hinaufsteigt, um dort gleichgestellt mit dem Vertreter des Königs Verhandlungen zu führen«. (Ein Fakir ist ein indischer Bettelmönch.)

Churchills unverhohlen zornige Verachtung trübte jedoch nicht seinen Scharfblick. Er wußte sehr genau, daß es hier nicht um die Kleidung oder den früheren Beruf des Mahatma ging, sondern um die Gleichstellung, die er erreicht hatte und die sich in den Gesprächen mit Irwin manifestierte. Gandhi war nicht wie die meisten Besucher des Königs als Bittsteller gekommen. Er kam als Führer einer Nation, um mit dem Vertreter einer anderen Nation »unter gleichen Bedingungen« zu verhandeln. Der Salzmarsch hatte bewiesen, daß England Indien nicht gegen Gandhi regieren konnte. Die britische Herrschaft war abhängig von einem halbnackten Fakir, und das erregte Übelkeit bei Churchill, der fühlte, daß England Indien im Prinzip seine Unabhängigkeit bereits zugestanden hatte, obwohl es den Buchstaben nach noch anders war.

Nach vielen weiteren Treffen und langem Ringen unterzeichneten Irwin und Gandhi am 5. März das, was Irwins Biograph den »Delhi-Vertrag« nennt. Zwei gleichgestellte Staatsmänner hatten ein Abkommen getroffen. Die Bewegung des bürgerlichen Ungehorsams würde eingestellt werden, die Gefangenen entlassen und die Salzgewinnung an der Seeküste erlaubt. Außerdem wurde die Teilnahme des Kongresses an der nächsten Round Table Konferenz in London vereinbart. Weder Indiens Unabhängigkeit noch der Dominion-Status wurden erwähnt.

Innerhalb weniger Monate und sicherlich im Hinblick auf historische Ereignisse verloren die Ergebnisse des Vertrags ihre Bedeutung. In England ging man davon aus, daß Irwin die Schlacht am Verhandlungstisch gewonnen hatte, und das war gar nicht so abwegig. Mahatma Gandhi mußte sogar Kritik von seiten einiger Kongreßmitglieder einstecken, die der Ansicht waren, er hätte für die Unabhängigkeit Indiens nichts erreicht. Gewiß, ein anderer Politiker hätte vielleicht für mehr Zugeständnisse gekämpft, aber nach Gandhis Ansicht hatte er das Wesentliche erreicht, nämlich eine neue Basis für das Verhältnis England–Indien geschaffen. Siebzehn Jahre später – nur eine Minute im Leben eines alten Volkes – sollte Indien unabhängig sein. Der Vertrag war ein Mittel, ein Schritt näher zum Ziel, noch nicht das Ziel selbst.

Weil ihm das Mittel so wichtig war, war Gandhi so weitblickend, geduldig und gleichmütig. Er konnte auf einen endgültigen Durchbruch hoffen, solange man sich auf der Basis des Delhi-Vertrages verständigte.

Gandhi verließ am 29. August 1931 Bombay und schiffte sich auf der *SS Rajputana* nach London ein. Begleitet wurde er von seinem jüngsten Sohn Devadas, von seinem Sekretär Mahadev Desai, der, wie Gandhi sagte, »selbst Boswell in den Schatten stellte«, Miß Slade, Pyarelal Nayyar, einem Helfer, G. D. Birla, dem Textilmillionär, Pandit Malaviya und Mrs. Naidu. Gandhi sollte als einziger Kongreßdelegierter an der Round Table Konferenz in London teilnehmen. Weitere Delegierte waren nicht nötig, denn er sprach für die Organisation und hatte das Vertrauen der meisten stimmberechtigten Inder.

In London wohnte er vom 12. September bis zum 5. Dezember in Kingsley Hall, einem East Settlement House, als Gast von Muriel Lester, die ihn im Jahre 1926 besucht hatte. Am Morgen unternahm er lange Spaziergänge durch die Slumgebiete. Viele wußten, wer er war, und sie lächelten ihm auf dem Weg zur Arbeit zu. Er sprach mit ihnen und besuchte sie später in ihren Häusern. Die Kinder nannten ihn »Onkel Gandhi«, drängten sich heran und hielten seine Hand. Ein kleiner Lausbub rief aus: »Hey Gandhi, wo hast du deine Hosen gelassen?« Darüber amüsierte sich der Mahatma köstlich.

Er war ein gefundenes Fressen für die Presse und deshalb ständig von Journalisten belagert. Immer wieder erregte er wegen seiner Kleidung Aufsehen. Als er zum Tee zu König George V. und Königin Mary in den Buckingham Palace geladen wurde, war ganz England neugierig, was er wohl anziehen würde. Er enttäuschte die Sensationshungrigen nicht und trug wie sonst auch, ein Lendentuch, Sandalen, ein Schultertuch und seine baumelnde Uhr an der Kette. Später fragte ihn jemand, ob er denn genug angehabt hätte. »Der König hatte genug an für uns beide«, gab er zur Antwort.

Es gefiel ihm überall. Er führte Gespräche mit Lord Irwin, dem Premierminister der Kriegszeit David Lloyd George, dem Erzbischof von Canterbury, Feldmarschall Smuts, Bernard Shaw und vielen anderen. Er fuhr auch aufs Land in die Nähe von Reading, um Oberst Maddock, der ihn im Gefängnis von Poona am Blinddarm operiert hatte, einen Höflichkeitsbesuch abzustatten.

Winston Churchill weigerte sich, ihn zu empfangen.

Er sprach auch auf unzähligen öffentlichen Versammlungen und verbrachte zwei erinnerungswürdige Wochenenden in Oxford. Immer und überall versuchte er zu erklären, was er mit der Unabhängigkeit Indiens meinte. Er wollte Indien »ganz vom britischen Empire loslösen, nicht von der englischen Nation, denn ich will ja einen Gewinn und keinen Nachteil für Indien. Die Herrschaft muß beendet werden, und ich freue mich darauf, ein gleichgestellter Partner zu werden und wie alle anderen Dominions auch die Sorgen und Freuden mit England zu teilen. Aber es muß eine Partnerschaft mit gleichen Vorzeichen sein.« Er beschrieb genau und mit größtem Weitblick den Status, den das freie Indien im Jahre 1948 im Commonwealth einnahm.

Er ging sogar noch einen Schritt weiter. Er sah, was viele seiner Anhänger noch nicht begriffen hatten. »Eine isolierte Unabhängigkeit ist nicht das Ziel«, versicherte er. »Ich will eine gegenseitige Unabhängigkeit auf freiwilliger Basis.« Befreite Kolonien halten ihre eben erworbene Unabhängigkeit für das erstrebenswerteste Ziel, aber das Gesetz der Natur bei Liebe, Freundschaft, Arbeit, Fortschritt und Sicherheit ist kreative, gegenseitige Abhängigkeit.

Überall machte er sich Freunde durch seinen Charme, seine Offenheit, Menschlichkeit und Aufgeschlossenheit. Er wagte sich sogar direkt in die Löwengrube nach Lancashire, wo seine Propaganda für Khadi und gegen ausländische Textilien schmerzliche Arbeitslosigkeit verursacht hatte. Bei einem Gespräch mit den Textilarbeitern bekannte ein Mann: »Ich bin arbeitslos geworden, aber wenn ich in Indien leben würde, würde ich dasselbe sagen, was Mr. Gandhi sagt.« Ein ergötzliches Foto, das bei der Greenfield Mill in Darwen aufgenommen wurde, zeigt Gandhi, da es kalt war, dick eingehüllt in weißes Khadi, eingezwängt zwischen fröhlich lachenden Frauen. Eine von ihnen hält, was ihm sichtlich peinlich ist, seine Hand. Selbst unter diesen Arbeitern und arbeitslos Gewordenen fand Gandhi Freunde.

»Ich habe festgestellt, daß mein tatsächliches Arbeitsfeld außerhalb der Konferenzräume liegt. Das ist die echte Round Table Konferenz... Der Samen, der hier gesät wird, erweicht vielleicht die Herzen der Engländer und verhindert eine Brutalisierung von menschlichen Wesen.«

Die Tagebuchaufzeichnungen des Mahades Desai zeigen, daß der Mahatma oft um 2 Uhr früh erst zu Bett ging, aber bereits um 3 Uhr 45 früh schon wieder zu Gebeten aufstand, dann Briefe schrieb, Zeitungen las, von 5 bis 6 Uhr noch einmal eine Stunde ruhte, um dann ohne Ruhepause wieder bis 1 oder 2 Uhr nachts durchzuarbeiten. Kein Wunder also, daß er gelegentlich bei Konferenzsitzungen einschlief.

Die Round Table Konferenz war von vornherein zum Scheitern verurteilt. Lord Reading, ein Mitglied der britischen Delegation, formulierte die englischen Interessen in einem Satz: »Ich glaube, die richtige Politik zwischen England und Indien ist, wenn wir in unserem Land hier unermüdlich danach streben, die Ansichten Indiens in Betracht zu ziehen, dabei aber gleichzeitig unsere Stellung bewahren, die wir weder aufgeben können noch dürfen.« Eine unaufhaltsame Kraft, Indiens Verlangen nach Freiheit, traf auf ein unbewegliches Objekt, nämlich Englands Wunsch, in Indien unter dem gegenwärtigen Status präsent zu bleiben. Das machte eine Übereinkunft unmöglich.

Die britische Regierung hatte Gandhi zwei Scotland Yard-Detektive zu seinem persönlichen Schutz zugeteilt. Diese beiden besonders für ihr Aufgabengebiet ausgebildeten Polizeibeamten waren von riesiger Statur und bewachten für gewöhnlich die königliche Familie. Sie hatten »den kleinen Mann« sofort ins Herz geschlossen. Anders als die meisten Würdenträger, deren Schutz sie gewährleisteten, hielt Gandhi weder Distanz zu ihnen noch ignorierte er sie. Er diskutierte mit ihnen und besuchte sie zu Hause. Als er

England verließ, fragte er ihre Vorgesetzten, ob sie ihn nach Brindisi in Italien, von wo aus er sich nach Indien einschiffen würde, begleiten dürften. Man war etwas erstaunt über diese Bitte und fragte nach dem Grund. »Weil sie zu meiner Familie gehören«, antwortete Gandhi.

Daheim in Indien angekommen, schickte er jedem eine Uhr, in die er »in Liebe von M. K. Gandhi« hatte eingravieren lassen.

19 Kinder Gottes

»Ich bin mit leeren Händen zurückgekommen«, ließ Gandhi der riesigen Menschenmenge wissen, die ihn in Bombay erwartete, als er am 28. Dezember von Bord ging. Aber »wenn man nach der Wärme, der Herzlichkeit und der Zuneigung urteilte, die ihm beim Empfang entgegengebracht wurde, hätte man meinen können, der Mahatma wäre mit der Swaraj in der hohlen Hand zurückgekehrt«, bemerkte Subhas Chandra Bose sarkastisch. Er war mit unveränderter Integrität und dem Willen, das Beste zu tun, zurückgekehrt. »Ich erinnere mich an keine einzige Erfahrung während meiner drei Monate in England und Europa«, berichtet er, »wo ich das Gefühl gehabt hätte, Ost ist Ost und West ist West. Im Gegenteil, ich bin mehr denn je davon überzeugt, daß die menschliche Natur dieselbe ist, unter welchem Himmel sie auch immer blüht, und daß man, wenn man den Menschen mit Vertrauen und Zuneigung entgegenkommt, zehnfaches Vertrauen und tausendfache Zuneigung erntet.«

Genau eine Woche später saß er im Gefängnis.

Lord Willington war Nachfolger von Lord Irwin im Amt des Vizekönigs geworden, und im Oktober 1931 übernahm eine neue Regierung in England das Amt. Ramsay MacDonald blieb zwar Premier, aber jetzt saßen Konservative in den führenden Positionen. Sir Samuel Hoare war Staatssekretär für Indien. Innerhalb weniger Wochen wurden in

Bengalen, den United Provinces und der Northwest Frontier Province Notstandsgesetze erlassen. Dem Kongreß wurde vorgeworfen, er würde die britische Regierung behindern, indem er als Parallelregierung fungierte. »Die Frage ist«, erklärte Sir Harry Haig, Innenminister der Regierung von Indien, »ob der Kongreß seinen Willen dem ganzen Land aufzwingen wird.«

Jawaharlal Nehru und viele andere Führer waren bereits inhaftiert. Gandhi wurde ins Yeravda-Gefängnis gebracht. Kurz darauf sperrte man auch Vallabhbhai Patel und Mahadev Desai ein.

Der Mahatma fügte sich immer genau den Gefängnisvorschriften. Niemals agitierte er vom Gefängnis aus. Viele Gespräche, die er mit Vallabhbhai und Mahadev führte, waren religiösen Inhalts. An solchen Gesprächen nahmen auch britische Wärter und Ärzte teil.

Gandhi begann seine Gedanken über Gott und das ideale Verhalten der Menschen niederzuschreiben. Es entstand später ein kleines Büchlein mit dem Titel *Yeravda Mandir* daraus. Mandir bedeutet Tempel. Ein Gefängnis, wo über Gott diskutiert wird und wo er verehrt wird, ist ein Tempel.

Das Wort *satya* bedeutet »Wahrheit«, es ist verwandt mit *sat,* was wiederum »sein« bedeutet. *Sat* bedeutet aber auch »Gott«. Gott ist also Wahrheit, und Gott ist zugleich das, was ist.

»Nur er ist«, schrieb Gandhi, denn »nichts anderes, das ich nur mit meinen Sinnen wahrnehmen kann, kann oder wird Bestand haben.«

Immer wieder hat Gandhi versucht, die Existenz Gottes zu beweisen. »Es ist möglich, die Existenz Gottes bis zu einem gewissen Grad logisch zu erörtern. Es gibt eine Ordnung im Universum, es gibt ein unverständliches Gesetz, dem jedes lebende Wesen und alles, was existiert, unterliegt. Dies ist kein blindes Gesetz, denn ein blindes Gesetz könnte nie das Verhalten von menschlichen Wesen regieren… Jenes Gesetz, das über alles Leben herrscht, ist Gott… Ich glaube zu erkennen, daß, während alles um mich herum sich ständig verändert und ständig stirbt, diesem ständigen Wandel eine lebendige Macht zugrunde liegt, die unveränderlich ist, die alles zusammenhält, die erschafft, aufhört und neu erschafft. Diese Leben spendende Macht ist Gott... Inmitten von Tod gibt es Leben, inmitten von Unwahrheit Wahrheit, inmitten von Dunkelheit Licht. Daraus schließe ich, daß Gott gleichermaßen Leben, Wahrheit und Liebe ist. Er ist die Liebe. Es gibt nichts Höheres als Gott.«

Da er jedoch selbst Zweifel hatte, die Existenz Gottes auf diese rationale Weise beweisen zu können, räumte er ein, daß »der Glaube über die Vernunft hinausgeht... Wenn wir alle Geheimnisse des Universums lösen könnten, würden wir Gott gleich sein. Jeder Tropfen des Ozeans ist Teil seines Ruhms, aber er ist nicht der Ozean.« Folglich gehört auch jedes menschliche Wesen zur Natur Gottes, aber es ist nicht Gott und kann auch nicht wissen, wie Gott ist. »Der sicherste Weg«, riet der Mahatma, »ist, an die moralisch regierte Welt zu glauben, also an die Herrschaft des Moralgesetzes, des Gesetzes der Wahrheit und der Liebe...«

Gandhi beschäftigte sich mit Gott, aber er hatte nie ein mystisches Erlebnis, »hörte nie eine Stimme, hatte nie eine Erscheinung oder sonst eine mystische Begegnung mit Gott«. Obgleich nichtindische Mystiker, die ihren Mystizismus gerne fixieren, sich gelegentlich mit Gandhi assoziierten, war der Mahatma weit davon entfernt, ein Mystiker zu sein oder einer sein zu wollen. »Ich habe keine besonderen Enthüllungen von Gottes Willen zu bieten«, versicherte er. »Aber er (Gott) teilt sich jedem von uns jeden Tag mit, doch wir verschließen uns der ruhigen, leisen Stimme!... Gott erscheint uns nie als Person, sondern immer in der Tat.«

Gegenwärtig hörte Gandhi in der Stille des »Yeravda Temple« jene ruhige, leise Stimme, die ihn zur Tat rief. Das Ergebnis waren die spannungsgeladensten vierzehn Tage in der Neuzeitgeschichte Indiens. »Um eine Parallele für die Qual des September 1932 zu finden«, schrieb Rajagopalachari, »müssen wir uns um dreiundzwanzig Jahrhunderte zurück nach Athen versetzen, als die Freunde des Sokrates ihn im Gefängnis umstanden und ihn bedrängten, den Tod zu umgehen... Sokrates lächelte über diesen Vorschlag... und predigte die Unsterblichkeit der Seele«.

Gandhi hatte keine Angst vor dem Tod, weil er sicher war, daß nur der Leib sterben könne, nicht aber die Seele, und so begann er wegen einer Sache zu fasten, die für ihn von höchster religiöser Bedeutung war. Es betraf die Unberührbaren, die Niedersten der Niederen in Indien.

Ein orthodoxer Hindu darf weder den Unberührbaren selbst, noch etwas, was dieser berührt hat, berühren. Wenn er es versehentlich doch tut, reinigt er sich durch Waschungen. Selbst der Schatten eines Unberührbaren wird in manchen Gegenden Indiens als unrein betrachtet. Natürlich waren diese Menschen nicht in den hinduistischen Tempeln zugelassen. Sie wohnten in den schlimmsten Slums der Welt. In Dörfern lebten sie am Rande, dort, wo die Abwässer hinfließen. Dies ist das einzige Wasser, das sie benützen dürfen, denn der Dorfbrunnen ist ihnen verboten. Er würde durch ihre Berührung unrein werden.

Die Unberührbaren sind für den Hindu Ausgestoßene, da sie nicht zu einer der vier Kasten gehören (von oben nach unten: die Brahmanen oder Priester, die Kshatriyas, die Vaisyas oder Bauern und Kaufleute und die Sudras oder Diener und Lohnarbeiter). Darunter, aber zu weit unten, als daß sie in der hinduistischen Gesellschaft berücksichtigt würden, kommen die Ausgestoßenen, die Unberührbaren.

Vor Jahrhunderten waren Kasten und die tausend Abstufungen innerhalb jeder Kaste erbliche Bezeichnungen für Berufsstände. So gehörte Gandhi zur Vaisya Kaste und der Modh-Bania Unterkaste. Bania sind Händler, und die Gandhis waren früher einmal Gemischtwarenhändler gewesen. *Gandhi* bedeutet Krämer. Tradition und die Lokalbehörden achteten darauf, daß die Erwachsenen in ihren Ständen blieben, damit die höheren Kasten nicht von Zugehörigen der unteren Kasten überschwemmt würden und die unteren Kasten nicht von Beschäftigungslosen wimmelten. Diese Regelung gab wahrscheinlich jeder Gruppe wirtschaftliche Sicherheit, aber es unterwarf den Einzelnen auch einem wirtschaftlichen Reglement.

Obgleich die Kaste häufig diese stabilisierende wirtschaftliche Funktion ausübte, waren ihr Ursprung politisch und ihre Bestätigung religiöser Natur. Die Indogermanen, die vor Tausenden von Jahren, lange bevor es eine geschriebene Geschichte gab, aus ihren zentralasiatischen Heimatländern nach Süden kamen, eroberten allmählich Indien vom Indus und dem Himalaya bis zu der südlichen Spitze der Halbinsel am Cap Comorin. Auf ihrem Vormarsch nahmen sie tolerant die Bräuche und Gedankenwelt der Eingeborenen auf und vermischten sie mit denen ihrer eigenen Kulturen. Das Endprodukt ist das, was wir heute Hinduismus nennen. Und doch machten sie die einheimische Bevölkerung zu Werkzeugen ihrer Wirtschaft und behielten sich selbst die nutzbringenderen und ruhmreicheren Aufgaben des Regierens und des Kämpfens vor. Die Macht der Religion war jedoch so groß, daß die Brahmanen sich selbst als höchststehende Kaste verstanden, höher als die Krieger, und das hauptsächlich, weil sie den Kastenabstufungen eine Stabilitätsgarantie geben konnten, indem sie sie unter dem Deckmantel der Religion heiligten. Sie kleideten die Kaste in die heilige Formel des unabänderlichen Schicksals. Du bist ein Brahmane oder ein Sudra oder ein Unberührbarer wegen deiner Haltung in einer früheren Inkarnation. Der Kastenrang ist demnach für das ganze Leben vorbestimmt, und jeder hat sich dieser Ordnung zu unterwerfen. Aber gute Führung in diesem Leben kann in einem anderen eine »Beförderung« zur Belohnung haben und umgekehrt. Ein habgieriger Brahmane wird vielleicht in die Klasse der Händler wiedergeboren, wohingegen ein geistlich orientierter Händler als Brahmane wiederkehren könnte. Eine Frau kann in ihrer nächsten Inkarnation als Mann wiederkehren und umgekehrt. Manche Hindus glauben gerne daran, daß sie bei einer Wiedergeburt wieder in dieselbe Familie hineingeboren werden, auch wenn der Verwandtschaftsgrad dann anders sein wird. Ein Ehepaar könnte dann Bruder und Schwester sein. Männer mit weiblichen Neigungen können als Frauen wiederkehren, und die Seele eines blutrünstigen Hindu könnte in einem Tier reinkarniert werden.

Einige Unberührbare haben versucht, ihrem elenden, erniedrigenden Los zu entkommen, indem sie zum Islam oder zum Christentum übertraten. Jedoch fünfzig oder sechzig Millionen beugen sich heute noch ihrem Schicksal, daß sie Buße tun für früher begangene Untaten, und hoffen, in einer späteren Inkarnation davon erlöst zu werden. Mit Ausnahme von wenigen Hundert verrichten die Unberührbaren weiterhin ihre niederen Arbeiten – sie fegen Straßen, schrubben Böden, säubern Toiletten, bearbeiteten Leder und tun andere Dinge, die ein Kastenhindu aus religiösen Gründen nicht tut. Bis auf den heutigen Tag wird keine Krankenschwester eine Bettschüssel anrühren oder ein Bett machen. Der Krankenpfleger, der das Bett macht und das Essen bringt, würde sich strikt weigern, auf die Bitte eines Patienten hin ein Stück Verband vom Boden aufzuheben. Er würde auch nie eine Arbeit in der Toilette verrichten. Das ist die Arbeit der Unberührbaren. Selbst innerhalb der Gemeinschaft der Unberührbaren gibt es noch eine soziale Abstufung. Im Haus eines reichen Freundes in Bombay reinigen die Unberührbaren, die seine ständigen Diener sind, nicht die Toiletten, damit dies nicht in ihren Dörfern bekannt und sie degradieren würde. Sie gehen in die Stadt und holen sich für diese Arbeit niedriger gestellte Unberührbare.

Im Gegensatz zu der Strenge, mit der die Unberührbaren an ihrem niedrigen Platz gehalten werden, begannen die Berufskategorien bei den Kastenhindus im 19. Jahrhundert und mancherorts auch schon früher rasch zusammenzubrechen. Gandhis Großvater und sein Vater zum Beispiel waren nicht Krämer, sondern hohe Staatsbeamte. Heute kann ein Brahmane ein Taxifahrer sein (in manchen Gegenden wird er, wenn er ein Bauer ist, nicht selber pflügen, sondern einen Hindu aus einer niedrigeren Kaste dafür bezahlen); ein Vaisya kann ein hoher Regierungsbeamter oder ein Professor sein, und ein Kshatriya oder Krieger kann als Buchhalter angestellt sein.

Aber obwohl die Kasten in bezug auf Berufsgruppierungen unter dem Einfluß der modernen Wirtschaft an Bedeutung verlieren, bleiben die sozialen Unterschiede wie eh und je bestehen. Egal wie arm der Brahmane oder wie primitiv seine Arbeit, er wird seinen Kindern nicht erlauben, in eine Kaste unterhalb der eigenen einzuheiraten, noch wird er einen Hindu der unteren Kaste zu sich zum Essen bitten.

In den frühen Jahren seines Mahatmadaseins war Gandhi ebenfalls für das Kastensystem. »Ich halte die vier Unterscheidungen für grundlegend, natürlich und wesentlich«, sagte er noch im Jahre 1920, und am 6. Oktober schrieb er im *Young India:* »Das Verbot der Ehe und des Essens zwischen Mitgliedern verschiedener Kasten ist wesentlich für die rasche Entwicklung der Seele.« Dieses Plädoyer für einen unrühmlichen Aspekt eines orthodoxen Hinduismus läßt sich gegen Gandhi verwenden, aber nicht gegen den späteren Mahatma, der sich in Wort und Tat von seiner früheren Auffassung total selbst distanziert hat. »Verbote von Ehen und das gemeinsame Speisen von Mitgliedern verschiedener Kasten«, revidierte er seine frühere Aussage am 4. November 1932, »finden keine Stütze im Hinduismus. Heute schwächen diese beiden Verbote die hinduistische Gesellschaft.« Im Jahre 1921 waren sie »wesentlich«, im Jahre 1932 »schwächend«. Er war zu aufmerksam, zu flexibel und zu ehrlich, um diese systematische Diskriminierung, die die Hindugesellschaft zerstückelte und korrumpierte, unterstützen zu können.

Ein Ereignis in der eigenen Familie half ihm wahrscheinlich, seine Meinung zu ändern. Im Jahre 1927 verliebte sich Devadas, Gandhis jüngster Sohn, in Lakshmi, die Tochter von C. Rajagopalachari, und wollte sie heiraten. Aber Rajagopalachari war ein Brahmane und Gandhi ein Vaisya. Deshalb war Gandhi sowohl gegen die Ehe wie auch gegen die Freundschaft der beiden. Er war altmodisch genug, um an der Vorstellung festzuhalten, daß Ehen, die Eltern stiften, wie es bei zahllosen besser gestellten Hindus noch immer gang und gäbe ist, glücklicher sind als Liebesehen. Aber Devadas und das Mädchen wollten nicht voneinander lassen, und schließlich gaben die beiden bekannten Väter unter der Bedingung nach, daß die beiden jungen Leute nach fünf Jahren Trennung noch immer die Verbindung eingehen wollten. Sie nahmen die schmerzliche Wartezeit auf sich und wurden dann in Gegenwart der beiden gutgelaunten Väter am 16. Juni 1933 in Poona in einer prunkvollen Hochzeit getraut.

In den folgenden Jahren nahm Gandhi nur mehr an Eheschließungen zwischen Mitgliedern verschiedener Kasten teil. Nachdem er so mit dem orthodoxen Hinduismus gebrochen hatte, entfernte er sich immer mehr davon, bis er schließlich im *Hindustan Standard* vom 4. Januar 1946 schrieb: »Deshalb sage ich allen Jungen und Mädchen, die in Sevagram Ashram (dorthin war Gandhi gezogen, nachdem er Sabarmati verlassen hatte) heiraten wollen, daß einer von ihnen ein Unberührbarer sein muß.« So hatte er den Kreis gezogen von der äußersten Ablehnung einer Ehe zwischen Mitgliedern verschiedener Kasten bis zur Billigung derselben und dann sogar bis zum Schreckgespenst aller orthodoxen Hindus: die Ehe zwischen Kastenmitgliedern und Kastenlosen. Daß seine Anhängerschar auch bei den Hindus trotzdem ständig wuchs, ist teilweise dem »Wunder Gandhi« zuzuschreiben, teilweise der Toleranz der Hindus bei all ihrer Intoleranz.

Seine Weisheit zeigte Gandhi die Übel der Kastenordnung, aber sein Kampf gegen die Unberührbarkeit war von Gefühlen geprägt und im Keim bereits in der Kindheit vorhanden. »Ich pflegte über meine Mutter zu lachen«, bekannte er in einem Brief an Charles Freer Andrews, »wenn sie uns baden hieß, nachdem wir Brüder einen Paria berührt hatten.« Er spielte mit einem unberührbaren Jungen, auch nachdem es seine geliebte Mutter Putlibai verboten hatte. In Südafrika waren einige seiner Klienten und Freunde Unberührbare. Einer davon wohnte sogar in seinem Haus.

Nach Indien zurückgekehrt, nahm er im Mai 1918 an einer Versammlung in Bombay teil, die einberufen wurde, um die Situation der Unberührbaren zu verbessern. Nach der Einführung fragte er: »Ist ein Unberührbarer unter den Anwesenden?« Als sich keine Hand erhob, weigerte er sich, seine Rede zu halten. Er hatte sich kaum in Sabarmati niedergelassen, da lud er auch schon ein unberührbares Ehepaar mit seiner kleinen Tochter Lakshmi ein, bei ihm zu wohnen. Daraufhin entzogen ihm die reichen Magnate aus Bombay und Ahmedabad die finanzielle Unterstützung. Unbeeindruckt erklärte Gandhi, er würde in eine Hütte in das Viertel der Unberührbaren ziehen. Aber eines Morgens fuhr ein Mann, der später als Ambalal Sarabhai, der größte Textilfabrikant von Ahmedabad, identifiziert wurde, in einem Wagen vor, drückte Gandhi 13000 Rupien in die Hand und fuhr wieder weg.

Die Frauen in der Küche weigerten sich, mit der Unberührbaren zusammenzuarbeiten. Hindus legen großen Wert auf Essen, und die Anwesenheit dieser Frau dort, wo es zubereitet wurde, verunreinigte alle Speisen der Gemeinschaft. Sogar Kasturbai, die schon an allerlei Eigenheiten bei ihrem heiligen Gatten gewöhnt war, konnte das nicht verdauen. Er appellierte an ihre Vernunft und an ihre Großzügigkeit, aber der Glaube an die Unberührbarkeit ist in einem ganz abgeschiedenen Schlupfwinkel des hinduistischen Gehirns beheimatet, wo er, umgeben von Rassendiskriminierung, Dogma und Hautfarbenvorurteilen, dem gesunden Menschenverstand und der Menschlichkeit tapfer Widerstand leistet. Gandhi erzählte ihr deshalb, daß, wenn dies eine Sünde sei, diese auf sein Konto ginge, und sie als Hinduehefrau einfach zu gehorchen habe. Das waren Argumente, die sie akzeptierte. Die anderen Ashramfrauen fügten sich ebenfalls schweigend. Aber damit war der Fall noch nicht ausgestanden. Eines Morgens verkündete der Mahatma, daß er die kleine Lakshmi als seine und folglich auch als Kasturbais Tochter zu adoptieren gedenke. Die ergebene und halbgebildete Kasturbai stand vor Schreck erstarrt und verständnislos da. In vieler Hinsicht hatte sie jedoch einen heiligeren Yogi-Charakter als ihr Gatte, und sie akzeptierte ihn als ihren Lehrer, besonders nachdem er sexuell enthaltsam geworden war. Wer war sie schon, daß sie den Mann Gottes anzweifeln konnte? Ganz im Innern plagte sie jedoch weiterhin ihre Aversion gegen die Unberührbaren.

Im Laufe der Jahre fühlten sich viele tausend Hindus aus den obersten Kasten geehrt, wenn sie im Ashram mit Gandhi essen und reden durften. Einige reinigten sich sicherlich, nachdem sie wieder zu Hause waren, die meisten aber waren wohl keine solchen Heuchler. Die Unberührbarkeit hatte etwas von ihrem Fluch verloren. Die Masse jedoch konnte sehr wohl Gandhi verehren und die Unberührbaren verabscheuen.

Theoretisch als Barriere gegen Beschmutzung gedacht, beschmutzt die Unberührbarkeit diejenigen, die diese Aversion am Leben erhalten, und das Land, das ein Unding wie die Unberührbarkeit erlaubt. Die Entwürdiger werden moralisch, wirtschaftlich und sozial mit denen, die sie entwürdigen, hinuntergezogen. Der Exodus der Unberührbaren aus dem Hinduismus würde für immer in das Gewissen der Hindus eingebrannt sein, ohne daß die Unberührbaren selbst davon einen Nutzen hätten. Von den religiös naiven Unberührbaren konnte Gandhi keine Gegenwehr erwarten – sie hatten Angst, sich ihre Chancen auf ein besseres Leben in einer anderen Inkarnation zu verscherzen. Sich aber mit der Tatsache abfinden, wollte er auch nicht. Er zog es vor, »das Hindugewissen zur richtigen religiösen Handlung zu stimulieren«. Das war die Begründung für sein Fasten, das ihn an den Rand des Todes brachte. In dem großen Drama, das nun bevorstand, waren die beiden Hauptfiguren der Mahatma und Ambedkar. Dr. Bhimrav Ramji Ambedkar, der oberste Führer der Unberührbaren, war mit einem kräftigen Körper und einem starken, eigensinnigen, hochintelligenten Geist ausgestattet. Sein Großvater und sein Vater hatten sich im Dienst in der britischen Armee ausgezeichnet, und durch sie war er dem Gaekwar (Maharadscha) von Baroda bekannt, der ihn mit einem Stipendium an die Columbia University Law School in New York schickte. Seine glänzende Rechtsanwaltskarriere machte ihn berühmt und als Sprecher der Unberührbaren anerkannt. In dieser Eigenschaft nahm er an der zweiten Round Table Konferenz vom September bis Dezember 1931 in London teil. Er schlug ein eigenes Elektorat für die Kastenlosen vor oder zumindest die Reservierung von Sitzen für Unberührbare im Block der Hindus. Gandhi wies beides als trennend, reaktionär und unfruchtbar zurück.

In der Folge arbeiteten die Londoner Behörden jedoch weiterhin an einer Verfassung für Indien, und es kam dem im Yervada-Gefängnis sitzenden Gandhi schon bald zu Ohren, daß die neuen Statuten nicht nur ein separates Elektorat für die Moslems beinhalten würden, sondern auch eines für die ›unterdrückten Klassen‹, wie die offizielle britische Diktion die Unberührbaren nannte. (Gandhi nannte sie *Harijans*, was soviel heißt wie Kinder Gottes. Auch seine neue Wochenzeitschrift hieß *Harijan*).

Im Jahre 1909 hatten die Engländer gesonderte Elektorate für Hindus und Moslems eingeführt. Folglich konnte, solange die Engländer noch über Indien herrschten, ein Moslem nur einen moslemischen Kandidaten wählen. Die dadurch bedingten Mißstände waren beträchtlich, da religiöse Unterschiede zum entscheidenden Faktor bei jeder politischen Kontroverse wurden. Es war, wie wenn Katholiken in England, den Vereinigten Staaten und Frankreich plötzlich nur mehr Katholiken in das Parlament und in andere Ämter wählen dürften, und Protestanten nur mehr Protestanten, und Juden nur mehr Juden. Das Hauptproblem lag doch gerade darin, die Kluft zwischen Hindus und Moslems zu überwinden und Indien zu *einer* Nation zu machen, getrennte Elektorate jedoch hätten all diese Bestrebungen wieder zunichte gemacht und genau das Gegenteil bewirkt.

Jetzt plante England zu allem Übel auch noch ein separates Elektorat für die ›unterdrückten Klassen‹. Gandhi protestierte dagegen Sir Samuel Hoare gegenüber am 11. März

1932 und erklärte: »Ich muß bis zum Tode fasten«, wenn die Engländer tatsächlich ein Elektorat für die Unberührbaren schaffen sollten. Er wußte, dies würde den Behörden, deren Gefangener er war, peinlich sein, »aber für mich ist der in Erwägung gezogene Schritt nicht Methode, sondern Teil meines Wesens«. Der Minister antwortete dem Gefangenen, es sei noch keine Entscheidung gefallen, und bevor dies geschehe, würden seine Ansichten gewiß in Betracht gezogen werden. Bis zum 17. August 1932 geschah nichts – dann sprach sich Premierminister Ramsay MacDonald für gesonderte Elektorate aus. Am nächsten Tag sandte Gandhi einen Brief an den Premierminister mit dem Inhalt: »Ich muß gegen Ihre Entscheidung mit meinem Leben Widerstand leisten.« Sein Fasten würde am 20. September um 12 Uhr mittag beginnen.

In einem sehr langen Antwortschreiben, datiert vom 8. September 1932, Downing Street 10, drückte MacDonald seine »Überraschung und, lassen Sie mich hinzufügen, mein aufrichtiges Bedauern« aus. Mr. Gandhi habe ihn, so legte der Premier dar, mißverstanden. Man hatte seinen allbekannten Einsatz für die Unberührbaren sehr wohl in Betracht gezogen. Die neue Gesetzgebung, erklärte der Premier, würde es den unterdrückten Klassen ermöglichen, gleichberechtigt mit dem Hindu-Elektorat zu wählen. Und war es nicht das, was der Mahatma wünschte? Zusätzlich würden sie während der nächsten zwanzig Jahre in einigen Wahlbezirken als Unberührbare wählen und ihre eigenen Gesetzgeber bestimmen können. Mit anderen Worten wird ein Unberührbarer ›zwei Stimmen haben‹. Als ihr eifrigster Verbündetet würde er, Gandhi, wohl kaum etwas dagegen einzuwenden haben.

Gandhi wandte in seinem Antwortschreiben an die Adresse Downing Street jedoch ein, »die Tatsache allein, daß die unterdrückten Klassen zwei Stimmen hätten, schützt sie oder die Hindugesellschaft noch lange nicht davor, auseinandergerissen zu werden... Ich bin nicht gegen eine Überrepräsentation der unterdrückten Klassen. Wogegen ich bin, das ist ihre gesetzlich legitimierte Aussonderung, wenn auch nur in begrenzter Form, aus der Hindu-Gemeinschaft, solange sie selbst noch darin bleiben wollen.«

Damit war die Korrespondenz zwischen Gefangenem und Premierminister beendet. Gandhi würde fasten. Die Teilung Indiens in zwei Wahlkollegien war schlimm genug. Drei Indien wollte er auf keinen Fall akzeptieren.

Von allen Seiten kamen Briefe, Botschaften und Telegramme, die versuchten, Gandhi von seinem Vorhaben abzubringen. Viele Freunde konnten nicht verstehen, warum er wegen einer solchen Sache sterben wollte. Nehru, der im Gefängnis war, ›war verärgert darüber‹, wie er in seiner Autobiographie *Toward Freedom* schreibt, »daß er etwas eher Nebensächliches für das höchste Opfer ausgesucht hatte... Ich war zornig über ihn...«

Gandhi blieb bei seiner Entscheidung. Er sah über alle Gesetzmäßigkeiten und Logik hinaus. Zwar würde MacDonalds Idee ein separates Wahlkollegium und ein gemeinsames Hindu-Harijan-Elektorat bringen, aber die gute psychologische Wirkung eines gemeinsamen Elektorats würde sich durch das separate wieder aufheben. Bei einem gesonderten Elektorat würden die Harijan-Kandidaten und die gewählten Gesetzgeber das betonen, was sie von den Kastenhindus unterscheidet. Eine politische Parteimaschinerie würde entstehen, die es sich zum Ziel machen würde, die Kluft zwischen Kasten und Kastenlosen zu vertiefen. Der politische Zündstoff dazu käme von der hinduistischen Ungerechtigkeit, ein sehr brisanter Zündstoff fürwahr. Diese Aussichten vertrugen sich einfach nicht mit Gandhis Grundeinstellung: Harmonie bei Vielfalt, Liebe trotz Unterschiede. Aussonderung löst Zusammenstöße aus. Trennung erzeugt Haß und Gewalt in Gedanken und Handlungen.

Gandhi fastete nicht gegen England, sondern er fastete für die politische Einheit der Harijans und der Hindus. Seine Zielgruppe war die Gemeinschaft der Hindus. MacDonald hatte versichert, daß England es akzeptieren würde, wenn die Hindus und Harijans sich auf ein anderes, für beide Seiten akzeptables Wahlabkommen einigen könnten. Am 20. September um 11 Uhr 30 vormittag nahm Gandhi seine letzte Mahlzeit vor dem angekündigten Fasten zu sich. Sie bestand aus einem Glas heißen Wassers mit Honig und Zitronensaft.

20 Der Magier

An dem Tag, an dem Ghandi sein Fasten begann, wachte er um 2 Uhr 30 morgens auf und schrieb einen Brief an Rabindranath Tagore. »Es ist jetzt früher Morgen 3 Uhr, Dienstag«, begann er. »Ich betrete die feurigen Tore um die Mittagsstunde. Wenn Sie mein Vorhaben segnen können, dann nehme ich das dankbar an.« Aber er ermutigte Tagore in diesem Brief auch zu Kritik, »...wenn Ihr Herz mein Vorhaben verurteilt. Ich bin nicht zu stolz, einen Fehler einzugestehen, was immer es mich auch kosten möge, wenn ich im Unrecht bin.« Aber wenn Tagore seinen Plan billigte, wünschte er sich auch seinen Segen. »Er wird mich aufrechterhalten«, sagte der Mahatma bescheiden.

Andere hätten es vielleicht nicht verstanden, aber Tagore kannte Indien. Gandhi respektierte seine Ansichten und würde darauf hören. Als Gandhi gerade den Brief zukleben wollte, erreichte ihn ein Telegramm von Tagore. »Es ist wert, kostbares Leben zu opfern«, hieß es darin, »für die Einheit und die soziale Integrität Indiens... Ich hoffe inständigst, daß wir eine derartige nationale Tragödie nicht herzlos bis zum bitteren Ende auskosten müssen.«

Gandhi fügte jetzt seinem Brief ein P.S. zu, in dem er Tagore »für das liebevolle, wunderbare Telegramm dankt. Es wird mir Stütze sein inmitten des Sturms, in den ich mich hineinbegebe.«

An jenem Abend sprach Tagore in seiner Schule in Shantiniketan: »Ein dunkler Schatten wird heute über Indien kommen wie der Schatten einer Sonnenfinsternis... der

Mahatmaji, der sein Leben in Hingabe an unser Indien verbracht hat, wird sein Gelübde halten und zum höchsten Opfer bereit sein.« Er erklärte das Fasten: »Jedes Land hat seine eigene Geographie des Geistes, wo physische Gewalt nie auch nur einen Zoll Boden erobern kann. Jene Aggressoren, die von außerhalb kommen, müssen vor den Toren Halt machen.« England hatte niemals die Seele Indiens beherrscht. »Aber seine (Gandhis) Seele wird uns auch weiterhin den rechten Weg weisen, auch wenn sein Körper von uns gehen sollte. Die Sühne, die unser Mahatmaji auf sich genommen hat, darf nicht als Ritual abgewertet werden, denn sie ist eine Botschaft an ganz Indien und an die Welt... Keine zivilisierte Gesellschaft kann gedeihen, wenn ihr das Opfer auferlegt wird zu erleiden, wie die menschliche Natur ständig mit Füßen getreten wird. ...wir beleidigen unsere eigene menschliche Natur, indem wir den Menschen dort beleidigen, wo er hilflos ist... Gegen diese in unserer Gesellschaft tief verwurzelte Schwäche hat der Mahatmaji sein Ultimatum ausgesprochen.« Es ging also um keine Nebensächlichkeit, denn es ging darum, die Seele Indiens zu retten.

Sofort versammelten sich die Hindu-Führer in Bombay, um mit den Harijan-Führern, vor allem mit Ambedkar zu verhandeln. Jahrelange Grausamkeit der Hindus seinen unglückseligen Brüdern gegenüber erfüllten Ambedkar mit Zorn und Bitterkeit. Wenn irgend jemand in Indien Gandhis Tod mit Gleichmut entgegensehen mochte, dann war er es. Er nannte das Fasten »ein politisches Schaustück«. Bei der Konferenz traf er mit allen hinduistischen Größen zusammen, und es muß ihm innerlich sehr wohlgetan haben, wie er von allen Seiten hofiert wurde, weil man das Leben des geliebten Mahatma retten wollte.

Das Thema der Verhandlungen war ein gemeinsames Wahlkollegium, das auch die Interessen Ambedkars an einer eigenständigen Vertretung der Harijans in der gesetzgebenden Versammlung befriedigen würde. Ambedkar stand dem Vorschlag Gandhis nach einer gemeinsamen Wahl von Hindus und Harijans skeptisch gegenüber, weil er der Absicht war, daß ein solcher Wahlmodus nur den Interessen der Hindus Vorschub leisten würde, und die Harijans nach der von England vorgelegten Rechnung größeren Einfluß auf die Politik des Landes gewinnen würden.

Um Ambedkars Befürchtung entgegenzuwirken, schlug Sir Tej Bahadur Sapru, der renommierte Jurist, etwas vor, was für das damalige Indien neu war: Vorwahlen. Einige Sitze der Gesetzgebenden Versammlung sollten mit Harijan-Delegierten besetzt werden, über die man sich vorher in Gesprächen zwischen den Harijans und den Hindus einig geworden war. Die übrigen Kandidaten für die den Harijans vorbehaltenen Sitze – Gandhi hatte die Sitzverteilung am Tag vor Beginn seines Fastens akzeptiert – würden nicht auf den Vorschlagslisten auftauchen; diese Kandidaten würden in Vorwahlen nominiert werden, in denen nur Harijans wählen konnten. Für jeden Sitz würden drei Harijans kandidieren und die Hindus würden in der endgültigen Wahl für einen von ihnen votieren. Das gab den Harijans die Möglichkeit, ihre mutigsten und profiliertesten Sprecher zu nominieren, die den Hindus Paroli bieten könnten.

Ambedkar prüfte den Vorschlag gewissenhaft. Er verließ die Konferenz für mehrere Stunden, um den Vorschlag mit anderen Unberührbaren zu besprechen. Dann kam er zurück und akzeptierte mit Vorbehalt.

Jetzt war Gandhi das Problem: Sapru, Jayakar, Rajagopalachari, Devadas Gandhi, Rajendra Prasad und Birla fuhren mit dem Mitternachtszug von Bombay nach Poona und sprachen am zweiten Morgen seines Fastens um 7 Uhr bei Gandhi vor. Gandhi war bereits schwach. Er hörte sich den Plan an, stellte Fragen, stand zwar der Sache nicht grundsätzlich abgeneigt gegenüber, aber er wollte sich noch nicht endgültig festlegen. Er wollte diesen Plan schriftlich fixiert haben und er wollte mit Ambedkar und mit M. C. Rajah, einem für Gandhi eingestellten Harijan sprechen.

Am nächsten Morgen kritisierte Gandhi den Sapur-Vorschlag. Warum wollte man zwei verschiedene Harijan Auswahlverfahren machen? Warum konnten nicht alle Kandidaten in den Vorwahlen bestimmt werden? Warum sollten überhaupt die Harijans in der politischen Abhängigkeit der Hindus stehen?

Ambedkar kam am selben Nachmittag zu Gandhi in das Gefängnis. Er war es, der hauptsächlich das Gespräch führte. Er erklärte sich bereit mitzuhelfen, das Leben des Mahatma zu retten, aber »ich möchte auch meine Entschädigung dafür«, sagte er.

Die Kraft verließ Gandhi rasch. Das Fasten hatte an seinen Kräften gezehrt. Er hatte diesmal auch nicht, wie er das früher zu tun pflegte, stündlich Wasser zu sich genommen, sondern nur sehr unregelmäßig ein paar Schlucke getrunken. Bei früheren Fastenperioden hatte er sich auch gegen die Schmerzen massieren lassen. Jetzt weigerte er sich dagegen. Er war sehr aufgewühlt. Unsägliche Schmerzen zeichneten sein Gesicht. Er war zu schwach, um selbst auf die Toilette zu gehen, und mußte auf einer Bahre getragen werden. Bei der geringsten Bewegung, oft schon allein vom Sprechen, wurde ihm übel.

Als Ambedkar forderte: »Ich möchte auch meine Entschädigung dafür«, stützte sich Gandhi schmerzvoll auf seinen Ellbogen auf und sprach mühsam mehrere Minuten lang. Er erwähnte sein Engagement für die Unberührbaren. Er diskutierte den Sapru-Plan Punkt für Punkt und erläuterte seine Einwände: Warum sollten die Harijan-Delegierten nicht ausschließlich von den Harijans gewählt werden? Dann fiel er erschöpft in sein Kissen zurück.

Ambedkar war erleichtert. Er hatte erwartet, in Gegenwart des tödlich geschwächten Mahatma unter Druck gesetzt zu werden, seine Position aufzugeben. Statt dessen bot ihm Gandhi mehr an, als er jemals erwartet hätte. Er akzeptierte Gandhis Gegenvorschläge zum Sapru-Text liebend gerne.

Später am Tag wurde Mrs. Gandhi vom Sabarmati Gefängnis zum Yeravda Gefängnis gebracht. Als sie langsam auf ihren Gatten zuschritt, schüttelte sie langsam mißbilligend den Kopf und sagte: »Schon wieder mal die alte Geschichte, was?« Er lächelte. Ihre Gesellschaft munterte ihn auf. Er erlaubte ihr, ihn zu massieren, und ließ sich dann auch später, mehr ihretwillen, von einem Masseur behandeln.

Am Freitag, dem 23. September, kam Dr. Gilder, der Herzspezialist, aus Bombay angereist und diagnostizierte, zusammen mit den Gefängnisärzten, den Zustand des Patienten als besorgniserregend. Der Blutdruck war alarmierend hoch (Gandhis Blutdruck stieg immer an, wenn wichtige Entscheidungen bevorstanden). Der Tod konnte jeden Augenblick eintreten.

Den ganzen Tag über sprach Ambedkar mit den Hindu-Vertretern. Er brachte neue Forderungen vor und konkretisierte damit seine ›Entschädigung‹:

1. Premierminister MacDonalds Entscheidung billigt den Unberührbaren insgesamt 71 Sitze in den gesetzgebenden Versammlungen der Provinzen zu. Ambedkar forderte 197.
2. Sapru hatte eine Gruppe von 3 Harijan-Kandidaten für jeden Sitz vorgeschlagen. Gandhi plädierte für fünf, Ambedkar für 2. Je geringer die Anzahl der Kandidaten bei den Vorwahlen, desto leichter konnte er sie kontrollieren.
3. Schließlich war da noch die Frage eines Volksentscheids, bei dem die Harijan-Wähler darüber verfügen sollten, wann die für die Harijans reservierten Sitze gänzlich abgeschafft und damit alle Unterschiede zwischen Hindus und Harijans aufgehoben werden sollten. Gandhi wollte dies in fünf Jahren, Ambedkar in fünfzehn.

Am späten Freitagnachmittag besuchte Ambedkar Gandhi noch einmal. Es war ein schwül-heißer Tag. Gandhi lag auf einer weißen Pritsche im Gefängnishof unter einem weit ausladenden Mangobaum. Kein Lüftchen regte sich. Sein Blutdruck war noch mehr angestiegen. Er konnte nur noch flüstern. Ambedkar machte große Anstrengungen, doch es wurde keine Einigung erzielt.

Samstag, der fünfte Fasttag, hätte nach Meinung der Ärzte der letzte im Leben Gandhis werden können. Den ganzen Vormittag rang Ambedkar mit den Hindus und war um die Mittagszeit wieder bei Gandhi. Er berichtete, daß ein Kompromiß zwischen den 71 von MacDonald gebilligten und den 197 von ihm geforderten Sitzen erreicht worden sei. Man hatte sich auf 147 geeinigt. Gandhi stimmte zu. Auch bezüglich der Kandidaten für jeden Sitz hatte man eine Lösung gefunden.

Eine Frage blieb jedoch strittig – wie lange würde die politische Unterscheidung zwischen Hindus und Harijans bestehen bleiben. Ambedkar war auf zehn Jahre heruntergegangen, Gandhi beharrte auf fünf.

Die Unterhändler trafen erneut zusammen. Ambedkar war unerbittlich. Da tat Rajagopalachari etwas, was wahrscheinlich Gandhis Leben rettete. Ohne mit dem Mahatma diesbezüglich noch einmal Rücksprache zu nehmen, einigte er sich mit Ambedkar, die wahlverfahrensmäßigen Unterschiede zwischen Hindus und Harijans Gegenstand weiterer Verhandlungen werden zu lassen. Das könnte unter Umständen sogar einen Volksentscheid überflüssig machen.

Rajagopalachari eilte in das Gefängnis und erklärte Gandhi die soeben getroffene Vereinbarung. »Können Sie das noch einmal wiederholen«, fragte Gandhi. Er war sehr schwach.

Rajagopalachari wiederholte es.

»Ausgezeichnet«, flüsterte Gandhi.

An jenem denkwürdigen Samstag wurde der in der indischen Geschichte Yeravda Pakt genannte Vertrag aufgesetzt und von den Unterhändlern der Hindus und der Harijans unterzeichnet.

Der Pakt war jedoch noch nicht rechtsgültig, solange ihn die britische Regierung nicht anstelle des MacDonald Vorschlags akzeptiert hatte, und solange wollte Gandhi sein Fasten fortsetzen. Der Text wurde nach London telegrafiert. Aber es war Sonntag und die meisten Regierungsmitglieder hielten sich nicht in der Stadt auf. MacDonald war auf dem Begräbnis einer Tante in Sussex.

Als er von der Übereinkunft in Poona in Kenntnis gesetzt wurde, kehrte er eiligst in die Downing Street Nr. 10 zurück. Zusammen mit Sir Samuel Hoare und Lord Lothian studierte er den Text bis Mitternacht.

In der Zwischenzeit wichen Gandhis Lebensgeister immer mehr. Er sagte Kasturbai, wie sie seine wenigen Habseligkeiten, die um die Pritsche herum lagen, verteilen sollte. Tagore kam aus Kalkutta und sang einige Lieder, die auf den sterbenden Gefangenen sehr beruhigend wirkten.

Am Montagmorgen verkündete die britische Regierung in London und in New Delhi, daß sie den Yeravda Pakt akzeptiere. Um 17 Uhr 15 brach Gandhi sein Fasten ab und trank ein Glas Orangensaft, das Kasturbai ihm reichte.

In den sechs Tagen seines ›epischen Fastens‹, wie es genannt werden sollte, fanden die wichtigen Ereignisse weder in dem Raum, in dem Ambedkar den Hindus Zugeständnisse abrang, noch in London statt. Ganz Indien war der Schauplatz. Nehru, der zunächst erzürnt darüber war, daß Gandhi wegen der Unberührbaren-Frage sein Leben aufs Spiel setzte, erkannte bald den tieferen Sinn. »Dann«, schreibt er in seiner Autobiographie, »kam die Nachricht von einer ungeheuren Bewegung, die das ganze Land erfaßt hatte... Welch ein Magier, dachte ich, war doch dieser kleine Mann im Yeravda Gefängnis, und wie genau dieser Mann wohl wußte, welche Fäden er ziehen mußte, um die Herzen des Volkes zu bewegen.«

Gandhis Fasten hatte nur den einen Zweck, nämlich die Herzen der Hindus für die Belange der Harijans empfänglicher zu machen. »Kein zusammengeflicktes Abkommen zwischen Kastenhindus und Führern der unterdrückten Klassen wird unserem großen Ziel dienlich sein.« Gandhi gab diese Erklärung fünf Tage vor dem Beginn des Fastens. »Wenn es Bestand haben soll, muß das Abkommen Boden unter den Füßen haben. Wenn die Masse der Hindus noch nicht bereit ist, ihre Vorbehalte gegenüber den Unberührbaren aufzugeben, dann muß diese gleiche Masse aber andererseits bereit sein, dafür *mich* zu opfern.« Als er dann dem Tod immer näher kam, suchte er über die Verhandlungen hinaus zu ergründen, wie es um die Beziehungen zwischen Hindus und Harijans wirklich stand.

Die Nachricht von Gandhis Fasten für die Einigkeit zwischen diesen beiden Gruppierungen verbreitete sich wie ein Lauffeuer. Diejenigen, die lesen konnten, erzählten es denen, die nicht lesen konnten. »Der Mahatma fastet«.

»Warum fastet der Mahatma?«

»Weil wir Hindus unsere Tempel den Unberührbaren verschließen und sie schlecht behandeln.«

In den Städten herrschte geschäftige Aufregung. Bauern, die in der Stadt ihre Waren feilboten, trugen die Nachricht in die Dörfer. Ganz Indien wartete gespannt auf weitere Nachrichten. »Der Mahatma wird immer schwächer!« – »Der Mahatmaji liegt im Sterben.« – »Wir müssen uns beeilen!« Es war verwerflich, das Leiden Gandhis zu verlängern. Er war ein Teil Gottes, Gottes Botschafter auf Erden. Die Beziehung der Massen zu ihm war von Gefühlen geprägt jenseits jeglicher Logik. Zu Beginn der Fastenwoche wurden der berühmte Kalighat-Tempel von Kalkutta und der Ram Mandir von Benares, Hochburgen des orthodoxen Hinduismus, zum ersten Mal in der langen hinduistischen Geschichte, für die Unberührbaren geöffnet. In Bombay organisierte eine Frauengruppe vor sieben großen Hindu-Tempeln eine Abstimmung. Die Wahlurnen wurden von Freiwilligen bewacht. Die Gläubigen gaben 24797 Stimmen für die Zulassung der Harijans und 445 dagegen ab. Ab sofort waren Tempel, in die noch nie ein Harijan einen Fuß gesetzt hatte, für alle zugänglich. In Allahabad waren dies zwölf an der Zahl, die, bis dahin den Kastenlosen verwehrt, am ersten Tag von Gandhis Fasten den Unberührbaren die Türen öffneten. In den Staaten Baroda, Kashmir, Bhor und Kolhapur wurde diese Diskriminierung ebenfalls mit sofortiger Wirkung abgeschafft. In den Zeitungen konnte man lesen, daß Hunderte von Tempeln sich dem anschlossen.

In Delhi verbrüderten sich Kastenhindus und Harijans demonstrativ auf den Straßen. An der gestrengen Benares-Universität saß der Rektor Dhruva mit zahlreichen anderen Brahmanen in aller Öffentlichkeit mit Straßenkehrern und Flickschustern beim Essen an einem Tisch. Hinduistische Schüler setzte sich auf Bänke, die vorher nur von Unberührbaren benützt worden waren. Straßen und Wege wurden den Harijans geöffnet. In vielen Dörfern und kleinen Städten war es den Unberührbaren ab sofort gestattet, den gemeinsamen Brunnen zu benützen.

Mrs. Swarup Rani Nehru, Jawaharlals sehr orthodoxe Mutter, gab bekannt, sie habe Nahrungsmittel aus der Hand eines Unberührbaren angenommen. Tausende von bekannten Hindufrauen folgten diesem Beispiel. Organisationen in Stadt und Land faßten Beschlüsse, die das Ende der Diskriminierung der Harijans zum Inhalt hatten. Die Texte dieser Beschlüsse telegrafierte man dem Mahatma, wo sich die Telegramme mannshoch im Gefängnishof stapelten. Eine Mutter, die am Bett ihres fiebernden Kindes wacht, hätte nicht besorgter sein können als das indische Volk, dessen Augen auf die weiße Pritsche des sterbenden Mahatma gerichtet waren.

Er selbst war zwar kein Mystiker, hatte aber auf andere einen geradezu mystischen Einfluß. Leidenschaftlich, ja geradezu fanatisch waren die Hindus nur mehr von einem einzigen Wunsch beseelt – er darf nicht sterben!

Während des sechstägigen Fastens wurden Hochzeitsfeierlichkeiten verschoben, und kaum ein Hindu ging in ein Kino oder in ein Theater. Selbst die Restaurants blieben leer. Eine Welle der Reform, der Buße und der Selbstreinigung überspülte das Land. Denn der Magier war auch ein Musiker mit dem Genie eines Künstlers, der es verstand, auf den Saiten des menschlichen Herzens zu spielen.

»Niemand mehr soll auf Grund seiner Abstammung als Unberührbarer gelten«, hieß es im Yeravda Pakt. Strenggläubige Hindus mit großen Gefolgschaften unterzeichneten diese Erklärung. Sie stellte die Weichen für eine Reformation, eine psychologische Revolution, eine Reinigung von einer tausendjährigen Krankheit des Hinduismus. Das war Nahrung für die moralische Gesundheit Indiens. Ein kaltes, politisches Abkommen zwischen Gandhi und Ambedkar hätte ohne das Fasten niemals zu einem derartigen Ergebnis geführt.

Das ›epische Fasten‹ verbesserte die Lebensbedingungen der Harijans dauerhaft und unterbrach eine scheußliche Tradition der Menschenverachtung, die bis in alte Zeiten zurückreichte und Millionen Menschen versklavt hatte. Die Zeitschrift *Harijan* vom 14. Juni 1952 berichtete: »In Parli, in der Nähe von Natham, wurde ein junger Harijan, der den Tee nicht in einer Kokosnußschale sondern in einem Glas serviert bekommen wollte, von einem Kastenhindu mit dem Schuh am Kopf getreten. Der Hindu wurde zur Anzeige gebracht und bestraft... In Kottagudi wurde ein Dorffriseur, der sich geweigert hatte, einem Harijan-Jungen die Haare zu schneiden, angeklagt und vom Magistrat verurteilt. Später jedoch wurden die Harijans von den Kastenhindus eindringlich davor gewarnt, die Dienste dieses Friseurs in Anspruch zu nehmen. Bei Zuwiderhandlung müßten sie mit Geldstrafen rechnen... In Kidaripatti war es den Harijans nicht erlaubt, die Leichname ihrer Toten auf den Gehwegen zu tragen. Außerdem war es den Harijans bei Strafe verboten, auf Fahrrädern durch die Dorfstraßen zu fahren... In Kelavaloo holen die Harijans ihr Wasser von einem schmutzigen Tümpel, in dem Männer baden und das Vieh gewaschen wird.« Solche Fälle gab es viele. Derartig tief verwurzelte Vorurteile lassen sich auch nicht von heute auf morgen ausrotten. Aber Gandhis Fasten verwandelte eine religiöse Pflicht in eine moralische Sünde und verhalf der neuen Persönlichkeit der Harijans gleichzeitig zu einem gesetzlichen Rückhalt.

Gandhi war zufrieden. Fünf Tage nach Beendigung des Fastens saß er wieder am Spinnrad, schrieb und hatte wieder ein Gewicht von 95 Pfund. »Das Fasten«, schrieb er in einem Brief an Miß Slade, »war wirklich gar nichts im Vergleich zu dem Elend, das die Kastenlosen seit alters her erlitten haben. Und so sinne ich weiter vor mich hin: ›Gott ist groß und gnadenreich‹.«

Er blieb im Gefängnis.

21 Persönliches

Am 8. Mai 1933 fastete Gandhi, der noch immer inhaftiert war, drei Wochen lang, weil eine attraktive junge Amerikanerin in Ashram für einige Abtrünnigkeit gesorgt hatte. Die Regierung entließ ihn am ersten Tag seines Fastens aus der Haft. Zu frisch war noch die Erinnerung an sein ›episches Fasten‹, und man wollte keinen toten Mahatma, jedenfalls keinen, für dessen Tod man die Verantwortung übernehmen müßte. Gandhi stand die Fastenzeit sehr gut durch. Sein Geist und seine Seele waren entspannt.

Er übergab den Sabarmati Ashram einer Gruppe von Unberührbaren und richtete sein Hauptquartier in Wardha, einer kleinen Stadt nahe dem geografischen Zentrum Indiens, ein. Später siedelte er in das Dorf Sevagram, wenige Meilen von Wardha entfernt, um. Im November 1933 brach er zu einer zehn Monate dauernden Good-Will-Tour für die Harijans auf und besuchte jede Provinz Indiens, ohne ein einziges Mal nach Hause zurückzukehren. Von 1934–1939 widmete er sich der Förderung des Spinnens und der Verwendung organischer Düngemittel, erforschte Heilmethoden bei Schlangenbissen und bei Malaria. Oder er verbreitete sich über den Nährwert der kleinen Erdnuß. Erdnüsse waren für ihn ebensosehr Politik wie politische Parteien, Wahlen und Konferenzen. Nichts Indisches war ihm fremd. Er war Indien, und Indien beanspruchte ihn als Eigentum. Alle Fragen und Probleme von öffentlichem Interesse wurden ihm vorgebracht, und seine Meinungen hatten oft die Autorität von Gesetzen und Magistratserlassen. Er lebte ohne Mauer, für jedermann zugänglich. Er aß, schlief, ging spazieren und spann in der Öffentlichkeit und alle seine Handlungen und Gedanken waren Eigentum aller. Wenn er es zuließ, daß ein krankes, leidendes Kalb von einem Arzt schmerzlos eingeschläfert wurde, war der Proteststurm laut und heftig, aber er bestand darauf, recht gehandelt zu haben. Eine andere Kontroverse, die sich sogar bis zur Androhung von Gewalt ausweitete, entstand auf seine Bemerkung hin, als man ihm mitteilte, ein Textilfabrikant hätte sechzig streunende Hunde auf seinem Fabrikgelände zusammengetrieben und sie getötet. »Was hätte er denn sonst machen sollen?« hatte Gandhi die Empörten gefragt. Diese Anschauung verletze den Hinduismus, warfen ihm seine Kritiker vor. Er füllte ganze Ausgaben seiner Zeitschrift mit ihren empörten Zuschriften. Man warf ihm sogar vor, er hätte die Unmenschlichkeit des Westens übernommen. Seine Antwort saß: »Das Ideal der Menschlichkeit im Westen«, begann er sanft, »ist vielleicht niedriger, aber sie wird dafür viel häufiger und gründlicher praktiziert als bei uns. Wir begnügen uns mit einem hochgesteckten Ideal und vergessen darüber die praktische Anwendung.«

Auch das Problem der Kinderwitwen machte ihm Sorgen. Indische Eltern pflegten ihre Töchter als Babys schon mit den Söhnen ihrer Bekannten oder mit alten Männern zu verheiraten, und wenn der Gatte schon als Kleinkind oder als Greis starb, dann konnte die Witwe, die vielleicht erst drei oder sechs Jahre alt war, nach hinduistischem Gesetz nicht wieder heiraten. »Diese verwitweten Mädchen«, schrieb Gandhi, »sind ein Schandfleck des Hinduismus... ich halte die Wiederverheiratung von jungfräulichen Witwen nicht nur für wünschenswert, sondern für die Pflicht und Schuldigkeit aller Eltern, die die Verantwortung über solche verwitweten Töchter haben.« Den frömmelnden Hindus, die dagegen hielten, daß dies eine verbotene zweite Eheschließung sei, erwiderte Gandhi: »Nein, denn sie waren ja nie verheiratet.« Er begründete seine Meinung damit, daß solche Kinder und spätere Frauen der Liebe entfremdet würden, daß aber jedes menschliche Wesen Anspruch auf Liebe hätte.

Körperliche Liebe jedoch sollte sich in Maßen halten. Häufiger Geschlechtsverkehr hätte seiner Meinung nach eine entkräftigende Wirkung auf seine Landsleute. Als Margaret Sanger ihn im Dezember 1935 besuchte, um seine Unterstützung für Geburtenkontrolle in Indien zu erbitten, stieß sie bei ihm auf wenig Gegenliebe. »Einmal angenommen«, sagte er bei einer Gelegenheit, »daß Geburtenkontrolle mit künstlichen Mitteln unter gewissen Bedingungen gerechtfertigt ist, scheint sie völlig unpraktikabel bei den Millionen zu sein, für die ein Penny ein Tageseinkommen ist.« Dabei sah er die Notwendigkeit, Indiens Bevölkerungszuwachs unter Kontrolle zu bringen, durchaus ein. »Wenn ich einen Weg wüßte, die Zeugung auf zivile und freiwillige Art zu kontrollieren, solange sich Indien im gegenwärtigen Elend befindet, dann würde ich noch heute dazu raten«, schrieb er zu diesem Thema an Charles F. Andrews. Er konnte nur Disziplin empfehlen. »Selbstkontrolle ist die sicherste und einzige Methode der Geburtenreglung«. Aber er machte auch einen etwas realistischeren Vorschlag: späte Heirat. Die Frauen sollten mindestens einundzwanzig Jahre alt sein, die Männer etwa Mitte zwanzig. Er versuchte auch seine Söhne von einer frühen Heirat fernzuhalten. In den vierziger und fünfziger Jahren wuchs die Bevölkerung Indiens pro Jahr um fünf Millionen. Das war enorm viel. Diese Bevölkerungsexplosion machte den wirtschaftlichen Aufschwung nach der Unabhängigkeit wieder zunichte und hatte die Frustration der Massen zur Folge. Dieses Problem ließ sich nun nicht mehr mit dem Rat, das Heiratsalter um einige Jahre hinaufzusetzen, lösen.

Er hielt es für den Gipfel der Unwissenheit zu meinen, der Geschlechtsakt sei eine Notwendigkeit wie schlafen und essen. Der Mahatma hatte eben keine Erinnerung mehr an den jungen Gandhi. Und er hätte es besser wissen müssen, denn selbst nach seinem siebenunddreißigsten Lebensjahr, von dem an er geschlechtlich enthaltsam bis zu seinem gewaltsamen Tode lebte, hatte das Kapitel Geschlechtlichkeit nicht aufgehört, für ihn zu existieren. »Die dunkelste

Stunde meines Lebens«, erinnert sich der reife, siebenundsechzigjährige Mahatma im *Harijan* vom 26. Dezember 1936, »erlebte ich vor einigen Monaten in Bombay. Es war eine Stunde der Versuchung. Während ich schlief, hatte ich plötzlich das Verlangen, eine Frau zu sehen. Für einen Mann, der vierzig Jahre lang nicht erreicht hat, diesen Instinkt zu besiegen, ist es ungeheuer schmerzlich, plötzlich diese Erfahrung zu machen. Schließlich bezwang ich diesen Drang, aber ich hatte mit Mühe diesen schwärzesten Augenblick meines Lebens erlebt, und wenn ich schwach geworden wäre, wäre das mein Verderben gewesen.« Die meisten Menschen sind solcher Bloßstellung überhaupt nicht fähig und hätten dies auch gar nicht für nötig erachtet, aber er wollte, daß die Welt die Wahrheit über ihn erfährt – seine Autobiographie trägt den Titel: *Die Geschichte meiner Experimente mit der Wahrheit* – und diese Wahrheit sollte den Menschen eine Lehre sein. »Da ich immer auf dem Standpunkt stand, was *einem* möglich ist, ist *allen* möglich, sind meine Experimente nicht im Verborgenen, sondern in aller Öffentlichkeit durchgeführt worden.«

Der Mahatma beschäftigte sich mit allen möglichen persönlichen und sozialen Fragen. Täglich erhielt er Besuche von Bittstellern. Wen würde es wundern, daß da gelegentlich ganz seltsame Käuze darunter waren mit noch seltsameren Wünschen. So suchten ihn Freunde, Bekannte und gute Bekannte, politische Verbündete und Fremde auf, um beispielsweise Rat zu holen wegen einer Eheschließung oder einer Trennung. Für viele Inder war er einfach ›Bapu‹ – der Vater – geworden. Warum nicht selten Fremde, die ihre Situation dem Mahatma kaum haben schildern können, um seinen Rat baten, bleibt ein Rätsel, das wohl nur mit ihrer großen Verehrung für den Meister zu erklären ist. Gandhi war weit davon entfernt, ein guter Ehemann und Vater zu sein. Ein Fremder fragte einmal, was nur ein Fremder fragen konnte: »Wie geht es Ihrer Familie?«

»Ganz Indien ist meine Familie«, antwortete ihm Gandhi. Diese Einstellung machte ihn ziemlich unpersönlich seiner Frau und seinen Kindern gegenüber. Zu Anfang seiner Ehe gab es wohl hie und da Spannungen mit Kasturbai, die sich mit der Zeit aber legten, und die beiden wurden ein Musterehepaar – sie ganz ihm zu Diensten, er der Inbegriff an Takt und Rücksicht. Sie benahm sich nie wie eine Mrs. Gandhi, nahm nie irgendwelche Privilegien für sich in Anspruch, scheute die härteste Arbeit nicht und schien die älteren und jüngeren Begleiterinnen ihres Gatten nicht zu bemerken. Während der einen Woche, die ich im Jahr 1942 mit dem Mahatma verbrachte, hörte ich sie nie auch nur ein einziges Wort zu ihm sagen, noch sprach er mit ihr. Bei den Mahlzeiten und den Gebeten saß sie hinter seiner linken Schulter, fächelte ihm besorgt Luft zu und sah ihn ständig an. Er sah sie selten an, doch wollte er sie ganz nah bei sich haben. Es schien ein vollkommenes Verhältnis zwischen diesen beiden Menschen zu herrschen. Es war offensichtlich, daß sie zwar der Schatten des Mahatma, aber auch sie selbst war, und eine sehr bemerkenswerte, willensstarke, objektive Beobachterin. Ihr eingefallenes Gesicht, der gerade, dünne Mund und der kantige Kiefer verrieten Leiden, Hingabe und Entschlußkraft. Sie ergab sich ihm nie, und ihm schien das nichts auszumachen. »Ba«, sagte er einmal und bezeichnete Kasturbai damit als ›Mutter‹, »trinkt Tee, obwohl sie mit mir zusammenlebt.« Und obwohl es Gandhi nicht sehr gefiel, trank sie sogar manchmal Kaffee. »Ich würde ihn sogar gerne für sie zubereiten«, kommentierte er diesen kleinen ›Seitensprung‹. Er hatte gelernt, sie zu lieben.

Aber er lernte nie, seinen Söhnen ein guter Vater zu sein. Mit der Begründung, daß einen guten Charakter zu haben wichtiger sei als Lernen und der Dienst an den Menschen wichtiger als ein Beruf, verweigerte er ihnen eine normale Erziehung. Seine Söhne waren da anderer Meinung. Sein ältester Sohn Harilal wurde ein ausschweifender, zügelloser Trunkenbold, der seine Frau und seine Kinder verließ und, zweifellos um dem Mahatma weh zu tun, zum Islam übertrat und den Namen Abdulla annahm. Manilal, Gandhis Zweitgeborener, erfuhr ungebührliche väterliche Bestrafung, versuchte aber anders als sein Bruder Harilal dem Ideal seines Vaters nahezukommen. Er wurde Führer der Widerstandsbewegung gegen die Diskriminierungspolitik des Premierministers Malan gegen die Farbigen in Südafrika. Ramdas lebte geruhsam in einer kleinen Provinzstadt in Indien und leitete die Zweigstelle einer Firma. Nur Devadas, der jüngste Sohn, blieb in der Nähe seines Vaters und fungierte bei Bedarf als Sekretär. Es fiel ihm auf, daß der Mahatma zu seinen Enkelkindern liebevoller war als zu seinen Söhnen. Vielleicht ist die Erklärung darin zu suchen, daß der Mahatma ein unpersönliches Konzept der Unsterblichkeit hatte. Bliebe zu fragen, ob nicht ein Künstler oder ein Dichter oder ein großes Genie der Nachwelt das Erbe seines Genius auch durch seine Kinder hinterlassen könnte.

Diese Frage wurde Gandhi tatsächlich einmal gestellt. »Ganz sicher nicht«, antwortete er darauf, »denn er wird mehr Schüler haben als er je Kinder haben könnte.« Er liebte es, Kinder um sich zu haben, und er glaubte an das Gute in ihnen. »Das Schlechte kommt erst, wenn sie älter werden.« Ich sah ihm zu, wie er im Ashram mit den Kindern scherzte und sie freundschaftlich kniff. »Sie ist meine Erholung«, sagte er über ein kleines Mädchen, das er in meiner Gegenwart liebkoste. Es gibt ein wundervolles Foto von Gandhi, wie er seine Nase an der eines Babys reibt, und ein anderes, das ihn zeigt, wie er schnellen Schrittes seinem Enkel, dem Sohn von Ramdas, zu folgen versucht, der ihn an einem Stock nachzieht.

Die Beziehungen der Menschen zu Gandhi innerhalb und außerhalb des Ashrams waren unkompliziert, direkt und freundlich. Er ließ keinen der vielen Briefe, die ihn erreichten, unbeantwortet, und jede dieser Antworten brachte das persönliche Gefühl des Mahatma für den Briefschreiber zum Ausdruck. Wann immer Leute mit ihren privaten Sorgen zu ihm kamen, versuchte er zu helfen. Während der geschichtemachenden Verhandlungen mit der englischen Regierung im Jahre 1946, als selbst die höchsten Regierungsmitglieder um seine Zeit buhlten, sah ich ihn eine Viertelstunde im Gespräch mit einer verkrüppelten jungen Frau auf seiner Veranda auf und ab gehen. Dann sprach er noch einmal so lange mit einem jungen Mann. Ich fragte einen Hausangestellten, wer dies wohl sei, und der antwortete mir, es handle sich um zwei Unberührbare, deren Beziehung auseinanderzubrechen drohe, und Gandhi wollte ihre Partnerschaft retten. Er gab und erhielt unendlich viel Liebe. Es war etwas Weibliches an ihm; er verglich sich selbst oft mit einer Mutter und sagte, er sei ›verwitwet‹.

»Ich hoffe, Sie haben die Frau in mir nicht versäumt«, schrieb er einmal an Mrs. Naidu. Er war peinlich sauber, dachte wirtschaftlich und war von Herzen gütig. Seine Fähigkeit zum Leiden und zur Selbstverwirklichung, die Beschäftigung mit dem Spinnrad und die Gewaltlosigkeit waren wohl auch eher feminine Elemente. Er versorgte gerne Kranke und Schwache, verschmähte jedoch solche Dienste an sich selbst. Er sah sehr männlich aus, hatte einen stählernen Körper und eine ebensolche Willenskraft. Und doch war er auch gleichzeitig sanft und mild, entschlossen doch liebevoll, unnachgiebig und dabei nachsichtig, tapfer und zurückhaltend zugleich. Er hatte die Macht eines Diktators, aber die Einstellung eines Demokraten und zog es daher vor, mit Liebe statt mit Gewalt zu erobern. Was er mit Eisen gewann, hüllte er in Daunen. Intuition und Intellekt waren bei ihm untrennbar miteinander verbunden, manchmal dominierte die Intuition sogar. Diese Verbindung von männlichen und weiblichen Eigenschaften, die nahtlos und harmonisch in seiner Person verbunden waren, machte Gandhis Person attraktiv und kompliziert zugleich und erleichterte den Einblick in sein persönliches Leben und seine Arbeit.

22 Jesus Christus und Mahatma Gandhi

Unter denen, die zu Gandhis Füßen saßen, waren auch christliche Missionare. Er liebte Jesus, und frömmelnde Hindus warfen ihm sogar vor, insgeheim ein Christ zu sein.

Er bezeichnete das »sowohl als Verleumdung wie auch als Kompliment – eine Verleumdung, weil es Menschen gibt, die mich für fähig halten, insgeheim alles zu sein... ein Kompliment insofern, als es eine ungewollte Anerkennung meiner Fähigkeit ist, die Schönheiten des Christentums zu schätzen.«

Als toleranter und gerechtigkeitsliebender Mensch hatte Gandhi seine Zweifel daran, daß nur der heilige Hindu Vedas das Wort Gottes war. »Warum nicht auch die Bibel und der Koran?« fragte er. Er verabscheute eine Rivalität zwischen den Religionen. Als ich im Jahre 1942 Gast in Gandhis Haus war, fiel mir der einzige Wandschmuck an den Lehmwänden seiner kleinen Hütte auf: ein Schwarzweißdruck von Jesus Christus mit der Unterschrift: »Er ist unser Frieden.« Mich verwunderte dieses Christusbild in seiner Hütte, und ich fragte ihn: »Sie sind doch kein Christ?«

»Ich bin Christ, Hindu, Moslem und Jude«, gab Gandhi zur Antwort, und diese Antwort machte ihn zu einem besseren Christen, als viele es sind, die sich Christen nennen.

Gandhi war für die christlichen Geistlichen in Indien ein verwirrendes Problem. Er, ein Hindu, war so, wie man sich das von einem gläubigen Christen vorstellt. »Und so«, kommentierte Dr. E. Stanley Jones, ein bekannter amerikanischer Missionar, der viele Jahre in Indien und viele Stunden mit Gandhi verbracht hat, »ist einer der christusähnlichsten Menschen in der Geschichte in Wirklichkeit gar kein Christ.«

»Gott«, erklärt Dr. Stanley Jones, »verwendet viele Werkzeuge und vielleicht hat er Mahatma Gandhi dazu ausersehen, die unchristliche Christenheit zu christianisieren.«

Gandhis Botschaft an alle Christen der Welt ist, daß der Mensch auch im 20. Jahrhundert ein Christ sein kann. S. K. George, ein syrischer Christ in Indien und Dozent am Bisop's College in Kalkutta, schrieb ein Buch mit dem Titel *Gandhi's Challenge to Christianity* und widmete es »Mahatma Gandhi, der mir Jesus und seine Botschaft näherbrachte.«

K. Matthew Simon, ein Geistlicher der syrischen christlichen Kirche von Malabar, sagte über Gandhi: »Sein Leben hat mir mehr als alles andere bewiesen, daß das Christentum auch im 20. Jahrhundert eine praktikable Religion ist.«

In den vielen Jahren enger Freundschaft kamen sich Charles Freer Andrews, der britische Missionar, und Gandhi so nahe, daß der Mahatma von ihm sagte: »Er ist mir näher als ein Blutsbruder.« Gandhi nannte ihn ›Charlie‹, und dieser redete Gandhi mit ›Mohan‹ an. »Ich glaube nicht, daß ich zu irgend jemandem eine stärkere Bindung habe als zu Mr. Andrews«, schrieb Gandhi.

Der Hindu-Heilige konnte keine innigere Seelenverwandtschaft finden als die mit Andrews, dem Christen. Der christliche Missionar fand keinen besseren Christen als Gandhi, den Hindu.

In Südafrika dachte Gandhi einen Augenblick daran, zum Christentum überzutreten. Aber da gab es Fragen, auf die er keine befriedigende Antwort fand. Warum, so fragte er die Christen, die ihn bekehren wollten, hatte Gott nur einen Sohn. Wenn er einen hatte, warum dann nicht einen weiteren? Die Hindureligion kennt mehrere Menschwerdungen des Allmächtigen. Warum kann ich nur als Christ in den Himmel kommen und errettet werden, fragte sich Gandhi. War der Himmel nur für Christen reserviert? War Gott ein Christ? »Ich glaube«, sagte Gandhi dazu Jahre später in Indien, »daß es in der anderen Welt weder Hindus noch Christen, noch Moslems gibt.«

Sowohl in Sabarmati als auch in Sevagram saßen Missionare auf dem Boden seiner Hütte und versuchten, ihn zum Christentum zu bekehren. Er versuchte mit sanften Worten dasselbe mit ihnen zu tun. (Aber warum sollte man einen Heiligen in die Kirche aufnehmen wollen?)

Bei diesen Gesprächen schalt Gandhi gelegentlich die Missionare dafür, daß sie hungrigen Indern zu essen gaben und kranke Inder heilten, sie aber dafür zu Christen machten. »Macht bessere Hindus aus ihnen«, bat er sie. Gandhi hätte viele Christen zum Hinduismus bekehren können.

Auf einen Wink von ihm wären Miß Slade und viele andere sofort zu seinem Glauben übergetreten. Er bat sie aber nur, gute Christen zu sein.

Schließlich nahm Gandhi Christus an, nicht aber das Christentum. Im Jahre 1927 formulierte er seine Meinung ganz deutlich im YMCA in Colombo in Ceylon: »Wenn da nur die Bergpredigt und meine eigene Interpretation dazu wären«, verkündete er, »würde ich nicht zögern zu sagen: ›O ja, ich bin ein Christ‹... Leider ist aber viel, was unter dem Namen Christentum läuft, eine Negation der Bergpredigt.« Er hakte noch einmal nach: »Und bitte achten Sie genau auf meine Worte. Ich spreche momentan nicht von der christlichen Haltung. Ich spreche vom christlichen Glauben, vom Christentum, wie es im Westen verstanden wird.«

Er erläuterte diese Meinung genauer, als ich ihn im Jahre 1946 besuchte. »Jesus besaß eine große Kraft, die Kraft der Liebe. Seine Lehre aber wurde entstellt, als das Christentum seinen Weg nach Westen nahm. Es wurde die Religion der Könige.« Diese harten Worte waren Ausdruck seiner tiefen Enttäuschung über die westliche Zivilisation. Nachdem er beobachtet hatte, wie die Welt in den dreißiger Jahren auf den Krieg zutrieb, stand er dem Westen zunehmend kritisch gegenüber und wurde allmählich zum Pazifisten. Er war nie ein hundertprozentiger Pazifist, nie ein Tolstojischer Absolutist im Sinne eines Menschen, der Krieg unter keinen Umständen duldet. Aber jenen, die sich wunderten, warum er den Ersten Weltkrieg unterstützte, sich aber weigerte, den eher gerechtfertigten Zweiten Weltkrieg gegen das Hitlerdeutschland, den italienischen Faschismus und den japanischen Militarismus zu billigen, hätte er wohl geantwortet, daß er und die Welt zwei verschiedene Dinge seien. Er glaubte mehr an Gewaltlosigkeit und hatte weniger Vertrauen zum Westen. Er sah den Faschismus, den Stalinismus, Krieg, Verbrechen und Korruption als miteinander verwandte Demonstrationen des Triumphs westlicher Gewalt über christliche Moral. Deshalb war er der Meinung, daß Gewalt nicht die Übel heilen könne, die sie selbst erzeugt hatte. Als Politiker, dessen Land einer Invasion entgegensah, hätte er sich nicht den Luxus solch langfristiger Aussagen erlaubt, (das ist vielleicht auch der Grund, warum er versprach, selbst in einem unabhängigen Indien »außerhalb der offiziellen Welt« zu bleiben), aber als Superpolitiker und geistiger Ratgeber sah er, daß die Menschheit sich selbst zerstören würde, wenn sie sich nicht auf eine langsame Heilmethode besinnen könnte. An der Schwelle eines Krieges gibt es immer eine zwingende Rechtfertigung einzutreten. Wenn Gier den Samen des Streits aussät und Haß und Dummheit ihn herumtragen, dann kann Gandhis Strategie angewendet werden.

Gandhis Gewaltlosigkeit war vor allem anderen eine persönliche Ethik, die Wahrheit, Liebe, Dienst am Nächsten, rücksichtsvolle Methoden und Mittel, Nichtverletzen durch Wort und Tat, milde Toleranz gegenüber Andersartigkeit und Wunschlosigkeit oder zumindest mäßiges Streben nach materiellen Dingen beinhaltete.

Dann war sie an zweiter Stelle aber auch eine Methode, Konflikte zwischen Rassen, in Gemeinschaften und zwischen Ländern zu vermeiden. »Schaut in Euch selbst nach«, forderte er immer wieder. »Vielleicht liegt der Fehler auch an Euch!« »Urteilt, verhandelt, entscheidet«, flehte er immer wieder, »ansonsten wird ein Religions- oder Rassenstreit sofort Zündstoff für einen anderen liefern, und ein Krieg wird die Gehässigkeit, die Ängste und die Militärstrategien erzeugen, die einen zweiten und dritten wahrscheinlicher machen werden. Gewalt erzeugt sich immer wieder selbst.«

Das sind einfache Wahrheiten. Gandhi wußte das. Ich schlug ihm im Jahre 1946 vor, daß er im Westen über den Frieden predigen sollte. »Warum braucht der Westen mich, um zu wissen, daß zwei mal zwei vier sind?« fragte er verwundert. Offensichtlich hat der westliche Verstand diese Arithmetik verstanden, doch das Gewissen und das Herz des Westens sind nicht fähig, daraus die praktischen Schlüsse zu ziehen. Daher kam Gandhis Kritik an der christlichen Welt. Doch war er auch keineswegs blind gegenüber den Fehlern Indiens. »Ich habe hier noch zu tun«, gab er als Antwort auf den Vorschlag, in den Westen zu gehen.

»Wir haben hier zu viele Männer der Wissenschaft, zu wenige Männer Gottes. Wir kennen das Geheimnis des Atoms und haben die Bergpredigt abgelehnt.« Das sind nicht Gandhis Worte, sondern die von General Omar N. Bradley, Chef des Generalstabs der amerikanischen Streitkräfte, in einer in Boston am 10. November 1948 gehaltenen Rede. »Unsere Welt«, fuhr Bradley fort, »ist eine der nuklearen Giganten und der ethischen Zwerge. Wir wissen mehr über Krieg als über Frieden, mehr über das Töten als über das Leben.«

Gandhi wußte nichts über das Töten, aber er hatte das Geheimnis eines glücklichen, nutzbringenden Lebens gefunden. Er war ein nuklearer Zwerg und ein ethischer Gigant. Er verwarf das Atom, weil er die Bergpredigt von Christus angenommen hatte. Er war ein Christ, ein Hindu, ein Moslem und ein Jude. Wer kann das sonst schon von sich sagen? Vielleicht ist das der Grund, warum es ein Hindu war, der zum »Sprecher für das Gewissen der Menschheit« wurde. Da er immer auf die Befehle seines eigenen Gewissens hörte, konnte er für die und zu den Gewissen der anderen sprechen.

23 Winston Churchill gegen Mahatma Gandhi

An dem Tag, an dem der Zweite Weltkrieg begann, zog England ohne vorherige Beratungen Indien mittels einer Proklamation in den Konflikt hinein. Indien protestierte lautstark gegen diesen zusätzlichen erniedrigenden Beweis seiner Ohnmacht. Schon am Tag nach dieser Proklamation fuhr Gandhi im Zug nach Simla, der Sommerresidenz des Vizekönigs. Bei einer Unterredung mit Lord Linlithgow weinte der Mahatma. »Als ich mir das House of Parliament und die Westminster Abbey zerstört vorstellte«, berichtete Gandhi,

»brach ich zusammen. Ich war verzweifelt. Tief in meinem Innern hadre ich ständig mit Gott, daß er so etwas zuläßt.«

»Das Hitlertum«, sagte er, »bedeutet nackte, unbarmherzige Gewalt, zu einer exakten Wissenschaft reduziert und mit wissenschaftlicher Präzision zum Funktionieren gebracht«, und »ich bin zu dem Schluß gekommen, daß Herr Hitler für den Krieg verantwortlich ist... Meine Sympathie für England und Frankreich ist nicht das Ergebnis eines momentanen Gefühls...« Als Frankreich sich den Nazis ergab und Englands Leben in den Händen der Royal Air Force lag, sagte Gandhi nüchtern vorher: »England wird, wenn es ihm vorbestimmt ist, hart und heroisch sterben. Vielleicht wird man das Gegenteil erzählen, aber wir werden nichts von einer Demoralisierung hören.« Seine Achtung vor den Tugenden des britischen Volkes blieb während des ganzen Krieges bestehen. »Ich möchte England nicht besiegt oder erniedrigt sehen«, waren seine Worte in einer Rede vor dem All-India Congress Ausschuß am 15. September 1940. »Deshalb habe ich für Ihr Land und für Großbritannien nur gute Wünsche«, schrieb er am 1. Juli 1942 in einem Brief an Präsident Roosevelt, den er mir zur Übergabe anvertraute.

Um das Jahr 1942 waren die Japaner durch Südostasien bis an die Grenze Indiens vorgedrungen und drohten in Indien einzufallen. »Wenn die Japaner kommen, wie wollen wir ihnen gewaltlos Widerstand leisten?« wurde er gefragt.

»Weder Nahrung noch Unterkunft sollte ihnen gewährt werden«, antwortete Gandhi im *Harijan* vom 14. Juni 1942, »noch sollte irgendein Umgang mit ihnen gepflegt werden. Sie sollen spüren, daß sie hier nicht erwünscht sind... Die Menschen... müssen die eingenommenen Gebiete verlassen, um dem Feind nicht Zwangsdienste erweisen zu müssen.« Als ihn Mr. Takoaka, ein Mitglied des japanischen Parlaments, um eine Botschaft an die japanische Partei bat, die unter dem Slogan ›Asien den Asiaten‹ operierte, wehrte Gandhi mit den Worten ab: »Ich möchte mich nicht hinter die Doktrin *Asien den Asiaten* stellen, wenn sie als antieuropäische Haltung gedacht ist.«

Gandhi blieb während der Dauer des Krieges antijapanisch, antinazistisch, gegen Mussolini und für England, Frankreich und Amerika eingestellt. Von Nehrus positiver Einstellung während des Krieges zu Generalissimus und Madame Tschiangkaischeck und zur Sowjetunion beeinflußt, gab er auch prochinesische und prosowjetische Erklärungen ab. »Es ist nicht so, daß ich das britische Volk liebe und das deutsche hasse«, versicherte er. »Ich glaube auch nicht, daß die Deutschen als Nation schlechter sind als die Engländer oder die Italiener. Wir haben alle dieselben Fehler; wir gehören alle der großen Familie der Menschheit an. Ich mache da keine Unterscheidung... Ich beanspruche für Indien keinerlei Überlegenheit.« Er hatte nur etwas gegen aggressive Regierungen. Deshalb gab er einen Tag nach Kriegsbeginn das Versprechen ab, England nichts in den Weg zu legen. Er versprach sogar England und seinen Alliierten seine moralische Unterstützung. Weiter wollte er allerdings nicht gehen. Er würde in keiner Weise an den Kriegsanstrengungen teilnehmen.

Die Kongreßpartei dachte da anders. Von Ausnahmen wie Gandhis engen Ashramschülern und Männern wie Khan Abdul Ghaffar, dem ›Grenz-Gandhi‹, einem sanften, riesigen Afghanen, abgesehen, waren wenige Kongreßführer Pazifisten oder glaubten an Gewaltlosigkeit. Sie machten bei Gandhis gewaltlosen Feldzügen mit, weil das für gewöhnlich der Preis war, den sie für seine Führung zahlten. Indien besaß keine Waffen. Gandhi wußte das. Bei ihm war die Gewaltlosigkeit ein Credo, vor dem Kongreß sagte er allerdings ›eine Politik‹. Der Kongreß war bereit, für eine Entschädigung, nämlich ein ›freies, demokratisches Indien‹, in den Krieg zu ziehen. Der Kongreß versicherte in einem von Nehru verfaßten Manifest, »es werde sich gerne mit anderen freien Nationen zur gegenseitigen Verteidigung gegen Aggressionen und zur wirtschaftlichen Kooperation zusammentun...« – »Ich würde gegen Japaner mit dem Schwert in der Hand kämpfen«, stellte Nehru bei einer späteren Gelegenheit fest, »aber ich kann das nur als freier Mann tun.«

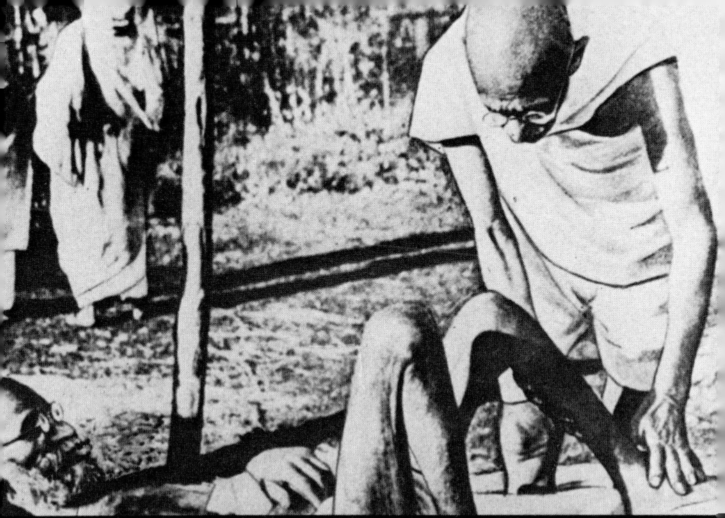

Gandhi mit einem Leprakranken

Der einsame Pilger für den Frieden

Folgende Seite: Gandhi mit Nehru im Jahre 1946

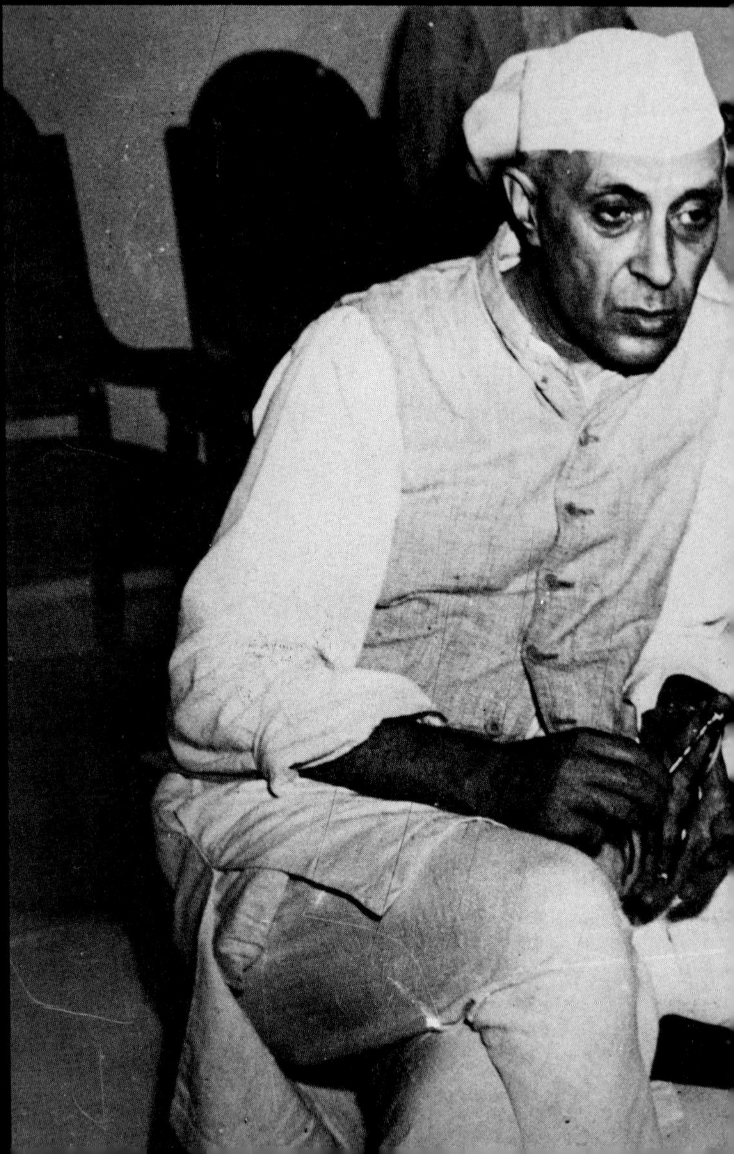

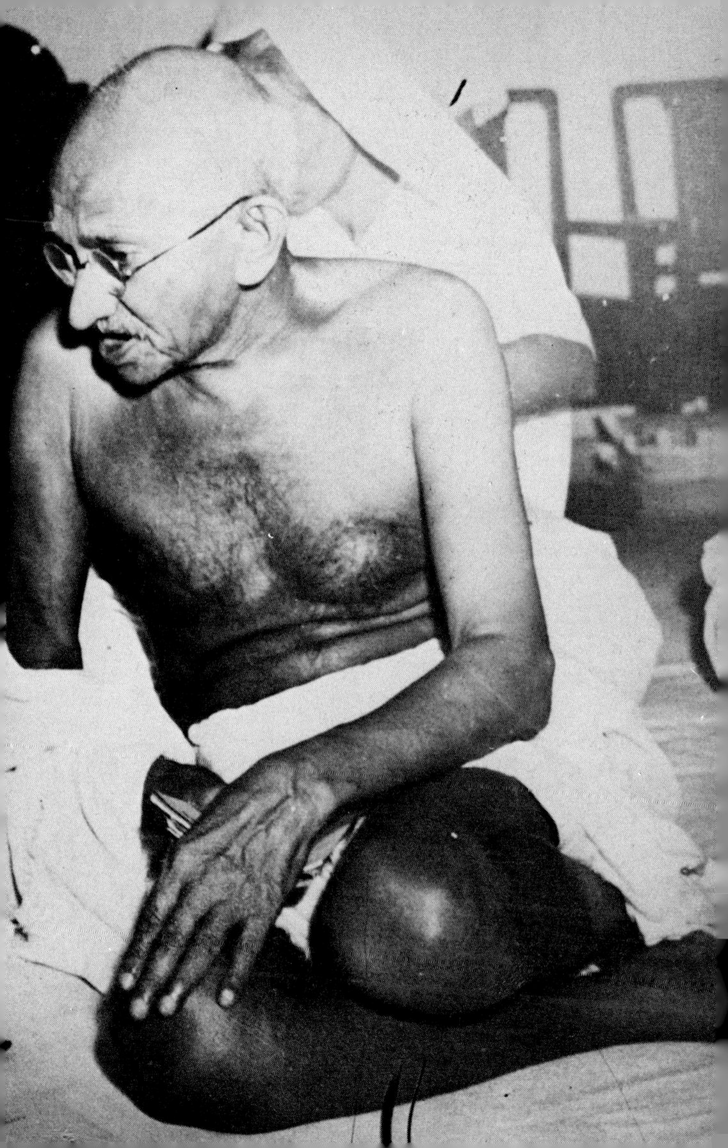

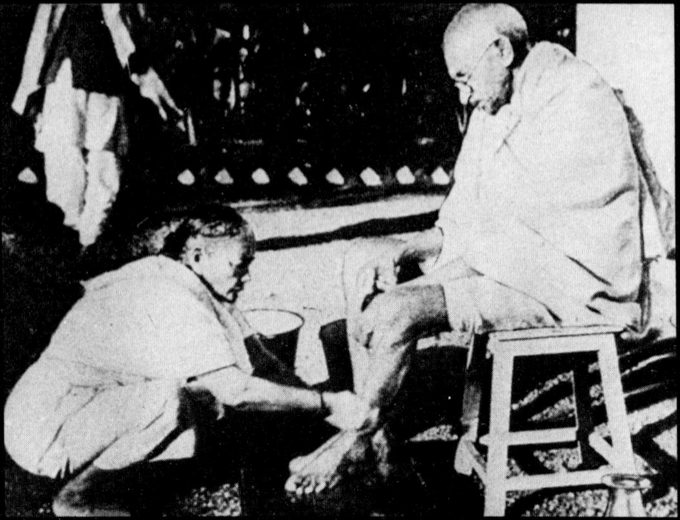

Kasturbai, die dienende Ehefrau

Ein großer, öffentlicher Auftritt Mahatma Gandhis

Gandhi mischte sich nicht ein, er hielt sich zurück.

Die britische Regierung hatte jedoch keineswegs vor, Indien Freiheit oder Unabhängigkeit zu geben, wollte ihm auch nicht den Dominion-Status verleihen, nicht einmal einige Rechte mehr gewähren. Winston Churchill war Premierminister, und er handelte immer nach seinem berühmten Ausspruch vom 10. November 1942:

»Ich bin nicht Premierminister des Königs geworden, um bei der Auflösung des britischen Empire den Vorsitz zu führen.« Er verachtete – und fürchtete vielleicht auch – den ›halbnackten Fakir‹, der England liebt, das Empire aber zerstören möchte. »Der Gandhiismus und alles, was damit zusammenhängt, müssen bekämpft und letzten Endes vernichtet werden«, sagte Churchill im Jahre 1935. Jetzt hatte Churchill zum ersten Mal seit 1935 ein Amt inne, das oberste Amt, und er würde diese Gelegenheit nicht ungenutzt verstreichen lassen, den Gandhiismus zu vernichten, um sein England zu retten.

Ein großer Mann ist ganz aus einem Stück, wie eine gute Skulptur. Churchill und Gandhi waren sich insofern ähnlich, als sie beide gewillt waren, ihr Leben für eine einzige Sache zu geben. Churchills ganzes Denken drehte sich darum, England seinen Status als Weltmacht zu erhalten. Er war ein Produkt des neunzehnten Jahrhunderts und liebte die Monarchie, das Kastenwesen, das Empire. Lloyd George verachtete die britische Oberschicht, die Generäle, den Adel und bekämpfte das alles. Churchill dagegen wollte dies alles erhalten. Er hing nicht so sehr an diesen Institutionen als am neunzehnten Jahrhundert, das sie hervorgebracht hatte. Das neunzehnte Jahrhundert war das britische Jahrhundert, das Jahrhundert der Pax Britannica nach dem Sieg über das napoleonische Frankreich und vor dem Aufstieg des Kaiserdeutschlands, das Jahrhundert des blühenden Empire unter Königin Viktoria. Englands verblaßter Ruhm war Churchills Gott. Die Oberschichten waren für ihn gleichbedeutend mit der Größe seines Landes, ebenso wie die parlamentarische Demokratie und ebenso wie Indien.

Für Churchill war der Zweite Weltkrieg ein Kampf, um das Erbe Englands zu bewahren. Warum sollte er einem halbnackten Fakir erlauben, dieses Erbe zu zerstören? »Wir wollen unser Eigentum halten«, sagte Churchill. Und Indien war Eigentum Englands. Er weigerte sich, es aufzugeben. Von dem Zeitpunkt an, als er im Jahre 1940 der erste Minister des Königs wurde, bis zu dem Tag im Jahr 1945, als er dieses Amt abgeben mußte, kämpfte er gegen Mahatma Gandhi. Es war der Kampf zwischen der Vergangenheit Englands und der Zukunft Indiens.

Für Churchill war Macht wie Dichtung. Er war ein Byronischer Napoleon. Er haßte die fremden Mächte, die England bedrohten, und bekämpfte sie mit all seinem Genie, hatte aber andererseits kein Verständnis für den moralischen Kampf Gandhis gegn die britische Herrschaft, unter der Indien litt. Er hätte für die Freiheit Englands sein Leben gegeben, aber er verachtete jene, die für ein freies Indien waren. Für ihn waren die Inder das Postament des Thrones.

Diese Einstellung erklärt auch das Scheitern der von Sir Stafford Cripps Mitte des Jahres 1942 im Auftrag der Regierung unternommenen Mission. Cripps, das dünne, einfache, reiche, asketische, vegetarische Mitglied der Labour Party, hätte mit der Kongreßpartei ein Abkommen erzielen können, ja, er hatte es beinahe schon in der Hand, doch da hatte Churchill die Vision eines Gandhi, der die Stufen zum Palast des Vizekönigs hinaufschritt, um sich mit dem König die Macht zu teilen, und lehnte ab.

Historisch gesehen wäre in Anbetracht der nachfolgenden Ereignisse das Jahr 1942 die beste Zeit gewesen, Patel, Nehru, Rajagopalachari, Azad und ihre Gesinnungsgenossen jene Treppen hinaufzuführen, vorbei an den buntgekleideten, statuenhaft bewegungslosen, indischen Wachtposten mit ihren Lanzen, hinein in die Räume der Macht. So hätte der Weg für ein unabhängiges Indien, das mit dem Commonwealth freiwillig assoziiert geblieben wäre, geebnet werden können. Die britische Armee und die Polizei, die zu diesem Zeitpunkt die Kontrolle des Landes noch sicher in der Hand hatten, hätten einen friedvollen Übergang garantiert. Dadurch wäre die Vivisektion in Indien und Pakistan vermieden worden, und damit auch der enorme Aufwand an Menschenleben, Haß, wirtschaftlichen Einbußen und die kostspieligen politischen Spannungen, die beide Länder zu zahlen hatten und an deren Folgen sie gewiß noch lange zu leiden haben. Einige fühlten das damals schon. Sir Reginald Maxwell, ein Ratsmitglied des Vizekönigs, sagte einmal im Jahr 1942 in bemerkenswerter Voraussicht zu mir: »Zwei Jahre nach dem Krieg werden wir nicht mehr hier sein.«

»Wir werden nicht in Indien bleiben«, sagte der Vizekönig in einem Interview. Es kann gut sein, daß Churchill das auch wußte. Aber derselbe glorreich unbezwingbare Wille, der ihn unerschütterlich gegen eine scheinbar unvermeidliche Niederlage gegen das Hitlerdeutschland ankämpfen ließ, machte ihn andererseits zu einer unüberwindbaren Barriere für Indiens Weg zur Freiheit. Er würde nicht zusehen, wie das Empire niederging. Das sollte eine andere britische Regierung eines anderen England verantworten.

24 Meine Woche mit Gandhi

Mit dem zweirädrigen Karren, der mühsam von einem Pferd gezogen wird und bei dem die Passagiere mit dem Gesicht nach rückwärts schauen, fuhren Gandhis Zahnarzt und ich von der Stadt Wardha zum Dorf Sevagram. Während der staubigen Fünf-Meilen-Fahrt versuchte ich ihn dazu zu bringen, über den Mahatma als Patient zu sprechen. Er sprach über die Engländer in Indien.

Gandhi erwartete uns am Dorfeingang. Ich sah ihn zum ersten Mal. Er ging mit ausgestreckten Armen auf mich zu und sagte: »Mr. Fischer.« Er erschien mir größer, als ich ihn mir vorgestellt hatte. Mit seinem berühmten Lendentuch und den Sandalen bot er das Bild eines Kontrastes in leuchtendem Weiß und sanftem Braun. Er war gut gebaut, mit einem kräftigen Brustkasten, einer schmalen Taille, langen, dünnen, muskulösen Beinen und ausgeprägten Kniegelenken. Gandhi war dreiundsiebzig. Er zeigte auf eine Bank, setzte sich zuerst und strich mit der Handfläche über die Stelle, auf die ich mich setzen sollte. Die Art, wie er das machte, schien auszudrücken: »Das ist mein Haus, kommen Sie herein.« Ich fühlte mich sofort zu Hause.

Er fühlte meinen Wunsch zu erfahren, was er mit mir vorhatte, und ließ mich wissen, daß ich mich nach dem Mittagessen eine Stunde mit ihm unterhalten und abends mit ihm spazierengehen könnte. Kurshed Naoroji, die Enkelin des berühmten indischen Parsi-Nationalisten Dadabhai Naoroji, die ihre Gesangstudien in Europa aufgegeben hatte, um Gandhi zu dienen, würde für mich sorgen. Sie kam herein und führte mich zu der Gästeunterkunft, einer Lehmhütte mit Bambusblätterdach und zwei Räumen, einem größeren mit einem Lehmboden und einem kleineren, auf dessen Zementboden Eimer und Krüge mit Wasser standen. Draußen hatte es 43 Grad Celsius, in der Hütte nicht viel weniger, und fünf bis sechs Bäder am Tag waren das Minimum, um sich einigermaßen wohlzufühlen. Das Dorf und der Ashram hatten kein fließendes Wasser, keine Elektrizität, keine Ventilatoren, kein Radio, kein Telefon. Ich war in Indien.

Um elf Uhr führte mich Kurshed zu Gandhis Hütte. Ich zog meine Schuhe aus und betrat den im Halbdunkel liegenden Raum, wo Gandhi auf einer auf dem nackten Lehmboden ausgebreiteten Decke lag. Neben ihm einige Manuskripte und ein etwa fünfundzwanzig Zentimeter hoher Holzblock, mit runden Löchern, in denen sein Federhalter und sein Bleistift steckten. Ich wurde seinen Sekretären vorgestellt: Mahadev Desai, Pyarelal und Kishorlal Mashruwala. Nach einiger Zeit erhob sich Gandhi geschmeidig und sagte in gespieltem Kommandoton: »Kommen Sie mit.« Es war Mittagszeit. »Ziehen Sie Ihre Schuhe an und setzen Sie Ihren Hut auf. Das sind zwei unerläßliche Dinge hier. Bekommen Sie mir keinen Sonnenstich.«

Zwei lange Wände aus Matten, eine Rückwand und ein Dach aus demselben Material waren der Speisesaal. Jede Person, etwa dreißig an der Zahl einschließlich der Kinder, saß auf einer dünnen Strohmatte und hatte vor sich ein Messingtablett. Gandhi saß auf einem Kissen. Männliche und weibliche Mitglieder des Ashram eilten lautlos barfuß hin und her, teilten Essen aus und stellten Töpfe und Pfannen vor Gandhis Füße. Er reichte mir eine bronzefarbene Schale mit Gemüsebrei, in dem ich mit einiger Sicherheit gehackte Spinatblätter und Kürbisstücke identifizieren konnte. Eine Frau schüttete etwas Salz auf mein Tablett, eine andere reichte mir einen Metallbecher mit warmem Wasser und einen zweiten mit warmer Milch. Dann bekam ich zwei kleine, gekochte Kartoffeln samt Schale und mehrere weiche, flache, runde Weizenkuchen. Gandhi – ich saß zwei Plätze neben ihm – reichte mir einen harten, papierdünnen Weizenfladen aus einer vor ihm stehenden metallenen Schale.

Nach einem Gongschlag hörte ein kräftiger junger Mann mit dem Essenverteilen auf, stand aufrecht, schloß die Augen, so daß nur ein weißer Schlitz zu sehen war – es sah aus, als ob er blind wäre – und begann mit einem Gesang in hoher Tonart, in den alle einfielen. Das Gebet endete mit ›Shanti, Shanti, Shanti‹ – Friede, Friede, Friede. Dann begannen alle zu essen. Ein Besteck gab es nicht, man benützte die Finger. Nur der Gemüsebrei wurde mit dem zu einem Dreieck zusammengefalteten Weizenkuchen gestippt. Ich bekam einen Teelöffel. Gandhi kaute emsig und hielt nur inne, um seine Frau und die Nächstsitzenden zu bedienen. »Sie haben vierzehn Jahre in Sowjetrußland gelebt. Was halten Sie von Stalin?« Das waren Gandhis erste politische Worte an mich.

Mir war sehr heiß, meine Hände waren klebrig und meine Knöchel und Beine hatten vom Draufsitzen zu schmerzen begonnen. Deshalb antwortete ich kurz: »Sehr fähig und sehr skrupellos.«

»So skrupellos wie Hitler?« fragte er.

»Mindestens.«

Nach einer Pause drehte er sich zu mir und fragte mich: »Waren Sie beim Vizekönig?« Ich bejahte (»Das muß Ihnen klar sein«, hatte der Vizekönig zu mir gesagt, »der alte Mann ist der Größte in Indien.«).

Es wurde Nachschub von denselben Speisen gereicht. »Sie können so viel Wasser haben, wie Sie wollen«, bot Gandhi an. »Wir achten darauf, daß es gekocht ist. Und jetzt essen Sie Ihre Mango.« Ich begann sie zu schälen, und er lachte und andere auch. Er erklärte, daß sie die Mangos mit den Händen drehen und drücken, um sie weich zu machen und dann an einem Ende das Fruchtfleisch herauslutschen.

Aber niemand wollte mir das Recht streitig machen, sie zu schälen, um zu sehen, ob sie auch gut sei.

Das Abendessen mit fast denselben Speisen wurde kurz vor Sonnenuntergang serviert. Mein Frühstück nahm ich alleine in der Gästehütte ein: Tee, Kekse, Brot, Butter, Honig und Mango. Beim Mittagessen am zweiten Tag tauschte Gandhi meinen Teelöffel gegen einen Eßlöffel aus. »Der paßt besser zu Ihrer Größe«, neckte er mich. Er bot mir eine gekochte Zwiebel an. Ich zog als Abwechslung zu der langweiligen Diät eine rohe vor. Beim Mittagessen am dritten Tag sagte Gandhi: »Fischer, geben Sie mir Ihre Schüssel, ich möchte Ihnen Gemüse geben.« Ich gestand ihm, nach vier Mahlzeiten mit undefinierbarem Gemüse in zwei Tagen keine große Lust mehr darauf zu haben.

»Sie mögen also kein Gemüse«, stellte er fest.

»Ich mag den Geschmack dieses Gemüses nicht an drei aufeinanderfolgenden Tagen.«

»Ach«, schlug er vor, »Sie müssen nur viel Salz und Zitronensaft zugeben.«

»Sie meinen, daß man damit den Geschmack abtötet.«

»Nein, ihn verbessert.«

»Sie sind so sehr gegen Gewalt, daß Sie nicht einmal den Geschmack töten würden.«

»Wenn das das einzige wäre, was Menschen töten, dann wäre ich damit einverstanden«, bemerkte er.

Ich wischte mir den Schweiß von Gesicht und Hals. »Nächstes Mal, wenn ich nach Indien komme...«, begann ich. Aber er schien mir nicht zuzuhören, also beendete ich meinen Satz nicht.

»Ja«, drängte er, »wenn Sie das nächste Mal nach Indien kommen...«

»Dann müssen Sie entweder in Sevagramm eine Klimaanlage haben, oder im Palast des Vizekönigs wohnen.«

»Ist gut«, stimmte er zu, ohne anzudeuten, an welche der beiden Möglichkeiten er dabei dachte.

Er machte gerne Spaß. Eines Nachmittags zitierte er eine Bemerkung, die er in London Lord Sankey gegenüber gemacht hatte. »Glauben Sie«, hatte er gesagt, »daß ich dieses rüstige Alter erreicht hätte, wenn ich nicht auf mich aufgepaßt hätte. Das ist einer meiner Fehler.«

»Und ich dachte immer, Sie wären vollkommen«, spöttelte ich.

Er lachte und die acht oder zehn Ashrambewohner, die für gewöhnlich an unseren Nachmittagsgesprächen teilnahmen, lachten auch. (Er hatte mich gefragt, ob ich etwas dagegen hätte, wenn sie dabei wären). »Nein«, versicherte er, »ich bin sehr unvollkommen. Bevor Sie wieder abreisen, werden Sie Hunderte von Fehlern an mir entdeckt haben, und wenn Sie sie nicht von alleine finden, werde ich Ihnen dabei helfen.«

Für gewöhnlich begann das Interview damit, daß er mir den kühlsten Platz auf dem Boden zuwies. Dann sagte er mit einem Lächeln: »So, jetzt können Sie loslegen.« Einmal legte er sich nieder und ließ sich von einer Moslemfrau eine Schlammpackung auf seinem Bauch auftragen. »Ich werde Ihre Schläge diesmal im Liegen einstecken.« Nach einer Stunde sah er auf seine Uhr und ermahnte mich: »Ihre Stunde ist um!« Er war auf die Minute pünktlich.

Einmal rief er mir nach: »Setzen Sie sich in den Zuber!« Im ersten Moment fragte ich mich, ob das ein indischer Spruch sein könnte, aber als ich nach hundert Metern mein Gästehaus erreichte, hatte mich die Hitze völlig ausgetrocknet und ich dachte, es wäre überhaupt eine ausgezeichnete Idee, jetzt ein Bad zu nehmen. Gandhis Rat ließ sich ausbauen. Jedesmal, wenn ich vom alltäglichen Interview kam und versucht hatte, das Gesprochene zu Papier zu bringen, war ich bereits nach der ersten Seite so geschafft, daß ich die Arbeit auf die kühleren Abendstunden verschob. Jetzt stellte ich mir einen Schemel in den Zuber, auf den ich mich setzen konnte, und baute in Schreibhöhe ein Holzgestell davor auf, auf das ich meine Reiseschreibmaschine stellte. Ich setzte mich nackt auf den Schemel und tippte meine Notizen ab. Von Zeit zu Zeit füllte ich eine Bronzeschüssel mit Wasser und goß es mir über Nacken, Rücken und Brust. Mit dieser Methode konnte ich eine ganze Stunde tippen, ohne erschöpft zu sein. In Ashram rief meine Neuerung allgemeine Heiterkeit und entsprechende Kommentare hervor. Es war keineswegs eine verdrießliche Gesellschaft. Darauf achtete Gandhi sehr.

Die Nächte waren erfrischend und brachten Entspannung. Jeder schlief außerhalb seiner Hütte auf einer Pritsche, die aussah wie eine Hängematte auf vier Holzbeinen. Darüber lag eine Decke. Ich schlief besser, als ich es seit Jahren getan hatte. Die Nächte waren ruhig und der Himmel sternenklar. Kurshed warnte mich davor, im Dunkeln ohne Schuhe herumzugehen wegen der Skorpione.

Wenn ich morgens gegen fünf Uhr zu Gandhis Hütte hinüberging, saß er für gewöhnlich im Freien auf seinem Bett und aß mit einem Löffel das Fruchtfleisch einer Mango. War das magere Mal beendet, so reichte ihm Kasturbai ein Handtuch und eine rechteckige, enghalsige, zugekorkte Wasserflasche. Er wusch sich die Hände und brach dann zu einem Spaziergang durch die nahegelegenen Felder auf. Einmal fiel ein Tropfen Mangosaft auf sein Lendentuch. Eifrig wischte er minutenlang daran herum, um ihn zu entfernen. Bei den Morgen- und Abendspaziergängen legte er seine Arme auf die Schultern von zwei jungen Mädchen oder Knaben, die untereinander um diese Gunst wetteiferten, und redete während der ganzen halben Stunde unermüdlich.

Gandhis Körper war das Alter nicht anzusehen. Seine Haut war weich und glatt und schimmerte gesund. Seine schönen Hände zitterten nicht, wenn er aß oder schrieb. Er hing nie der Vergangenheit nach. Als Lloyd George in den siebziger Jahren war und man ihm eine Frage über gegenwärtige Ereignisse stellte, begann er diese zu beantworten, schweifte jedoch für gewöhnlich bald ab und erinnerte sich an seine Feldzüge im Ersten Weltkrieg oder an seinen Kampf um Sozialreformen um die Jahrhundertwende. Gandhi konzentrierte sich auf Zukunftspläne und die Auseinandersetzungen der Gegenwart. Sein fortschrittliches soziales Denken schlug sich auch in seiner intellektuellen Jugendlichkeit nieder.

Je älter er wurde, um so mehr konservatives Denken legte er ab. In den zwanziger und dreißiger Jahren plädierte er zum Beispiel dafür, daß Großgrundbesitzer freiwillig Land an die Bauern abgeben sollten. Zehn Jahre später hatte er zwar noch nicht den Gedanken der Freiwilligkeit aufgegeben, aber er forderte eine drastischere Politik. »Die Bauern würden das Land einfach übernehmen«, antwortete er mir, als ich ihn über sein Landprogramm in einem freien Indien fragte. Ich wollte wissen, ob die Grundbesitzer dafür entschädigt würden. »Nein, das ist fiskalisch nicht möglich.« Er war immer noch fähig zu lernen, zu handeln und seine Meinung zu revidieren.

Seinem Gesicht sah man sein Alter am ehesten an. Von seinem hochstirnigen Kopf standen die großen Ohren fast rechtwinkelig ab. Die Oberlippe mit einem schwarzweißen Stoppelbart verschwand fast unter der dicken, nach unten spitz zulaufenden Nase. Das Gesicht lebte von den sanften, ruhigen Augen und der Unterlippe, die Willensstärke und Selbstkontrolle ausdrückte. Wenn er lächelte, und das tat er fast immer, entblößte das einen zahnlosen Mund. (Er trug sein Gebiß nur zum Essen, nahm es nach der Mahlzeit heraus und reinigte es in aller Öffentlichkeit.) Sein Gesicht wäre mit Ausnahme der Augen in Ruhestellung als häßlich zu bezeichnen, aber es war kaum jemals in Ruhestellung.

Ob er nun sprach oder zuhörte oder nachdachte, es war ein blitzender Spiegel mit vielen Facetten, der reflektierte, was dahinter vorging. Er versuchte nicht, seine Ideen als fertige Überlegungen zu präsentieren. Er dachte laut, so daß man das Gehirn ticken hören konnte. Man hörte nicht nur Worte, sondern man hörte, wie seine Gedanken geboren wurden. Aber man hörte kein retuschiertes Propagandaprodukt wie man das üblicherweise von Politikern gewohnt ist. Man hatte Gelegenheit, einen gleichermaßen für Gandhi als auch für den Gesprächspartner kreativen Vorgang zu beobachten.

Lloyd George sah wie ein großer Mann aus. Churchill und Franklin D. Roosevelt waren Männer von Statur und Format. Nichts von alledem bei Gandhi. Die lockere, informelle Atmosphäre mit diesem zu vier Fünftel nacktem Mann bei Gesprächen, Spaziergängen und Mahlzeiten war alles andere als dazu angetan, Ehrfurcht und Verehrung hervorzurufen, und doch war es eben dieser Grund, der das Wunder seiner Persönlichkeit um so deutlicher zum Vorschein brachte. Alle Attribute, mit denen große Männer Eindruck machen, fehlten hier – der Palast oder der historische Herrensitz, die Wachen, die Wartezeit im Vorzimmer, die geschlossene Tür, auf deren Öffnen der Besucher wartet, die Macht des Amtes. Gandhis erdverbundene Einfachheit, die all diese äußeren Zeichen der Macht nicht hatte, betonte aber seine Autorität sogar noch, wie sie selbst ein allmächtiger Diktator nie hatte.

Gandhi hatte weder die Macht zu zwingen, zu bestrafen, noch zu belohnen. Seine Macht war gleich Null, seine Autorität enorm. Sie kam aus der Liebe. Wenn man bei ihm lebte, konnte man sehen, warum er so geliebt wurde: er liebte selbst. Und das nicht nur hin und wieder oder einzelne Auserwählte, sondern tagein und tagaus, in der Früh, zu Mittag und am Abend, jahrzehntelang, in jeder Tat und in jedem Wort manifestierte sich seine Liebe zu den Menschen. Man konnte auch in all seinen Handlungen nicht übersehen, daß er ein Leben lang an einigen wenigen, einfachen, vielfach verhöhnten Grundprinzipien festhielt: die Erhebung der Mittel über die angestrebten Ziele, Gewaltlosigkeit, die Vorrangigkeit der Wahrheit, die heilende Eigenschaft des Vertrauens und Rücksicht auf Zweifel, Umweltdenken und Rücksichtnahme auf die inneren Konflikte der anderen. Er verrichtete seine täglichen Aufgaben nach den Kriterien ewiger und universeller Werte. Er versuchte immer, den ethischen Grund eines Problems zu erkennen und richtete sein Handeln danach. Das ermöglichte es ihm, das soziale Atom zu spalten und in den Massen eine neue Energiequelle zu finden. Einige hatten ebensogut oder vielleicht sogar noch besser wie er gesprochen und geschrieben. Gandhis Größe lag darin, das zu tun, was andere auch tun könnten, es aber nicht taten. Man saß staunend vor einem Wunder, denn es war offensichtlich eher eine mühelose Lebenshaltung als ein gezielt ausgearbeitetes Programm.

»Vielleicht wird er scheitern«, schrieb Tagore über Gandhi. »Vielleicht wird er scheitern wie Buddha und wie Christus, denen es nicht gelang, die Menschen von ihren Lastern abzubringen, aber man wird sich immer seiner erinnern als einem, der sein Leben zu einer Lektion für alle künftigen Zeiten gemacht hat.«

Gandhi war über seine eigenen Taten hinausgewachsen, hatte Unabhängigkeit über ihren Erfolg oder ihr Scheitern errungen. Er war es, der wichtig war, nicht seine Worte und Taten. Dies ist vielleicht der Grund, warum Menschen zwar anderer Ansicht sein konnten als er, ihn aber trotzdem nicht ablehnten und seine Politik gegen ihre eigene Überzeugung annahmen, ohne sich erniedrigt zu fühlen.

Eines Abends ging ich zur Hütte von Mahadev Desai und sah ihm beim Spinnen zu. Ich sagte ihm, nachdem ich jetzt Gandhi gehört und meine Aufzeichnungen über unsere Gespräche studiert hätte, frage ich mich jetzt, was wohl seine Faszination auf die Menschen ausmachen würde. Ich sei zu dem vorläufigen Schluß gekommen, der Grund müsse seine Leidenschaft sein.

»Das stimmt.«

»Worin wurzelt diese Leidenschaft?«

»Ich denke, daß seine Leidenschaft die Sublimierung aller Leidenschaften ist, die das Fleisch erbt.«

»Sex?«

»Geschlechtlichkeit und Zorn und persönlicher Ehrgeiz. Gandhi hat sich völlig unter Kontrolle. Das bringt ungeheure Energie und Leidenschaft.«

In der Woche, die ich im Ashram verbrachte, trieben diese Energien und diese Leidenschaft Gandhi zu einer weiteren Kampagne des zivilen Ungehorsams. Sir Stafford Cripps war gekommen, war gescheitert und wieder abgereist. Churchill war gegen die Unabhängigkeit Indiens. Ständig wie Krishna darauf bedacht zu handeln, überlegte der Mahatma eine Kampagne gegen die Regierung unter dem Slogan ›Verlaßt Indien‹. Handeln war sein Gegenmittel gegen Frustration.

Gandhi war der Ansicht, die Demokratie sei im Krieg nicht verteidigbar, wenn Indien seine Unabhängigkeit vorenthalten würde. »Ihr Präsident«, sagte er eines Nachmittags zu mir, »spricht über die Vier Freiheiten. Ist da die Freiheit, frei zu sein, auch dabei?« Roosevelt hatte tatsächlich versucht, Churchill dahingehend zu beeinflussen, daß dieser Cripps anweisen würde, die Inder für den Krieg zu gewinnen. Aber des Königs erster Minister blieb unnachgiebig.

Jawaharlal Nehru und Maulana Azad, der Präsident des Kongresses, waren nichtsdestotrotz gegen Gandhis vorgeschlagene Kampagne des zivilen Ungehorsams. Nehru diskutierte während meines Aufenthalts drei Tage mit Gandhi im Ashram. »Er stellte sich gegen meinen Vorschlag mit einer Leidenschaft, die ich mit Worten nicht beschreiben kann«, schrieb Gandhi temperamentvoll im *Harijan.* Nehrus persönliche Kontakte, erklärte er, »ließen ihn viel mehr das Elend und den drohenden Ruin von China und Rußland spüren. Angesichts dieses Elends versuchte er, seine Meinungsverschiedenheiten mit dem (britischen) Imperialismus zu vergessen. Aber bevor er wegging, ›überwältigte ihn‹, wie Gandhi es ausdrückte, die Logik der Fakten. Aber es war wohl Gandhis Logik, die ihn überwältigte. In meiner

Gegenwart teilte Gandhi Nehru mit, er würde die Kampagne des bürgerlichen Ungehorsams durchführen, ob Nehru nun mitmache oder nicht.

Irgendwas ganz tief im Innern Nehrus rebellierte gegen eine Kapitulation vor Gandhi. Der willenlose Gehorsam, mit dem sich die meisten Inder Gandhi hingaben, erschreckte Nehru. Er fühlte sich besser, wenn er dem Mahatma widersprach. Seine Temperamentsausbrüche in der Öffentlichkeit und seine Trotzreaktionen waren eine psychologische Selbstbestätigung, die er brauchte. In dieser Hinsicht war er wie Indien und ganz und gar anders als Gandhi. Nehru ›machte‹ auf Stärke. Ein schwacher Mann und eine schwache Nation gaben sich stark. Der starke Gandhi gab den Schwachen Stärke.

Gandhi konnte Nehru überzeugen und es wurde aus ihm ein noch eifrigerer Verfechter des zivilen Ungehorsams als Gandhi selbst es war. Gandhi war formbar. »Mir scheint«, äußerte ich im Laufe eines Nachmittagsinterviews, »daß England Indien eigentlich gar nicht ganz verlassen kann. Das würde nämlich bedeuten, Indien an Japan zu verschenken. Damit wären weder England noch die Vereinigten Staaten einverstanden. Wenn Sie verlangen, England solle mit Sack und Pack das Land verlassen, dann verlangen Sie schlichtweg etwas Unmögliches. So kommen Sie nicht weiter. Sie gehen doch wohl nicht etwa davon aus, daß England auch seine Armeen abziehen muß?«

Mindestens zwei Minuten herrschte vollkommene Stille in der Hütte. Gandhi hatte mir zugehört und hörte jetzt in sich hinein. »Sie haben recht«, antwortete er schließlich. »Nein, England, Amerika und bestimmte andere Länder können ihre Streitkräfte hier stationieren und Indien als Basis für ihre militärischen Operationen benützen.« Etwas später ließ mich Mashruwala wissen, daß er ganz anderer Meinung sei. Aber Gandhi war zu einem Kompromiß bereit und schrieb an Präsident Roosevelt: »Wenn die Alliierten es für nötig erachten, können sie ihre Truppen auf eigene Kosten in Indien belassen.«

»Sagen Sie Ihrem Präsidenten, ich möchte, daß man mir beweist, daß die Kampagne nicht nötig sein wird.« Er war bereit, seinen Plan aufzugeben und wollte die Angelegenheit mit dem Vizekönig besprechen. Bevor ich den Ashram verließ, bat mich Desai, dem Vizekönig ein Treffen mit Gandhi vorzuschlagen. Ich war nicht autorisiert, darüber mit Nehru zu sprechen, aber als ich ihn auf dem Weg nach Delhi im Haus einer Schwester, Mrs. Krishna Hutheesing, in Bombay traf, fragte ich ihn, ob er der Meinung war, Gandhi solle den Vizekönig sehen.

»Nein, wozu denn?« Nehru widersetzte sich wieder einmal der Kapitulation vor dem Mahatma. Zwar unnachgiebig in seinen Grundsätzen, war Gandhi jedoch jederzeit bereit, über Zeit und Gangart dessen, was er sich vorgenommen hatte, zu verhandeln.

Lord Linlithgow weigerte sich, Gandhi zu sehen.

25 *Enttäuschung und Verärgerung*

Im Mai, Juni und Juli 1942 verschlechterte sich die Situation Indiens zusehends. Die japanischen Aggressoren waren bereits bis Burma vorgedrungen, standen also praktisch bereits vor der Tür. England schien zu schwach zu sein, um Indien vor der drohenden Invasion schützen zu können. Politisch bewußte Inder waren aufgebracht über ihre eigene Hilflosigkeit. Sie konnten weder ihr Land verteidigen, noch Englands Notsituation ausnützen, um sich von der Fremdherrschaft zu befreien.

In dieser Zwangslage kam der All-India-Kongreßausschuß am 7. August in Bombay zusammen, um die von Gandhi vorgeschlagene Kampagne des zivilen Ungehorsams zu diskutieren. Trotz Rückschlägen immer zur Versöhnung bereit, erzählte der Mahatma A. T. Steele von der New Yorker *Herald Tribune:* »Wenn mich doch irgend jemand davon überzeugen könnte, daß es der englischen Regierung im Krieg unmöglich ist, uns die Freiheit zu geben, ohne sich dabei militärisch zu schwächen! Mich würde einmal von britischer Seite interessieren, was dem widerspricht und wo England die Gefahr für sich sieht.«

Würde er auf den zivilen Ungehorsam verzichten, wenn man ihn überzeugen könnte, wollte Steele wissen.

»Natürlich«, antwortete Gandhi. »Ich beklage, daß diese klugen Leute *über* mich reden, über mich fluchen, aber sich nie herablassen, *mit* mir zu reden.«

Kurz nach Mitternacht am 8. August richtete Gandhi sein Wort an die Delegierten. Eine Resolution, welche die Bewegung des zivilen Ungehorsams billigte, war erlassen worden. Aber er warnte sie, daß ›dies noch nicht der eigentliche Kampf sei‹. Wie bei ähnlichen Gelegenheiten in früheren Jahren, erinnerte er, »haben Sie mir nur eine begrenzte Machtbefugnis erteilt«. Er wollte versuchen, Ärger zu vermeiden. »Mein erster Schritt wird es sein, mit seiner Exzellenz, dem Vizekönig, in Verbindung zu treten...« Zwei oder drei Wochen könnten darüber vergehen. Was sollten sie in dieser Zeit machen? »Setzt Euch an Euer Spinnrad... Aber da gibt es noch etwas, was Ihr tun könnt... Jeder von Euch sollte sich von diesem Augenblick an als freier Mann oder als freie Frau fühlen und auch so handeln, als ob es die Fremdherrschaft in unserem Land nicht mehr gäbe.« Dies verkehrte das materialistische Konzept, daß die Umstände die Psychologie des Menschen bestimmten. Gandhi dagegen glaubte unbeirrbar, daß der Mensch seine Psychologie selbst bestimmen könne und damit auch die Umstände. »Alles, woran man entsprechend fest glaubt, kann man auch in die Tat umsetzen«, sagte er einmal.

Offensichtlich sah Gandhi, der seine Landsleute kannte, die Notwendigkeit zu handeln. Er schien aber Gewalttätigkeiten zu fürchten und strebte, um sie zu verhindern, erneut eine Verständigung mit dem Vizekönig an. Offensichtlich hatte der Vizekönig Instruktionen erhalten, nicht mit dem halbnackten Rebellen zu sprechen. Vor Sonnenaufgang am neunten des Monats wurden Gandhi, Nehru und viele andere hochstehende Kongreßmitglieder wieder einmal verhaftet. Gandhi, Miß Slade, Pyarelal, Mahadev Desai und Mrs. Naidu wurden im Palast des Aga Khan in Yeravda in der Nähe von Poona interniert. Am nächsten Tag kamen noch Kasturbai und Dr. Sushila Nayyar hinzu. In dem gleichen Augenblick, in dem sich die Gefängnistore hinter Gandhi schlossen, öffneten sich die Schleusentore der Gewalt. Polizeistationen und Regierungsgebäude wurden in Brand gesteckt, Eisenbahnschwellen herausgerissen, Telegrafenlinien unterbrochen und britische Beamte tätlich angegriffen, viele sogar getötet. Eine mächtige Untergrundbewegung formierte sich, geführt von den Sozialisten, die damals einen Teil des Kongresses bildeten. In vielen Gebieten wurden die königlichen Erlasse mißachtet. In einigen Städten und Bezirken konstituierten sich freie indische Regierungen.

Die meisten Briten gaben die Schuld an den Unruhen Gandhi. In einem Brief aus dem Gefängnis an den Vizekönig verwehrte sich Gandhi derlei Beschuldigungen und beschuldigte seinerseits seine Kritiker, die Tatsachen zu verdrehen und zu entstellen.

Die Antwort des Vizekönigs behauptete wiederum das Gegenteil.

Daß ausgerechnet er, der Apostel der Gewaltlosigkeit, der Verursacher dieser Gewalttätigkeiten sein sollte, beraubte ihn seines Gleichmuts. Am Silvesterabend des Jahres 1942 schrieb er noch einmal an den Vizekönig: »Dies ist ein sehr persönlicher Brief... Das alte Jahr darf nicht zu Ende gehen, ohne daß ich das loswerde, was in meinem Innern nagt. Ich dachte immer, wir seien Freunde... Warum haben Sie nicht, ehe Sie zu dieser drastischen Maßnahme griffen, nach mir geschickt?... Ich bin sehr wohl fähig, mich selbst so zu sehen, wie mich andere sehen.« Die Regierung »hat unschuldigen Menschen Unrecht getan«.

Diese Tatsache, und nicht er, Gandhi, hätte Brandstiftung und Morde provoziert. Da er aber fälschlicherweise beschuldigt würde, wollte er fasten – »das Fleisch durch Fasten kreuzigen«.

Der Antwortbrief des Vizekönigs bezeichnete das beabsichtigte Fasten als ›politische Erpressung‹. Trotz dieser Feststellung bot die Regierung zwei Tage vor dem angekündigten Fastentermin an, Gandhi und alle seine Mitgefangenen freizulassen. Gandhi wies das zurück. Er würde nicht fasten, um seine Freiheit zu erzwingen. Das Fasten ist »von meiner Seite aus ein Appell an das Höchste Tribunal mit der Bitte um Gerechtigkeit, die mir nicht widerfahren ist.« Er war unschuldig und verlangte nach einer Möglichkeit, sich zu rechtfertigen.

Die dreiwöchige Fastenzeit kostete ihn fast das Leben. Am dreizehnten Tag kniete Kasturbai vor einer heiligen Pflanze und betete. Sie hatte ihn aufgegeben. Sein Puls war schwach, und er fühlte sich kalt an. Aber er überlebte.

Gandhi kam nicht zur Ruhe. Er suchte »Linderung für meinen Schmerz«. Er bombardierte offizielle und inoffizielle Stellen in Indien und in England mit Beweisen, daß er für die Zerstörung und die Toten, die auf das Konto der Untergrundbewegung gingen, nicht verantwortlich sei. Wäre er ein freier Mann gewesen, hätte er vielleicht die Ausschreitungen verhindern können, und sein Fasten hätte sich gegen die in den Aufruhr verwickelten Kongreßmitglieder gerichtet. Keiner seiner Briefe wurde zu dieser Zeit veröffentlicht. Er hatte keinen Zugang zur Tagespresse. Er konnte weder die falschen Behauptungen der Regierung widerlegen, noch die Ausschreitungen seiner Landsleute unter Kontrolle bringen. Gandhi war verbittert und quälte sich. Ein vollkommener Yogi wäre wohl selbst in dieser Situation gleichmütig geblieben, aber der Mahatma war kein vollkommener Yogi.

Die Situation verschlimmerte sich noch, als Mahadev Disai, Gandhis Freund, Berater und Chronist, den er mehr als einen Sohn schätzte, an seiner Seite im Gefängnis einem Herzanfall erlag. Und am 22. Februar verließ ihn Kasturbai. Ihr Kopf ruhte in der Sterbeminute in seinem Schoß. Der Mahatma war verzweifelt und einsam. Auch davon konnte er sich nicht völlig loslösen. Er trauerte um die Toten. Am

22. jedes Monats hielt er bis zu seinem Tod einen Gedenkgottesdienst für Kasturbai, bei dem Gebete gesungen und der gesamte Text der *Gita* rezitiert wurde.

Sechs Wochen nach dem Tod seiner Frau erlitt Gandhi einen schweren Anfall von Tertianmalaria, der ihn in ein Delirium versetzte. In Indien wurde der Ruf nach seiner sofortigen Freilassung immer lauter. Man rechnete jeden Moment mit seinem Tod. Die Regierung verstärkte die Gefängniswache. Am 6. Mai 1944 um 8 Uhr früh wurden Gandhi und seine Freunde entlassen. Dies sollte sein letzter Gefängnisaufenthalt gewesen sein. Insgesamt hatte er 2089 Tage (fast sechs Jahre) in indischen und 249 Tage in südafrikanischen Gefängnissen verbracht.

Er erholte sich an der Küste in der Nähe von Bombay im angenehmen Haus eines Freundes. Die Dame des Hauses schlug vor, er solle sich doch einmal einen Film ansehen. Er hatte noch nie einen Stumm- oder einen Tonfilm gesehen. Widerstrebend ließ er sich überreden. *Mission of Moscow*, der Film, der im Nachbarort lief, wurde ins Haus gebracht und vorgeführt.

Und was sagte Gandhi dazu?

»Es hat mir nicht gefallen.« Er stieß sich an einer Tanzszene mit spärlich bekleideten Mädchen.

Drei Wochen verbrachte er in diesem Haus, um sich zu entspannen und wieder zu Kräften zu kommen.

26 *Jinnah gegen Gandhi*

Nachdem er im Juni 1944 in die politische Arena zurückgekehrt war, versuchte er bei dem neuen Vizekönig, Lord Wavell – ein Gentleman, General und Poet – vorzusprechen. Wavell lehnte ab. Von Rajagopalachari angeregt, dessen versöhnliche Haltung manchmal die Gandhis übertraf, schrieb der Mahatma jetzt an Mohammed Ali Jinnah, den Präsidenten der Moslemliga, und schlug Gespräche vor. Ein Abkommen zwischen dem Kongreß und der Liga, meinte Gandhi, würde die Engländer zwingen, in Indien die Macht abzugeben. ›Bruder Jinnah‹, grüßte Gandhi den obersten Moslem, und er unterschrieb seinen Brief mit ›Ihr Bruder, Gandhi‹. Jinnahs Antwort war mit ›Lieber Mr. Gandhi‹ überschrieben und mit ›M. A. Jinna‹ unterzeichnet. In den späteren Briefen schrieb Gandhi ›Lieber Quaid-e-Azam‹, oder Großer Führer, ein kürzlich angenommener Titel. Jinnah schrieb immer noch ›Lieber Mr. Gandhi‹. Ihre schriftlichen Gespräche dauerten siebzehn Tage und endeten ohne Ergebnis.

Im Mai 1945 kapitulierte Deutschland. Am 26. Juli 1945 schlug die Labour Party die Konservativen entscheidend, und Clement R. Attlee löste Churchill als Premierminister ab. Am 14. August 1945 kapitulierte Japan. Die neue Labour Regierung gab bekannt, daß sie »versuche, die baldige Autonomie Indiens zu erreichen« und ließ Wavell kommen. Als er nach Delhi zurückkehrte, versprach er die Wiederzulassung der autonomen indischen Provinzregierungen. Außerdem wollte er eine Versammlung einberufen, um eine Bundesverfassung zu entwerfen. Außerdem befürwortete er die Bildung eines Exekutivrates mit Sitz in der Hauptstadt, dem Kongreßmitglieder und Moslems angehören sollten, eine Art Schattenkabinett unter britischer Oberaufsicht. Aber Jinnah wollte nur die Teilung Indiens akzeptieren. »Wir könnten das indische Problem in zehn Minuten lösen«, erklärte er im Dezember 1945 in Bombay, wenn Mr. Gandhi sagen würde: ›Ich bin damit einverstanden, daß es einen selbständigen Staat Pakistan geben soll. Ich bin damit einverstanden, daß ein Viertel von Indien, die sechs Provinzen Sind, Baluchistan, Pandschab, die North West Frontier Provinz, Bengalen und Assam mit ihren gegenwärtigen Grenzen, den pakistanischen Staat bilden sollen.‹«

Mr. Gandhi konnte diese Forderung aber nicht gutheißen. Er betrachtete die ›Vivisektion‹ Indiens als ›Blasphemie‹. Die Zweiteilung Indiens nach Jinnahs Vorstellung sei undurchführbar und ungerecht. Dieser wollte ein Pakistan, damit Hindus nicht über Moslems regierten. Aber in Assam, das er für Pakistan beanspruchte, lebten nur 3442479 Moslems im Verhältnis zu 6762254 Nicht-Moslems. In der riesigen Provinz Pandschab waren die Moslems 16217242 an der Zahl, die Nicht-Moslems 12201577. In Bengalen mit etwa sechzig Millionen Einwohnern machten die Moslems etwa 52 Prozent, also geringfügig mehr als die Hälfte, aus. Allein in diesen drei Regionen würden, wenn sie zum geplanten Pakistan gehörten, fünfzig Millionen Moslems über siebenundvierzig Millionen Hindus und Sikhs herrschen. Pakistan hätte von der Staatsgründung an ein Minderheitenproblem am Hals. Gleichzeitig blieben bei Jinnahs Vorschlag zwanzig Millionen Moslems oder ein Fünftel der indischen Moslems unter hinduistischer Regierung. Jinnah war keiner Logik und keiner Arithmetik zugänglich. Doch wie oft macht eine solche irrationale Entschlossenheit Geschichte!

Mohammed Ali Jinnah war eine bemerkenswerte Gestalt. Er war über 1,80 m groß, wog kaum 60 Kilo und war überschlank. Dickes, langes, silbergraues, glatt zurückgekämmtes Haar bedeckte seinen wohlgeformten Kopf. Das glattrasierte Gesicht war schmal, die Nase lang und adlerförmig. Die hohlen Wangen und Schläfen ließen die kantigen Backenknochen doppelt deutlich hervorstehen. Wenn er nicht sprach, zog er das Kinn zurück, kniff die Lippen zusammen, und dadurch erhielt sein Gesicht einen Ausdruck von unnachgiebiger Strenge. Er lachte fast nie. Oft trug er europäische Kleidung, aber bei öffentlichen Auftritten und gelegentlich auch bei privaten Gelegenheiten zeigte er sich in Moslem-Kleidung, einer knielangen, strohfarbenen Tunika, engen, weißen indischen Hosen, die sich an seine knochigen Beine anschmiegten, schwarzen Lacklederschuhen – und einem Monokel an einer schwarzen Kordel. Er war, schrieb George E. Jones in der *New York Times* vom 5. Mai 1946 »zweifellos einer der bestangezogenen Männer des britischen Empire.« Mr. Jones, der Jinnah mehrere Male interviewte, beschreibt ihn in seinem Buch *Tumult in India* als »einen hervorragenden Politiker, einen Macchiavelli im amoralischen Sinn des Wortes... Seine persönlichen Mängel sind eine feindlich anmutende Reserviertheit, Arroganz und Engstirnigkeit... Er ist äußerst mißtrauisch und der Überzeugung, daß ihm in seinem Leben oft Unrecht getan wurde. Seine Art grenzt ans Psychotische. Verschlossen und isoliert wie er ist, legt er eine Arroganz an den Tag, die schon unhöflich wirkt...«

Jinnah war kein strenggläubiger Moslem. Er übertrat die Religionsvorschriften, indem er Alkohol trank, Schweinefleisch aß und selten in die Moschee ging. Er sprach kaum Urdu und überhaupt nicht Arabisch. Er setzte sich, als er vierzig war, von seiner Religionsgemeinschaft ab, um ein achtzehnjähriges Parsenmädchen zu heiraten. Und doch wollte der religionslose Jinnah zwei Religionsstaaten, der gläubige Gandhi war dagegen für einen vereinten weltlichen Staat.

Jinnah, der Erstgeborene eines reichen Häute- und Gummi-Arabicum-Händlers war von Geburt ein Khoja Moslem. Die Khojas waren erst vor kurzer Zeit zum Islam übergetreten. Viele Khojas halten immer noch am hinduistischen Familiensystem fest und tragen Hindu-Namen. Auch ›Jinnah‹ ist ein hinduistischer Name. Im achtzehnten und neunzehnten Jahrhundert versuchten die Khojas zum Hinduismus zurückzukehren, wurden aber wiederholt abgewiesen. Das mag wohl mit von Bedeutung für das Verhalten und die Einstellung Jinnahs gewesen sein. Daraus ließe sich sein Haß gegen die Hindus erklären.

Aber darüber hinaus hatte er auch persönliche Gründe. »Ich bin seit fünfunddreißig Jahren in dieser Bewegung«, sagte er im ersten von zwei Interviews, die er mir im Juni 1942 in seiner pompös ausgestatteten Villa in Bombay gab. »Nehru hat unter mir in der Home Rule Society gearbeitet. Gandhi arbeitete unter mir. Ich war aktiv in der Kongreßpartei... Ich kämpfte ständig für die Einheit der Hindus und Moslems... Das ging so bis 1920, als Gandhi ans Licht der Öffentlichkeit trat. Bald verschlechterten sich die Beziehungen unserer beiden Religionsgemeinschaften... Ich verlor immer mehr die Hoffnung, daß es noch zu einer Einigung kommen könnte, weil Gandhi sie nicht wollte. Ich war enttäuscht und beschloß, in England zu bleiben. Ich fuhr nicht einmal zurück, um meine Besitztümer zu verkaufen, sondern überließ dies einem Makler. Ich blieb bis 1935 in England, versuchte mich dort als Rechtsanwalt vor dem Staatsrat und war, was ich kaum erwartet hätte, erfolgreich.«

In einem Artikel über Jinnah im Londoner *Economist* vom 17. September 1949 schrieb der Verfasser, der offensichtlich über sein Thema gut Bescheid wußte, daß jemand gegenüber Jinnah während seiner Rechtsanwaltszeit in London »wiederholte, was Nehru, den er verachtete und haßte, unklugerweise bei einer privaten Party gesagt hatte: ›Jinnah ist erledigt‹. Außer sich vor Zorn packte Jinnah seine Sachen und fuhr sofort zurück nach Indien, um ›es Nehru zu zeigen‹. ... Zu Kleopatras Nase als geschichtlichem Faktor sollte man vielleicht Jinnahs Stolz hinzufügen.«

Verletzter Stolz ist wie ein wildes Tier? Der Neid, der entsteht, wenn man zusehen muß, wie der Rivale die Leiter des Erfolgs hinaufsteigt, kann zu einem ungeheuren Machtdrang eskalieren. Derartige Motivationen kennt die Geschichte viele. Aber die Geschichte muß helfen, indem sie auch dem Eifersüchtigen eine Chance gibt, sie muß ihn von hinten hochschieben. Die historischen Ereignisse waren tatsächlich ein Steigbügel bei Jinnahs Sprung in den Sattel. Die Moslems der Ober- und der Mittelklasse fürchteten eine Herrschaft der Hindus, und als Gandhis Wirken in den zwanziger und dreißiger Jahren die Unabhängigkeit Indiens in vorhersehbarer Zukunft wahrscheinlich werden ließ, gab das der Furcht vor einer Religions-Fremdherrschaft neue Nahrung. Einhundert Millionen Moslems würden gegenüber dreihundert Millionen Nicht-Moslems (Hindus, Sikhs, Parsen, Christen und andere) immer in der Minderheit sein, wenn religiöse Vorbehalte politische Entscheidungen beeinflussen. Reiche Moslems und die aufsteigende moslemische Mittelklasse aus Intellektuellen und Händlern gingen davon aus, daß die Hindus in einem freien Indien mit Hindu-Mehrheit ihre zahlenmäßige Überlegenheit in der Regierung ausnützen und wirtschaftliche Vorteile auf ihre Kosten genießen würden. Sie sahen daher einem Abzug der Engländer mit gemischten Gefühlen entgegen, die ihnen politische Positionen zugeschanzt und eine entsprechende Repräsentierung ihrer Interessen ermöglicht hatten.

Das geplante Pakistan würde den Moslems die gesamte politische Macht, alle Positionen und die Kontrolle über Industrie und Handel geben. Noch wichtiger war die Bauernschaft. Mit Ausnahme von Jinnah waren alle Gründer und leitende Mitglieder der Moslemliga Grundbesitzer, die befürchteten, daß in einem von Nehru geführten Indien ihr Landbesitz unter die Pflanzer aufgeteilt werden würde. Die Kongreßpartei der rein moslemischen North West Frontier Provinz hatte tatsächlich politische Macht erlangt, indem sie die Bauern organisierte. Aber ein theokratisches Pakistan, so hoffte die Oberschicht, wäre Gift für den sozialen Radikalismus. Der Bauer könnte wohl überredet werden, den Staat über seine persönlichen Interessen zu stellen.

Pakistan war also die Antwort auf die Gebete des reichen Moslems und der Traum der moslemischen Mittelklasse. Ein Religionsstaat bot ihnen soziale Sicherheit und ein wirtschaftliches und politisches Monopol.

Aber weder die Grundbesitzer, die unter einer Hindu-Regierung um ihre ungerechtfertigten Gewinne fürchten mußten, noch die Intellektuellen, die um ihre Positionen bangten und auch nicht die kulturfeindlichen Mullas wären in der Lage gewesen, einen Staat Pakistan zu realisieren. Das konnte nur ein Mann, der über den Dingen stand, so wie Hitler über den finanziellen und geschäftlichen Interessen der deutschen gehobenen Bourgeoisie und der ostpreußischen Landbarone stand. Jinnah war der Mann. Unbestechlich, reich, desinteressiert am wirtschaftlichen Nutzen für sich selbst, voller Haß gegen Gandhi und Nehru, die ›unter ihm‹ gearbeitet und ihn aus der Politik vertrieben hatten. Hinzu kam noch seine Arroganz und seine ans Psychotische grenzende ›unterdrückte Intensität‹ – so kam er im Alter von etwa sechzig Jahren in die Politik zurück mit einem Eifer, der nur einen Grundsatz kannte: Erfolg. Jinnah zu interviewen war wie einer gesprungenen Schallplatte zuzuhören. Es gab keine Darlegung des Standpunktes, nur ein dauerndes Wiederholen von Schlagworten: Hindus und Moslems sind zwei getrennte Nationen; Gandhi will Hinduraj; Pakistan muß sein. Dieser einfältige Fanatismus, diese vernunftlose Leidenschaft und dieser ungezügelte Haß in einer Person, die frei war vom Verdacht der selbstsüchtigen Motivation, machte einen ungeheuren Eindruck auf die Menschen, deren hartes Leben und deren Enttäuschungen sie zu einer leichten Beute für primitive, emotionale Zielsetzungen machte: Die Moslems werden ihren eigenen Staat haben; die Moslems werden die Hindus und Sikhs regieren und nicht umgekehrt. Der hinduistische Händler, Industrielle, Grundbesitzer und Beamte werden verschwinden. Jinnahs Opfer waren ebenso ahnungslos wie er, wenn es um die Mathematik der Minderheiten oder um praktische Erwägungen ging. Er führte ihnen ein berauschendes Ziel vor Augen: Pakistan – ihr Staat. *Ihm* war nur daran gelegen, ein Pakistan zu schaffen. Die Probleme, die dieses Pakistan von vornherein haben würde, kümmerten ihn nicht. In den ersten Jahren, als er diese Idee propagierte, weigerte er sich sogar, die geographischen Grenzen dieses gelobten Landes anzuzeigen.

Je weniger konkret das Projekt, desto faszinierender war es für die Massen und desto weniger war es angreifbar für die Kritiker. Die Situation war das Paradies eines Fanatikers.

Jinnah war Gandhis größtes Problem geworden.

Teil III

Sieg und Tragödie

24. März 1946
bis
30. Januar 1948

27 *Auf der Suche nach dem Göttlichen im Menschen*

Gandhi hatte beschlossen, hundertfünfundzwanzig Jahre alt zu werden, natürlich nicht als ›lebender Leichnam, eine Bürde für Verwandte und Gesellschaft‹, sondern körperlich gesund und aktiv. Jeder kann ein so hohes Alter erreichen, behauptete er, mit Hilfe von Naturheilmitteln: Diät, Schlammpackungen, Bädern, regelmäßigem Schlaf, wenn nötig inneren Spülungen, kein Alkohol, keine Aufputschmittel. Grundsätzliche Voraussetzung war der seelische Schlüssel zur Langlebigkeit: ›inneres Freisein‹. Der ›Nektar‹, der das Leben erhält, ist der Dienst am Menschen und ein Zurückweisen der Früchte. Dann bleibt »kein Platz für Kummer oder Ungeduld«. Selbstlosigkeit bewahrt das Leben, wohingegen Egoismus es abtötet. Irgendwie war Gandhis Wunsch, noch ein halbes Jahrhundert zu leben, gleichzeitig eine Selbstüberschätzung wie auch eine Reflexion seines Glaubens und seines Realismus. Die Arbeit, die noch zu tun war, konnte getan werden, aber nicht in der Lebensspanne eines normalsterblichen Menschen.

Als ich Gandhi zum zweitenmal gegen Ende Juni 1946 besuchte, war er in guter Verfassung. In New Delhi angekommen, fuhr ich sofort mit dem Taxi in die Slums der Unberührbaren, wo er wohnte. Die Abendmesse wurde gerade zelebriert, und so postierte ich mich zu Füßen der drei Holzstufen, wo Gandhi von seiner Gebetsplattform heruntersteigen würde. »Ach, da sind Sie ja«, begrüßte er mich, »Sie werden bemerkt haben, daß ich in den vergangenen vier Jahren nicht schöner geworden bin.«

»Ich wage nicht zu widersprechen«, war meine Antwort. Er warf seinen Kopf zurück und lachte. Er nahm mich beim Ellbogen und fragte mich auf dem Weg zu seiner Steinbaracke nach meiner Gesundheit, meiner Reise und meiner Familie. Am nächsten Morgen um 5 Uhr 30 sollte ich ihn auf seinem Spaziergang begleiten. In den folgenden Wochen war ich mit ihm in verschiedenen Teilen Indiens insgesamt acht Tage zusammen. Sein Gesundheitszustand war ausgezeichnet. Seine Hände zitterten leicht, wenn er aß, und er schritt nicht mehr ganz so rüstig aus, wie er es noch vor vier Jahren getan hatte. Auch war seine Stimme nicht mehr so kräftig. Seine Bewegungen waren jedoch nach wie vor geschmeidig und er machte regelmäßige Übungen der Körperertüchtigung. Eines Abends lud er mich nach dem Essen in Dr. Dinshah Mehtas Naturheilklinik ein, mit ihm einen Spaziergang zu machen. »Aber Sie wollen doch wohl nicht im Regen spazierengehen«, protestierte ich sanft.

»Ach kommen Sie, alter Junge«, sagte er und streckte den Arm nach mir aus. Er machte immer noch gerne Spaß und lachte gerne.

Trotzdem fielen Schatten auf sein Leben. »Ich habe Indien bis heute nicht überzeugen können«, sprach er kummervoll mehr zu sich selbst als zu mir. »Überall um uns gibt es Gewalttätigkeiten. Ich bin eine verschossene Kugel.« Er hatte noch immer nicht die Hoffnung aufgegeben, daß er den Kampf für sein eigenes Volk gewinnen könne, und dazu brauchte er weitere Jahre der Gesundheit. Aber seinem Optimismus war eine Spur von Zweifel anzumerken.

In einer Hinsicht jedoch, und zwar in der wichtigsten, war er derselbe geblieben. Er war der Karma Yogi, der Mensch, der immer aktiv war und sich immer auf sein Ziel zubewegte. Das mindeste, was er tun konnte, war alles zu tun, was er tun konnte. Er arbeitete unaufhörlich mit den zahlreichen Wohlfahrts- und Bildungsorganisationen der Harijans, die er gegründet hatte, zusammen. Er kümmerte sich um die Durchführung der Reformen in den Dörfern und hatte gerade eine Stiftung für Naturmedizin ins Leben gerufen. Er schrieb jede Woche mehrere Artikel für seine Zeitschriften in Englisch und in Gujarati. Er beantwortete täglich Dutzende von Briefen. Er sammelte Geld bei Versammlungen und bat insbesondere auch seine reichen Freunde zur Kasse. Dieser Aderlaß der Begüterten veranlaßte Mrs. Naidu zu ihrem berühmten Ausspruch: »Es kostet eine Menge Geld, Gandhi arm zu halten.« Ein Textilmillionär,

G. D. Birla, finanzierte den Ashram mit dem Krankenhaus und der Molkerei um das Jahr 1935 mit einem finanziellen Aufwand von 17000 $ pro Jahr.

Außer für seine zahlreichen volkspädagogischen und sozialen Aktivitäten widmete Gandhi seine Energie nach wie vor der Kongreßpartei. Der starke Mann im Kongreß war zwar Sardar Vallabhbhai Patel. Der wichtigste Staatsmann, der häufig nicht mit der Kongreßpolitik einverstanden war, war C. Rajagopalachari, und die politische Nachfolge Gandhis sollte Jawaharlal Nehru antreten. Nehru war kein großer Gandhischüler und beileibe kein Gandhi, aber zwischen ihm und Gandhi hatte immer eine innige Vater-Sohn-Beziehung bestanden, die keine Meinungsverschiedenheit trüben konnte. »Jemand ließ verlauten, daß Pandit Jawaharlal und ich uns entfremdet hätten«, stellte der Mahatma bei einer Vorstandssitzung des Kongresses am 15. Januar 1942 fest. »Es bedarf sicher einiges mehr als Meinungsverschiedenheiten, um uns zu entfremden. Wir waren unterschiedlicher Meinung von dem Moment an, in dem wir zusammenarbeiteten, und doch habe ich schon seit einigen Jahren gesagt und das ist meine Meinung nach wie vor, daß nicht Rajaji sondern Jawaharlal mein Nachfolger sein wird. Er sagt, er verstünde meine Sprache nicht und er spreche eine Sprache, die mir fremd ist. Das mag wahr sein oder auch nicht. Ich weiß aber, daß er meine Sprache sprechen wird, wenn ich einmal nicht mehr bin.«

»Nehru hat einen rhetorischen Geist«, sagte Gandhi im Jahre 1946 zu mir. Patel brüstete sich, Gandhis ›Ja-Sager‹ zu sein, Nehru war Gandhis ›Nein-Ja-Sager‹. Daher kam wohl auch Gandhis Hoffnung, daß Nehru eines Tages die Herzenssprache des Mahatma sprechen würde.

Als die nationale Freiheit näherkam, verstärkten sich die politischen Aktivitäten, und Gandhi stand mittendrin. Nehru, Patel, Rajaji und andere politische Persönlichkeiten waren tägliche Besucher in den Slums der Unberührbaren. Sie kamen, um für ihre Pläne und Vorschläge Zustimmung zu gewinnen, die sie so dringend brauchten, um politisch bestehen zu können. Und sie besuchten Gandhi, um seinen Rat einzuholen. Sie brauchten seinen ›Instinkt‹, seine Intuition – der vage Begriff, der jedoch bei den Verhandlungen um die Unabhängigkeit Indiens eine so wichtige Rolle spielen würde.

Am 23. März 1946 war eine Kabinettsmission in Indien angekommen, um die ersten Gespräche über die Unabhängigkeit des Landes zu führen. Die Mitglieder Lord Pethick-Lawrence, der Indien-Minister, Sir Stafford Cripps, Präsident der Handelskammer und Albert V. Alexander, Erster Lord der Admiralität, wollten von den indischen Politikern Vorschläge hören, wie der Wechsel von der englischen Herrschaft zur indischen Unabhängigkeit am besten zu bewerkstelligen sei. Aber die Kongreßführer und die Moslemliga konnten sich nicht einigen, was sie eigentlich wollten, und so setzte die Kabinettsmission ihren eigenen Plan auf und veröffentlichte ihn am 16. Mai 1946. Nach eingehendem Studium dieses Dokuments gab Gandhi seine ›Überzeugung‹ kund »... dies sei das beste Dokument, das die englische Regierung unter den gegebenen Umständen hervorbringen kann.« Englands »einziges Ziel«, so versicherte er, »ist die britische Herrschaft so rasch wie möglich zu beenden.«

Die Beobachtungen der Kabinettsmission berichten von einer »gewaltigen Offensichtlichkeit« eines »fast allgemeingültigen Wunsches – mit Ausnahme der Moslemliga – nach einer Einheit Indiens«. Andererseits hätte man eine »sehr legitime und stark ausgeprägte Angst« bei den Moslems festgestellt, »die sich nicht einer dauernden Herrschaft durch eine hinduistische Mehrheit unterwerfen wollten.« Die Mission prüfte deshalb »sehr genau und unparteiisch die Möglichkeit einer Teilung Indiens«, entschied sich jedoch dagegen. Die »beiden Hälften des vorgeschlagenen pakistanischen Staates«, bestätigt die Mission, »sind etwa siebenhundert Meilen voneinander entfernt, und die Kommunikation zwischen diesen beiden Hälften wäre im Kriege und im Frieden vom guten Willen Hindustans abhängig.« In der westlichen Hälfte Pakistans, so hieß es, würde die nicht-moslemische Minderheit 37% der Gesamtbevölkerung betragen, in der östlichen Hälfte 48%, während zwanzig Millionen Moslems außerhalb Pakistans als Minorität in Hindustan verbleiben würden. »Diese Zahlen beweisen«, versicherte das Dokument der Kabinettsmission, »daß die Bildung eines separaten souveränen Staates Pakistan gemäß den Vorstellungen der Moslemliga nicht das Minoritätenproblem lösen würde« – und das war ja der Zweck, den die Moslemliga vorgab.

Die drei britischen Kabinettsminister prüften dann die Möglichkeit eines kleineren Pakistan, ohne die Gebiete der Hindus und der Sikhs, aber »ein solches Pakistan«, recherchierten sie, »wird von der Moslemliga als nicht akzeptabel abgelehnt.« (Und doch ist dies das heutige Pakistan.) Dieses kleinere Pakistan, schrieben die Minister, würde die Teilung Assams, Bengalens und des Pandschab nötig machen, eine Maßnahme, die ihrer Meinung nach »gegen den Wunsch eines sehr großen Prozentsatzes der Bevölkerung dieser Provinzen wäre. Bengalen und der Pandschab«, so führt der Bericht weiter aus, »hatten jeweils ihre eigene Sprache und eine lange traditionsreiche Geschichte. Darüber hinaus würde jede Teilung des Pandschab notgedrungen die Sikhs teilen, und viele von ihnen auf beiden Seiten der Grenze zurücklassen.«

Aus diesen Gründen riet die Kabinettsmission der britischen Regierung, Indien nicht zu teilen. Stattdessen empfahl sie 1. ein vereinigtes Indien, bestehend aus dem britischen Indien und den Staaten der Maharadschas und der Rajas, mit einer Bundesregierung, verantwortlich für Auswärtiges, Verteidigung und Verkehr; 2. ein Bundesparlament, das keine Maßnahmen religiösen oder rassischen Charakters beschließen könne ohne eine Hindu- und Moslemmajorität; und 3. Provinzialparlamente mit großen Machtbefugnissen. Die Bundesregierung, in der ebenfalls auf Minderheitenvertretung zu achten sei, würde sich auf wenige nationale Aufgaben beschränken, alles andere wäre den Provinzialparlamenten überlassen, die in Moslem-Provinzen in der Mehrheit aus Moslems bestehen würden.

Die verfassunggebende Versammlung, die eine auf diesen Grundsätzen basierende Verfassung entwerfen sollte, würde nach Vorschlag der Kommission in New Delhi zusammentreten und sich in drei Sektionen gliedern. Sektion A würde die Delegierten aus den Hindu-Provinzen Zentralindiens erfassen. Sektion B die Delegierten der Moslem-Provinzen Westindiens, der North-West-Frontier-Provinz, Sind und Pandschab; Sektion C Delegierte aus Bengalen und Assam. Der Sinn dieser dreigeteilten verfassunggebenden Versammlung wäre es, Verfassungen für die drei Bundesstaaten zu bilden, in die Indien politisch unterteilt werden sollte.

Dies war der wunde Punkt, an dem der Plan der britischen Mission scheitern sollte. Gandhis Instinkt, wie er es nannte, rebellierte gegen die Dreiteilung der verfassunggebenden Versammlung. Vielleicht, gab er zu bedenken, wollte die North-West-Frontier-Provinz, die immer für den Kongreß votiert hatte, lieber zur Sektion A gehören; warum sollte sie dann zur Sektion B gezwungen werden? Assam war größtenteils hinduistisch, warum würde es Bengalen zudiktiert, wo die Moslems geringfügig in der Mehrheit waren? Er hielt diesen Vorschlag der Regierungskommission für ein unvernünftiges Diktat. Nein, entgegneten die Engländer, diese Gebiete würden nur was die Ausarbeitung der Verfassung betrifft, separiert sein, und wenn man zu keiner Einigung kommen könnte, könnten sich einzelne Gebiete für die Mitgliedschaft in einer anderen Sektion entscheiden. Assam zum Beispiel hätte die Möglichkeit, sich der Sektion A anzuschließen. Aber Gandhi glaubte nicht an solche Möglichkeiten, wenn die Verfassung einmal entworfen war. Die Gebiete wären rechtlich gebunden und ein Wechsel zu einer anderen Sektion wäre deshalb undurchführbar. Gandhi war, in diesen kritischen Augenblicken zumindest, das Opfer seines stets wachen Mißtrauens. Er hegte die Befürchtung, diese Sektionen könnten dazu führen, daß plötzlich doch ein Pakistan durch die Hintertüre hereinkäme.

Die Sache wurde noch komplizierter, als Jinnah, nachdem er die Kabinettsmission des Gebrauchs von ›Gemeinplätzen und überlebten Argumenten‹ gegen Pakistan bezichtigt hatte, am 4. Juni den Plan der Kabinettsmission überraschend annahm. Das mag gerissene Politik und schlaue Psychologie gewesen sein, denn alles, was die Moslemliga billigte, war für viele Kongreßmitglieder von vornherein dubios. Der Kongreß debattierte das Problem wochenlang. Man war skeptisch. Nehru saß mit gekreuzten Beinen auf meinem Bett in Dr. Methas Naturheilklinik und wog die englischen Pläne ab: »Es sieht nicht so aus, als ob die Engländer Indien bald verlassen wollten.« Sein ständiger Begleiter, Mr. Krishna Menon, später Hochkommissar in London und indischer Delegierter bei den Vereinten Nationen, teilte diese Skepsis, die in Kongreßkreisen weit verbreitet war. Während dieser Zeit habe ich monatelang in Indien fast keinen indischen Nationalisten getroffen, der davon überzeugt war, daß England sich aus dem Land zurückzuzichen gedenke. Es schien allen zu schön, um wahr zu sein, und nicht zuletzt zu unnötig. Einige Kongreßleute, besonders die Sozialisten, die an ihrer Taufe der Gewalt in den Jahren 1942 und 1943 Gefallen gefunden hatten, waren der Ansicht, die Unabhängigkeit Indiens wäre nur von Dauer, wenn darum gekämpft und die Engländer aus dem Land vertrieben würden. Das politische Klima des Landes zog sich wie ein Nebel in die nichtöffentlichen Sitzungen der Politiker und beeinflußte ihre Entscheidungen.

Gandhis Befürchtungen verdichteten den Nebel noch. Aber er ließ es auch nicht zu, daß der Kongreß den englischen Plan zurückwies. Im Gegenteil, er bestand auf seine Annahme. Er meinte, daß sein Mißtrauen sehr wohl unbegründet sein könnte, zumal seine Vernunft seinem Instinkt nicht beipflichtete. Der Kongreß stimmte daraufhin zu, an der verfassunggebenden Versammlung teilzunehmen. Aber die Zweifel des Mahatma hatten viele erfaßt und ließen sie nicht mehr los. Anfang Juli gab Nehru bei einer sehr lebhaften Pressekonferenz in Bombay bekannt, der Kongreß würde sich nicht an der Dreiteilung zum Zwecke des Entwurfs von Verfassungsgesetzen beteiligen. Damit war der Plan der britischen Mission vom 16. Mai 1946 gestorben. Jinnah zog seine Zustimmung sofort zurück.

Retrospektiv betrachtet scheint der britische Vorschlag der beste gewesen zu sein, den Gandhi, Nehru und der Kongreß hätten erwarten können, zumindest viel besser als die Teilung Indiens, die dann tatsächlich erfolgte. Sicherlich kann man dagegenhalten, daß der Plan sowieso nicht funktioniert oder dazu geführt hätte, letztlich doch die Gründung des Staates Pakistan herbeizuführen. Aber in der Politik ist es nie möglich zu beweisen, daß irgend etwas passiert wäre, was unter den gegebenen Voraussetzungen nicht passiert ist. Der springende Punkt ist einfach, daß der britische Plan vom Mai 1946, den man ja schließlich auch angleichen und verbessern hätte können, ein vereintes Indien mit einer Bundesregierung vorsah und deshalb die folgende schmerzliche Zweiteilung vermieden worden wäre.

Ob Jinnah einer Bundesregierung eines vereinten Indien zugestimmt hätte, erscheint zweifelhaft. Vizekönig Wavell hatte versucht, eine Interimsregierung, die den Kongreß und die Moslemliga vertrat, zu bilden. Jinnah war einverstanden, jedoch nur unter der Voraussetzung, daß er das alleinige Recht der Nominierung aller Moslems im Kabinett hätte. Der Kongreß machte da nicht mit, denn er hielt sich nie für rein hinduistisch oder für eine religiöse Institution. Er hatte auch moslemische Mitglieder, von denen einige, wie Präsident Azad, sehr populär waren. Wenn man nun Jinnahs Forderung, die moslemischen Regierungsmitglieder alleine zu bestimmen, angenommen hätte, hätte man damit gleichzeitig der Behauptung zugestimmt, die Moslemliga stünde für alle Moslems Indiens –, und Indien müßte zwangsläufig auch politisch geteilt werden, weil es religiös ohnehin schon geteilt war.

Mit diesem zwingenden Einwand des Kongresses im Nakken gab Wavell nach und forderte beide Seiten auf, ihre Kandidatenliste für die Regierung einzureichen. Keine Seite könnte ein Veto gegen die Nominierten der anderen Seite einlegen. Daraufhin zog Jinnah seine Bereitschaft zur Mitarbeit an der Regierungsbildung zurück. Am 12. August 1946 beauftragte Wavell Nehru mit der Regierungsbildung. Nehru traf sich mit Jinnah und bot ihm eine Reihe Kabinettsposten an. Gandhi meinte, Jinnah könnte Premier- oder Verteidigungsminister werden, aber Jinnah wies alle Angebote zurück. Nehru stellte daraufhin ein Kabinett aus sechs Kongreßmännern, von denen sechs Kastenhindus und einer ein Harijan waren, zwei Moslems, einem Sikh, einem Christen und einem Parsen zusammen.

Jinnahs Antwort bestand darin, daß er den 16. August zum Tag der ›direkten Aktion‹ erklärte. Vier Tage lang wüteten Unruhen in Kalkutta, bei denen es, wie Lord Pethick-Lawrence feststellte, »etwa fünftausend Tote und noch einmal soviel Verwundete« gab. Einige Tage später wurde einem von Nehru ernannten moslemischen Kabinettsmitglied in einer einsamen Gegend in Simla aufgelauert. Er wurde mit sieben Messerstichen verletzt. »Ganz offensichtlich ein Attentat mit politischem Hintergrund«, kommentierte ein hoher britischer Beamter den Überfall.

Am 2. September wurde Nehru Premierminister von Indien. Jinnah bezeichnete diesen Tag als schwarzen Tag in der moslemischen Geschichte Indiens und hieß die Moslems mit schwarzen Fahnen Trauer zu flaggen. Am nächsten Tag hielt er folgende Rede: »Die Russen haben vielleicht mehr als nur das Interesse des unbeteiligten Zuschauers an indischen Angelegenheiten, und sie sind auch gar nicht so weit von Indien entfernt.« Aus diesem Satz ist sowohl seine Verbitterung als auch seine Bereitschaft zu erkennen, sein Ziel, koste es was es wolle, durchzusetzen. Die schwarzen moslemischen Fahnen wirkten wie ein rotes Tuch auf die Hindus. Es gab schwere Unruhen und zahlreiche Tote in Bombay, die sich dann auch auf das Pandschab, Bihar und Bengalen ausweiteten. Die Moslemliga tat nun kund, sie würde die verfassunggebende Versammlung boykottieren, die sie zuerst unterstützen wollte.

Gandhi sah, daß das Land unaufhaltsam auf einen Bürgerkrieg zusteuerte. Dadurch alarmiert, verstärkte Wavell seine Anstrengungen, die Anhänger Jinnahs in die Regierung Nehrus zu integrieren. Jinnah stimmte endlich zu und ernannte fünf Kabinettsmitglieder, vier Moslems und einen Unberührbaren, der gegen Gandhi war. Jinnah hatte immer darauf bestanden, daß die Moslemliga alle Moslems und nur Moslems vertrete. Warum hatte er jetzt plötzlich einen Hindu ausgewählt, einen Unberührbaren, wenn es ihm nicht darum ging, den Kongreß und die Kastenhindus zu verärgern? Genau das war Jinnahs Sinn und Zweck, und Liaquat Ali Khan, ein führendes Ligamitglied der Regierung, gab ganz offen zu, daß man in seinen Kreisen Nehrus Regierung nicht als die legitime Vertretung für ganz Indien ansehe und sich deshalb auch nicht verpflichtet fühle, mit ihr zusammenzuarbeiten. Und man kooperierte denn auch nicht. Im Gegenteil, man tat alles, um die Regierungsarbeit zu sabotieren. Die Regierung war aus Religionsgründen praktisch handlungsunfähig.

Viele Kongreßmitglieder des Kabinetts und viele ihrer Mitarbeiter kamen täglich in Gandhis Hütte in den Slums, um sich Rat zu holen. Er war der ›Super-Premier-Minister‹, der sein Augenmerk vor allem auf die Beziehung zwischen Moslems und Hindus richtete. »Mir wäre es lieber, die Hindus würden ohne Vergeltung sterben«, kommentierte er die zahlreichen Blutbäder. Auch ließ er sich trotz der vergifteten politischen Situation nicht von anderen fundamentalen Problemen abbringen. Er protestierte dagegen, daß Harijans, wenn eine Epidemie ausgebrochen war, »geschlagen wurden und ihr Wasser nicht an den Brunnen holen durften«. Er forderte die Abschaffung der Salzsteuer und bat gleichzeitig seine Mitbürger, die neuen Minister, die an der ungewohnten Bürde ihrer neuen Ämter noch schwer zu tragen hatten, nach Kräften zu unterstützen. Er schrieb über Lepra (er hatte einmal einen Leprakranken massiert, der im Ashram um Hilfe gebeten hatte) und über die Notwendigkeit des gemeinsamen Gebets.

Das ›wütende Feuer‹ der Feindschaft zwischen Hindus und Moslems bereitete ihm großen Kummer. »Warum kann ich diese Qual nicht mit Gelassenheit ertragen?« fragte er. »Ich fürchte, ich habe nicht die innere Freiheit, um hundertfünfundzwanzig Jahre zu leben.« Doch er erhielt sich seinen Glauben an den Menschen und freute sich auch über kleine Erfolge. »In Bombay«, schrieb er in seiner Zeitschrift, »gab ein Hindu einem moslemischen Freund Unterkunft. Das erzürnte wiederum den Hindu Mob, der den Kopf des Moslem-Freundes forderte. Der Hindu wollte seinen Freund jedoch nicht preisgeben. So starben beide, in tödlicher Umarmung, im wörtlichen Sinn des Ausdrucks... Und dies ist auch nicht der erste Fall von Tapferkeit inmitten dieses Wahnsinns. Während des letzten Blutbads in Kalkutta haben Moslems, unter Gefahr für ihr Leben, ihre Hindu-Freunde bei sich aufgenommen. Aber auch umgekehrte Fälle dieser Art wurden bekannt.« Er war ermutigt. »Die Menschheit würde sterben, wenn nicht hie und da irgendwo das Göttliche im Menschen zum Vorschein käme.«

Bis zu seinem Tod suchte Gandhi nach dem Göttlichen im Menschen und nach der Vernunft seiner indischen Landsleute.

Man berichtete ihm von Massakern in den fernen Noakhali- und Tippera-Regionen Ostbengalens, wo Moslems tötend umherzogen, Hindus zum Konvertieren zwangen und Frauen schändeten. Daß die Unruhen sich bis in die Dörfer fortsetzten, irritierte Gandhi ganz besonders, und er beschloß, nach Noakhali zu reisen. Freunde versuchten ihn davon abzubringen. Sein Gesundheitszustand sei zu schlecht, und außerdem würde ihn der Kongreß in New Delhi brauchen. »Ich weiß nur, daß ich niemals zur Ruhe kommen werde, wenn ich nicht dorthin gehe«, antwortete er. Er ließ die Menschen wissen, sie sollten nicht seines Segens wegen zur Bahnstation kommen, er sei nicht in der Verfassung, ihn zu erteilen. Die Menschen kamen aber in Scharen. Auf dem Weg nach Bengalen belagerten riesige Menschenmassen die Bahnstationen und blockierten die

Gleise. Sie kletterten auf die Dächer der Bahnhöfe, zerbrachen Fenster und Fensterläden und machten einen ohrenbetäubenden Lärm. Mehrmals gab der Zugführer das Signal zur Abfahrt, aber dann zog jemand die Notbremse und der Zug, der bereits angefahren war, blieb mit einem Ruck stehen. An einer Station konnten sich die Bahnangestellten nur mehr dadurch helfen, daß sie die Wasserschläuche auf die auf den Gleisen sitzende Menge richteten. Unglücklicherweise setzten sie dabei auch Gandhis Abteil unter Wasser. Er kam mit fünf Stunden Verspätung in Kalkutta an, müde und traurig. Wieder waren bei religiösen Unruhen in Kalkutta zweiunddreißig Menschen ums Leben gekommen. Mit Mr. H. S. Suhrawardy, dem moslemischen Premierminister Bengalens, fuhr Gandhi in die betroffenen Gebiete, fuhr durch verlassene Straßen, wo sich zu beiden Seiten der Abfall einen Meter hoch türmte, und die von geplünderten Häusern mit geschlossenen Läden gesäumt waren. Gandhi schauderte bei diesem Anblick. Ihn überkam Beklommenheit, wenn er sah, daß sich der Mensch in ein reißendes Tier verwandeln konnte. Aber das änderte nichts an seinem Entschluß: er wollte in Kalkutta und in Noakhali bleiben. »Ich werde Bengalen erst verlassen«, gab er bei einer Gebetsstunde bekannt, »wenn die letzten Funken des schwelenden Feuers verglüht sind. Und wenn ich ein Jahr oder länger bleiben muß. Wenn es nötig sein sollte, werde ich auch hier sterben. Aber ich werde kein Scheitern meiner Mission hinnehmen. Wenn die einzige Wirkung meines irdischen Daseins ist, daß die Leute zu mir in Hoffnung aufsehen und Dinge von mir erwarten, die ich nicht erfüllen kann, dann wäre es bei weitem besser, ich wäre tot.«

28 Am Vorabend

Während er sich darauf vorbereitete, nach Noakhali zu reisen, erhielt Gandhi Nachricht aus der Nachbarprovinz Bihar – wo 31 Millionen Hindus und 5 Millionen Moslems lebten –, daß dort verheerende Unruhen ausgebrochen seien. Moslemische Übergriffe auf Hindus in Noakhali hatten die Bihari Hindus in rasenden Zorn versetzt. Der 25. Oktober wurde zum ›Noakhali Tag‹ erklärt. Reden von Kongreßabgeordneten, die sich wahrscheinlich vor dem Mahatma auf den Boden geworfen und ihm die Füße geküßt hätten, und Sensationsberichte in den Zeitungen, in denen die Anzahl der getöteten Hindus in Noakhali noch weit übertrieben wurde, peitschten die Stimmung bei den Hindus bis zur Hysterie auf. Tausende zogen durch die Straßen der Städte und Dörfer und riefen: »Blut für Blut!« In der folgenden Woche wurden laut Angaben des Delhi Korrespondenten der Londoner *Times* nachgewiesenermaßen 4580 Menschen Opfer des Terrors im Lande.

Eine Zahl, die sich in der Folgezeit auf über 10000 erhöhte, die meisten davon Moslems. Das Feuer der Massenunruhen war entfacht.

Voller Sorge richtete Gandhi ein Manifest an die Biharis. »Die Missetaten der Bihari-Hindus sind Wasser auf die Mühle Quaid-e-Azan Jinnahs, der behauptet, der Kongreß sei eine hinduistische Clique... Laßt Bihar, das so viel getan hat, um das Prestige des Kongresses zu heben, nicht allen voran sein Grab schaufeln...« Als Buße für die in Bihar begangenen Morde kündigte Gandhi an, er werde sich an die »geringstmögliche Nahrungsaufnahme halten« und dies würde »Fasten bis zum Tode werden, wenn die aggressiven Biharis sich nicht eines Besseren besännen«.

In diesem kritischen Augenblick flogen Premierminister Nehru, Patel, Liaquat Ali Khan und Abdur Rab Nistar nach Bihar. Erschüttert und erzürnt über das, was er dort hörte, drohte Nehru, Bihar bombardieren zu lassen, wenn die Morde nicht sofort aufhörten. »Aber das wäre eher die Art der Engländer«, kommentierte Gandhi.

Nach einiger Zeit wurde es in Bihar und in Kalkutta ruhiger. Gandhi nahm seinen Plan, nach Noakhali zu reisen, wieder auf, wo nach wie vor verängstigte Hindus vor extremistischen Moslems flohen.

Noakhali liegt im Gangesdelta und gehört zu den unzugänglichsten Gebieten Indiens. Viele Dörfer sind sogar nur mit dem Ruderboot erreichbar. Phillips Talbot, ein junger amerikanischer Student und angehender Forscher, reiste von Kalkutta nach Noakhali. Mit Eisenbahn, Dampfer, Fahrrad, Fährboot und zu Fuß begab er sich in das Dorf, wo Gandhi sich aufhielt.

Gandhi pflegte um vier Uhr früh aufzustehen, die drei bis vier Meilen bis zum nächsten Dorf zu Fuß zurückzulegen, dort mit den Bewohnern gemeinsam zu beten und dann wieder weiterzuziehen. Er wohnte in den Hütten der Bauern, die ihm Unterkunft gewährten, und ernährte sich von Früchten, Gemüse und Ziegenmilch, falls verfügbar. Das war sein Tagesablauf vom 7. November 1946 bis 2. März 1947. Er hatte gerade sein siebenundsiebzigstes Lebensjahr vollendet und in diesen Monaten neunundvierzig Dörfer besucht.

Sein Fußmarsch von Dorf zu Dorf war beschwerlich. Oft warfen seine Feinde Dornengestrüpp und sonstige Hindernisse auf den Weg, den er nahm, und machten ihm dadurch seinen Marsch noch beschwerlicher. Das Gelände war ohnehin oft kaum zugänglich. Manche Orte waren durch Schluchten und Wasserläufe voneinander getrennt, über die primitive, wacklige Bambushängebrücken führten. Gandhi rutschte einmal aus und wäre um ein Haar in den Abgrund gestürzt, aber er fing sich behende und erreichte glücklich die andere Seite. Um sich etwas Übung für das Überqueren solcher Brücken zu verschaffen, übte er auf Bambusstegen einige Zoll über dem Erdboden.

Gandhi nahm die physische und geistige Herausforderung, die dieses ferne Gebiet mit seinen 2500000 Einwohnern bot, von denen 80 Prozent Moslems waren, voll an. Monat um Monat hielt er durch. »Meine derzeitige Mission«, schrieb er am 5. Dezember von Noakhali aus, »ist die schwierigste und komplizierteste meines Lebens... Ich bin auf jede Eventualität vorbereitet. Die Devise ›Handeln oder Sterben‹ erfährt hier ihre härteste Probe. ›Handeln‹ heißt hier für mich, Hindus und Moslems zu versöhnen, andernfalls werde ich hier mein Leben beschließen.«

Er beorderte seine Gefolgschaft in die entlegensten, oft feindlich gesinnten Dörfer. Jeder war auf sich selbst angewiesen. Pyarelal, seine Schwester, Dr. Sushila Nayyar, Sucheta Kripalani, ein Bengale, Kanu Gandhi, Kanus Frau Abha und andere mußten alleine in den verschiedenen Dörfern missionieren. Als Pyarelal mit Malaria darniederlag und Gandhi in einer Nachricht bat, er möge seiner Schwester erlauben, ihn zu pflegen, antwortete der Mahatma: »Wenn sie krank werden, müssen sie zusehen, daß sie sich aus eigener Kraft wieder erholen, oder dort sterben... In der Praxis bedeutete das, daß sie auf Hausmittel oder die Therapie der ›fünf Naturelemente‹ angewiesen waren. Dr. Sushila hat selbst Probleme, mit den von ihr betreuten Dorfbewohnern zurechtzukommen...« Gandhi unterwarf sich selbst dieser harten, unnachgiebigen Disziplin. Er hatte nur den Anthropologieprofessor Nirmal Kumar Bose, einen früheren Ashrambewohner, der als sein Übersetzer für Bengalisch fungierte, bei sich, dann seinen ständigen Begleiter und Stenografen Parasuram, der sich um die umfangreiche Korrespondenz kümmerte, und Miß Manu Gandhi, die sich um das leibliche Wohl der kleinen Gruppe kümmerte. Gandhi half ihr bei der Zubereitung des Essens und beim Saubermachen der Hütte. Manchmal massierte er sich selbst.

Seine Aufgabe muß ihn wohl häufig sehr deprimiert haben. Professor Bose hörte ihn einmal vor sich hin murmeln: »Was soll ich nur tun? Was soll ich nur tun?«

Nach Angaben der moslemischen Regierung von Bengalen wurden bei den Unruhen in Noakhali und dem angrenzenden Tippera Bezirk 216 Menschen getötet und über zehntausend Häuser geplündert. In Tippera wurden 9895 Hindus gezwungen, zum Islam überzutreten, in Noakhali war die Zahl sogar noch größer. Tausende von Hindu-Frauen waren entführt und zu Eheschließungen mit Moslems gezwungen worden, so daß die Hindugemeinschaft sie nie wieder aufnehmen würde. Aus demselben Grund wurden Hindus gezwungen, Kühe zu schlachten und Fleisch zu essen. Hindu-Männer mußten sich Bärte wachsen lassen, ihr Lendentuch nach Art der Moslems schlingen und den Koran rezitieren.

Zu Beginn seiner Pilgerwanderung nach Noakhali und Tippera schlug jemand Gandhi vor, er solle die Hindus dazu bewegen, in andere Provinzen zu ziehen, aber er lehnte ein solches Ansinnen leidenschaftlich ab, denn das käme einem Eingeständnis gleich, daß ein vereinigtes Indien ein Ding der Unmöglichkeit sei. Außerdem war Gandhi immer der Meinung gewesen, daß zwischen Menschen, so verschieden sie auch sein mögen, immer die Möglichkeit einer Affinität besteht oder eine solche wenigstens geschaffen werden kann. Das war jetzt seine Aufgabe. Liebe Deine Feinde und tue Gutes denen, die Dich hassen, sprach Jesus. Und so lebte Gandhi und verlangte es auch vor allem von denen, die mit ihm sein wollten. Einmal saß er in der Hütte eines Moslems auf dem Boden und sprach über die Schönheit der Gewaltlosigkeit, als jemand ihn wissen ließ, daß der Mann zu seiner Rechten schon viele Hindus getötet hätte. Gandhi lächelte ein wenig und sprach weiter. Daraufhin legten ihm einige Moslems ihre tödlichen Waffen zu Füßen. Die ärmeren Moslems kamen in Scharen zu seinen täglichen Gebetstreffen, obwohl ihre reichen Glaubensbrüder ihnen dafür harte Strafen androhten. Auch den moslemischen Politikern in Kalkutta war der Kontakt ihrer Untertanen mit Gandhi ein Dorn im Auge. In Narayanpur gewährte ein Moslem Gandhi Unterkunft und Verpflegung. Gandhi dankte ihm in aller Öffentlichkeit. Diese Art von Gastfreundschaft widerfuhr ihm immer öfter. Tausende Hindus und Moslems kamen zu seiner Versammlung am 22. Januar im Dorf Paniala. Er unterbrach die Gebete, um den Moslems Gelegenheit zu geben, aus der dichtgedrängten Menge herauszutreten und sich zum Gebet nach Mekka zu wenden. In Raipura war Gandhi an einem Sonntag Gast bei einem Abendessen, das hinduistische Kaufleute für zweitausend Personen einschließlich Kastenhindus, Unberührbaren, Moslems und Christen gaben. Er war glücklich. Der moslemische Priester nahm ihn in die Moschee mit. Bauern kamen in großer Anzahl zu seiner Hütte, um sich Trost zu holen und sich auszusprechen. Er ermahnte die Hindus, sich nicht auf das Militär oder die Polizei zu verlassen, sondern nach den Vorschriften ihres Herzens zu handeln. »Demokratie und Abhängigkeit von Militär und Polizeimacht sind miteinander unvereinbar«, erklärte er. In dem Dorf Chandipur erfuhr er, daß Hindus, die während der Unruhen geflohen waren, wieder zurückkehrten. Das war das Ziel seiner Mission.

Auf die Zuhörerfrage, warum er einen so weiten Weg auf sich genommen habe, statt sich um eine Verständigung mit Jinnah zu bemühen, die ihm vielleicht diese anstrengende Pilgerreise erspart hätte, antwortete er: Ein Führer wird von seinen Gefolgsleuten zu dem gemacht, was er ist. Die Menschen müssen mit sich selbst eins sein. Nur dann spiegelt sich ihr Wunsch nach nachbarlichem Frieden in ihrem Führer wider.

Gandhi war nach Noakhali gekommen, um menschliche Bande zwischen Hindus und Moslems zu knüpfen, ehe Politik und Gesetz eine unüberwindliche Mauer zwischen ihnen errichten konnten. Er hoffte, den Wettlauf zwischen Politik und Menschlichkeit zu gewinnen.

Die Skalpelle der politischen Trennung waren schon bereitgelegt. Ende November 1946 ließ Premierminister Attlee Nehru, Jinnah, Verteidigungsminister Baldev Singh und Liaquat Ali Khan in die Downing Street Nr. 10 bitten. Direkter Anlaß für dieses Treffen war die außerordentliche Konferenz über die indische, verfassunggebende Versammlung, die am 9. Dezember in New Delhi zusammentreten sollte.

Jinnah hatte wissen lassen, die Moslemliga werde nicht an dieser Versammlung teilnehmen, weil der Kongreß die Treffen der Sektionen A, B und C boykottierte, bei denen die Verfassungen entworfen werden sollten. Wenn jedoch die Moslemliga sich weigerte, an den Verfassungsvorbereitungen für ein freies Indien teilzunehmen, wie konnte dann England sich aus Indien zurückziehen? An wen würde die Macht übergeben werden? Um diese Frage zu klären, holte sich Attlee die indischen Führer an seinen Amtssitz.

Während seines Aufenthalts in London erklärte Jinnah öffentlich, er erwarte, daß Indien in einen Hindu- und einen Moslemstaat geteilt werde, und fügte hinzu, daß er Mr. Churchills Befürchtungen »bezüglich der Möglichkeit eines Bürgerkriegs und landesweiten Unruhen« teile. Diese Stellungnahme wurde als Warnung verstanden: entweder Pakistan oder Bürgerkrieg. Unweigerlich scheiterten also die Verhandlungen in Downing Street Nr. 10.

Nach seiner Rückkehr nach Indien machte Nehru sich auf den langen Weg in das Dorf Srirampur in Noakhali, um Gandhi vom Scheitern der Verhandlungen in London zu berichten. Gandhi bestand nichtsdestotrotz darauf, daß der Kongreß sich aus den Sektionen, die die Verfassung aufsetzen sollten, herauszuhalten habe. Er betrachtete sie als Mittel zur Teilung Indiens. Am 6. Januar 1947 beschloß jedoch das All India Congress Committee, entgegen Gandhis Ratschlag, mit 99 gegen 52 Stimmen, an den Sektionsversammlungen teilzunehmen. Aber diese Bemühungen, den britischen Kabinettsplan vom 16. Mai 1946 wieder aufleben zu lassen, kamen zu spät und waren aussichtslos. Die Voraussetzungen hatten sich geändert. Premierminister Attlee kündigte am 20. Februar 1947 im Unterhaus an, England würde sich »bis spätestens Juni 1948« aus Indien zurückziehen. Lord (Admiral Louis) Mountbatten, ein Urenkel von Königin Viktoria, würde Wavells Nachfolger werden. Lord Mountbatten sollte der zwanzigste und letzte britische Vizekönig von Indien sein.

Attlee sagte nicht, daß Indien geteilt würde, aber die Ereignisse im fernen Indien spitzten sich zusehends zu. Der Aufruhr wütete in der bevölkerungsreichen Provinz Pandschab, der Heimat von Moslems, Sikhs und Hindus. Der Pandschab war gewissermaßen das »Herzstück der vorgeschlagenen westlichen Hälfte Pakistans«. Bengalen, die entsprechende östliche Hälfte, brachte wenig Begeisterung und Unterstützung für den geplanten Staat Pakistan auf. Da dort die Moslems in der Mehrheit waren, fürchteten sie die Hindus nicht. Auch waren die Bengal- und die Pandschab-Moslems sich gegenseitig so freundlich gesonnen, daß sie in einem eigenen Staat zusammengefaßt werden wollten. Aber auch im Pandschab fiel Jinnahs Aufruf nach »Aktion« auf fruchtbaren Boden und spülte die letzte Vernunft hinweg. Wie in anderen Provinzen tränkte das Blut der Ermordeten den Boden. In der ersten Märzwoche faßte ein Arbeitsausschuß des Kongresses die »Teilung des Pandschab in zwei Provinzen« ins Auge, damit der überwiegend moslemische Teil vom hauptsächlich nicht-moslemischen Teil getrennt würde«. Das war eine politische Wasserscheide. Einerseits hielt die Resolution den Pandschab-Moslems einen Spiegel vors Gesicht und zeigte ihnen, daß bei einer Fortsetzung der Unruhen eine Vivisektion ihrer Provinz drohe. Andererseits hatte der Planungsausschuß damit das Prinzip der Gründung eines Staates Pakistan akzeptiert.

Von dieser Entwicklung beunruhigt machte sich Gandhi, zumal sich die Lage in Noakhali etwas gebessert hatte, nach Westen in Richtung Pandschab auf den Weg. Blutvergießen in Bihar konnte ihn nicht aufhalten. Die Hindus in Bihar »hätten in einem Anfall von Wahnsinn vergessen, daß sie menschliche Wesen waren«. Er warnte sie eindringlich davor, die Morde der Moslems an den Hindus im Pandschab vergelten zu wollen. Ganz Indien stünde auf dem Spiel. Er drängte Mörder, die im Zusammenhang mit dem Gemetzel von der Polizei gesucht wurden, sich den Behörden zu stellen oder mit ihm Kontakt aufzunehmen. Hunderte beherzigten diesen Rat. Eines Tages erhielt der Mahatma ein Telegramm von einem Hindu mit der eindringlichen Warnung, er solle die Hindus nicht für ihre Taten verurteilen. Gandhi las es bei seinem Gebetstreffen vor und beantwortete es seinen Zuhörern gegenüber: »Ich würde meinen Anspruch, ein Hindu zu sein, verlieren, wenn ich von meinen Brüdern begangenes Unrecht unterstützte.« Er ersuchte die

Hindus, ihren Wirtschaftsboykott gegen die Moslems aufzugeben, aber »nicht ein einziger Hindu stand auf und versprach mir das in die Hand... Man bräuchte sich deshalb auch nicht zu wundern, wenn die Moslems nicht in ihre Dörfer zurückkehren wollten«. Gandhi warnte seine Glaubensbrüder, daß, wenn die Unruhen im Lande nicht aufhören würden, »Indien den goldenen Apfel der Unabhängigkeit leicht verspielen könnte«.

Das war die Lage am 22. März 1947, als Lord Mountbatten in weißer Marineuniform mit seiner Frau Edwina, der Vizekönigin, in New Delhi ankam. Ihr Charme und ihr informelles Auftreten gewannen ihnen in allen Bevölkerungsschichten viele Herzen. Innerhalb von vierundzwanzig Stunden ließ Jinnah vor Mountbatten verlauten, daß »furchtbares Unglück« auf Indien zukäme, wenn es kein Pakistan geben sollte. Vier Tage nach seiner Ankunft lud der neue Vizekönig Jinnah und Gandhi zu einer Unterredung ein. Gandhi befand sich auf dem Weg nach dem Pandschab in Bihar. Mountbatten bot an, ihn durch ein Flugzeug holen zu lassen. Aber Gandhi bevorzugte die Fortbewegungsart der Millionen. Am Bahnhof von Patna sammelte er, ehe der Zug abfuhr, Geld für die Harijans. Am 31. März sprach er 2 1/4 Stunden mit Lord Louis. Diesem ersten Gespräch folgten noch bis zum 12. April fünf weitere, ausgedehnte Unterredungen. Jinnah hatte in dieser Zeit ebensoviele Gespräche mit Mountbatten. Diese zwei Wochen und die zwei folgenden Monate waren die schicksalhaftesten in der neuzeitlichen Geschichte Indiens. Als der ganze traurige Prozeß von Indiens Vivisektion vorbei war, erzählte Mountbatten seine Geschichte.

29 Das Karussell dreht sich

Am 6. Oktober 1948 sprach Lord Mountbatten vor der Royal Empire Society in London und gab seine Version von der Entwicklung in Indien wieder. In Indien, begann er, wird

Gandhi »nicht mit großen Staatsmännern wie Roosevelt oder Churchill verglichen. Er wird einfach als Mohammed oder Christus gesehen«. Bei seinem ersten Zusammentreffen mit Gandhi hatte er ihn gebeten, etwas über seine Erfahrungen in Südafrika zu erzählen. Er fragte Jinnah über seine Jugendzeit in London. »Ich wollte einfach mit ihnen reden, um sie besser verstehen zu können. Ich wollte mich fürs erste nur mit ihnen treffen und mit ihnen plaudern.« Er erzählte Gandhi und Jinnah jedem im persönlichen Gespräch etwas über seine Vergangenheit. »Als ich dann das Gefühl hatte, ich kenne diese beiden Männer, die mir da gegenübersaßen, begann ich das Problem, das es zu bewältigen gab, zu erörtern.«

Mountbattens Auftrag lautete, England bis zum Juni 1948 aus Indien herauszuführen. Die gesetzliche Grundlage einer solchen Schmälerung des Empires brauchte natürlich seine Zeit, und deshalb mußte die Lösung dieses Problems Ende des Jahres 1947 feststehen. Allerdings waren sich er und seine Berater von Anfang an darüber einig, daß dieser Zeitplan zu langfristig war. Die Ereignisse überschlugen sich. Das Problem hatte, erklärte Mountbatten, mit Jinnahs ›Direkt Action Day‹ am 16. August 1946 begonnen, auf friedlichem Wege nicht mehr lösbar zu sein. Auf die Ausschreitungen der Moslems folgten das Massaker an den Hindus in Noakhali und die Vergeltungsanschläge der Hindus in Bihar. Danach massakrierten die Moslems die Sikhs in Rawalpindi (im Pandschab), und diesem Brudermord folgte der Aufruhr in der North-West-Frontier-Provinz.

»Als ich dort ankam«, berichtete Mountbatten seinen Zuhörern, »gab es keine Möglichkeit mehr, den Bürgerkrieg zu stoppen.«

»Persönlich war ich davon überzeugt, daß die beste Lösung für das Land nach wie vor ein vereinigtes Indien gewesen wäre«, nach dem Plan vom 16. Mai 1946, räumte Mountbatten ein, aber das setzte Zusammenarbeit der beiden Parteien voraus. »Mr. Jinnah«, fuhr Mountbatten in seiner Berichterstattung fort, »hatte jedoch von Anfang an keinen Zweifel daran gelassen, daß er, solange er lebte, niemals ein vereinigtes Indien akzeptieren würde. Er verlangte die Teilung, er bestand auf Pakistan. Der Kongreß dagegen plädierte für ein ungeteiltes Land, aber die Kongreßführer wollten lieber eine Teilung in Kauf nehmen als einen Bürgerkrieg riskieren.«

Mountbatten »war davon überzeugt, daß die Moslemliga vor einer gewaltsamen Durchsetzung ihres erklärten Ziels nicht zurückschrecken würde«.

Der Kongreß jedoch würde sich weigern, große, nicht-moslemische Gebiete für die Gründung des neuen Staates Pakistan abzutreten. Das bedeutet automatisch eine Teilung der Provinzen Pandschab und Bengalen, damit keine nicht-moslemischen Gebiete dem moslemischen Pakistan zufallen. »Als ich Mr. Jinnah sagte, daß ich seine (des Kongresses) vorläufige Zustimmung zur Teilung hätte, war er überglücklich. Aber als ich ihm dann auch sagen mußte, daß dies zwangsläufig die Teilung des Pandschab und Bengalens zur Folge hätte, hörte er das mit Entsetzen. Er hatte die massivsten Argumente parat, warum diese Gebiete nicht geteilt werden sollten. Da wären zum Beispiel die nationalen Eigenheiten, auf die sich eine Teilung katastrophal auswirken würde. Ich hielt dagegen, daß man dieselben Überlegungen auch bei der Teilung des ganzen Landes anstellen müßte. Diese Argumentation gefiel ihm nicht und er begann mir darzulegen, warum die von ihm geforderte Teilung eine Notwendigkeit sei. Und so ging es immer wieder wie bei einem Karussell rundherum, bis er schließlich einsah, daß er entweder ein vereinigtes Indien mit einem ungeteilten Pandschab und einem ungeteilten Bengalen haben könnte oder aber ein geteiltes Indien mit einem geteilten Pandschab und einem geteilten Bengalen. Schließlich akzeptierte er die letztere Möglichkeit.«

Also beschloß man, Indien zu teilen, ein Land von 400 Millionen Menschen. Gandhi war nie damit einverstanden. Er hoffte sogar, diese Entscheidung einmal rückgängig machen zu können.

»Mr. Gandhi«, sagte Lord Mountbatten zum Mahatma in einem ihrer sechs gemeinsamen Gespräche, »heute ist der Kongreß auf meiner Seite.«

»Aber *Indien*«, entgegnete Gandhi, ist auf *meiner* Seite.«

Als er Professor Nirmal Kumar Bose diesen Disput wiedererzählte, bezeichnete Gandhi Mountbattens Behauptung als »kühn«, aber sie entsprach der Wahrheit und ist der Schlüssel zur Teilung Indiens, wohingegen Gandhis Feststellung eher eine Hoffnung war. Wenn Indien tatsächlich auf Gandhis Seite gewesen wäre, wäre eine Teilung des Landes nie zustande gekommen.

Die Kongreßmitglieder erlebten eine quälende, schmerzliche Zeit im Kabinett Nehrus, da ihre moslemischen Kollegen jede Gelegenheit nutzten und alle Tricks anwendeten, die Regierungsarbeit zu verhindern. Ermüdet vom Kampf gegen diese unverhohlene Störung ihrer Arbeit waren die Kabinettsmitglieder allmählich so mürbe geworden, daß man um des lieben Friedens willen bereit war, den moslemischen Forderungen nachzugeben. Nehru faßte dieses Gefühl in Worte, als er am 21. April 1947 sagte: »Die Moslemliga kann ihr Pakistan haben, wenn sie will, aber unter der Bedingung, daß Teile Indiens, die sich gegen eine Zugehörigkeit zu diesem Staat weigern, auch diesem nicht zufallen.«

Diese widerstrebende Zustimmung zu einem kleineren, dem heutigen Pakistan, für dessen Gründung Assam, Bengalen und das Pandschab geteilt wurden, war das Ergebnis einer Unterschätzung des Unglücks, das eine solche Teilung mit sich bringen würde. In New York erklärte Premierminister Nehru am 16. Oktober 1949, er hätte bis zum bitteren Ende gegen die Gründung Pakistans gekämpft, wenn damals schon die schlimmen Folgen dieses Akts politischer Kurzsichtigkeit zu erahnen gewesen wären. Die Teilung Indiens kostete hunderttausenden Indern das Leben und machte fünfzehn Millionen zu Flüchtlingen. Die brachte

Bei der Gebets-
meditation

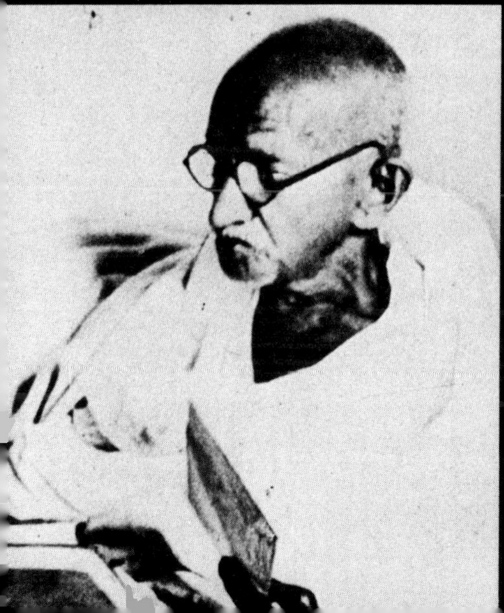

Mahatma
Gandhi bei
seinem letzten
Fasten

Die letzte Aufnahme Gandhis vor seinem gewaltsamen Tod

Rechts: Mahatma Gandhi auf seinem Totenbett am 30. Januar 1948

Folgende Seite: Ein riesiger Trauerzug auf dem Weg nach Dschamna

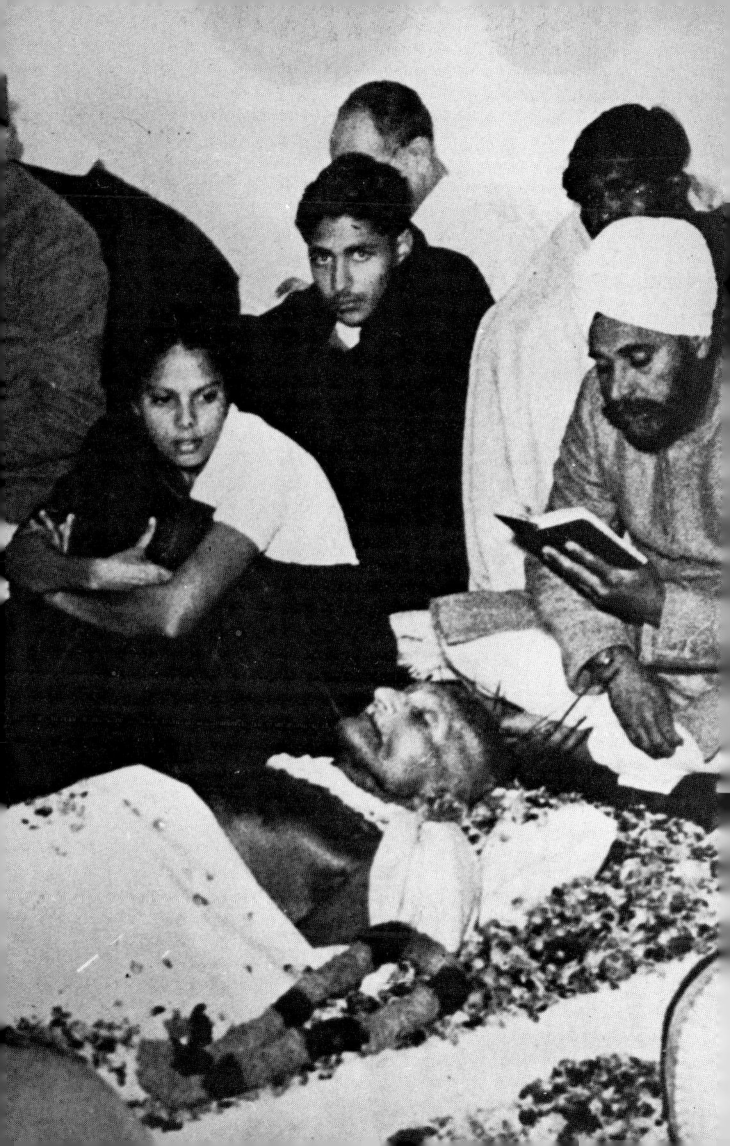

den Krieg in Kashmir, riesige wirtschaftliche Verluste für alle Teile des indischen Subkontinents und eine fortdauernde religiös-nationalistische Bitterkeit mit katastrophalen Auswirkungen. Ob Gandhi diese düsteren Folgen intuitiv vorausahnte oder nicht, spielt keine Rolle. Er beurteilte und verwarf die Teilung nicht nach ihren möglichen Folgen, sondern verurteilte sie ihrem Wesen nach als Grundübel. Das verlieh ihm die Kraft zu kämpfen, wohingegen die jüngeren Führer »müde und kurzsichtig« waren, wie es einer von Gandhis Ashram-Jüngern ausdrückte.

Nehru stimmte der Teilung zu, weil er fürchtete, ein Kampf für die Einheit des Landes könnte das höhere Ziel der Unabhängigkeit auf unvorhersehbar lange Zeit hinauszögern. Viele Kongreßmitglieder hatten schon Macht und Regierungsämter gewittert, und man hatte keine Lust, diese Aussichten einem Kampf um die Einheit Indiens zu opfern. Außerdem war ja offen, wie so ein Kampf enden würde. Gandhi machte ein Gefängnisaufenthalt nichts aus. Er fand dabei sogar Ruhe und Erholung, wie er selbst einmal sagte. Nicht so für andere. »Mein Gefängnisaufenthalt war diesmal eine noch größere Qual für mich als das frühere Mal«, schrieb Nehru am 13. August 1934 an Gandhi. Diese Qual wurde während seiner nächsten Haftzeit vom 9. August 1942 bis zum 14. Juli 1945 noch schlimmer, insbesondere weil er wegen einer Sache eingesperrt war, die er im Grunde gar nicht befürwortete. Jinnahs angedrohter Bürgerkrieg hatte seine blutigen Schatten in Form von immer wieder aufflackernden Unruhen vorausgeworfen, und den Engländern stand so kurz nach dem Zweiten Weltkrieg bei Gott nicht der Sinn nach Kampf, auch nicht gegen die Moslems in Indien. Mountbatten stellte die Teilung als unvermeidbar hin und die Unabhängigkeit als ein so hohes Ziel, für das man gewisse Unannehmlichkeiten wohl in Kauf nehmen müßte. Mountbatten bot dem Kongreß die ersehnte Macht an. Da half auch Gandhis Einwand nichts, es wäre glatte »Blasphemie«, das Land auseinanderzureißen. Aber er wußte auch, daß er hier kapitulieren müsse. Als er zu

Mountbatten sagte: »Aber *Indien* ist auf *meiner* Seite!«, hätte man ihn nicht beim Wort nehmen dürfen. Ihm war klar, daß die Bürde des Beweises auf ihm lag.

Er verließ deshalb Delhi unmittelbar nach seinen Gesprächen mit dem Vizekönig und kehrte nach Bihar zurück. Dort war es im April tropisch heiß, und seine Arbeit nahm ihn entsprechend mit. Aber er achtete nicht auf die Strapazen. Friede in Bihar würde die Unruhen in Kalkutta und den anderen Krisenherden ›auflösen‹. Seine Mutter, die nie Schulen besucht hatte, pflegte ihm, wie er sich jetzt wieder erinnerte, zu sagen, das Atom reflektiere das Universum. Wenn jeder sich um seine unmittelbare Umgebung kümmern würde, sähe es auf der Welt viel besser aus. General Shah Nawaz, ein Moslem, den Gandhi in Bihar zurückgelassen hatte, als er nach Delhi gerufen wurde, berichtete, die Moslems kehrten wieder in die Dörfer, die sie verlassen hatten, zurück... und Gandhi war wieder einmal glücklich.

Da erreichte Gandhi ein Telegramm Nehrus, er solle in die Bundeshauptstadt kommen. Der Arbeitsausschuß des Kongresses war zusammengetreten, um eine Entscheidung von historischer Bedeutung zu treffen: Sollte Pakistan nun gebilligt werden oder nicht. Gandhi legte die fünfhundert Meilen bis New Delhi wieder einmal in der stickigen Luft eines Zuges zurück.

Nehru war für die Annahme als einzigen Ausweg aus einem unerträglichen Zustand. Vallabhbhai Patel schwankte noch. Er war dafür, es auf Jinnahs Bürgerkriegsdrohung ankommen zu lassen und die momentanen Tumulte gewaltsam zu unterdrücken. Aber auch er ließ sich schließlich umstimmen. Zweieinhalb Jahre später erklärte er, er habe »der Teilung als letzte Rettung zugestimmt, als wir ein Stadium erreicht hatten, in dem Gefahr für uns bestand, alles zu verlieren«. Als Alternative schien sich nur Pakistan oder eine Fortsetzung der Regierung durch die Briten anzubieten.

Gandhi machte aus seiner Betrübnis über den Kongreßentscheid kein Hehl. »Der Kongreß«, verkündete er traurig bei einem Gebetstreffen in der Unberührbaren-Kolonie in

New Delhi am 7. März, »hat Pakistan akzeptiert und ist bereit, dafür einen Teil des Pandschab und Bengalens zu opfern. Ich lehne diese Teilung ab, wie ich das schon immer getan habe. Aber was kann ich tun? Das einzige, das in meinen Kräften steht, ist, mich von einem solchen Vorhaben zu distanzieren. Niemand außer Gott kann mich zwingen, dies gutzuheißen.« Und Gott scheint Gandhi nichts anderes gesagt zu haben.

Dann traf Gandhi mit Mountbatten zu einer wichtigen Unterredung zusammen. Die Briten, so riet er, sollten Indien mit ihren Truppen verlassen und »das Risiko auf sich nehmen, daß Indien dem Chaos oder der Anarchie verfalle«. Oberflächlich betrachtet, hört sich dieser Vorschlag ziemlich unsinnig an, in Wirklichkeit steckt aber eine sehr kluge Überlegung dahinter. Die Engländer konnten offensichtlich Indien nicht ohne Regierung zurücklassen. Gandhi schlug Mountbatten vor, daß dies ja ohne weiteres auch eine Kongreßregierung sein könnte. Würde sich dann der Kongreß aus dem vorläufigen Kabinett zurückziehen, wäre der Fall eingetreten, daß eine Moslemminderheit über eine Hindumehrheit regieren müßte, was wiederum nicht möglich wäre, weil die Moslemliga nicht gegen eine Kongreßopposition regieren könne.

Es war für England unmöglich, glaubte Gandhi, gegen eine Mehrheit anzukämpfen, um eine Minderheit zu beschwichtigen. Wenn also der Kongreß den Staat Pakistan nicht billigte, würde England ihn nicht gründen, und wenn England ihn nicht gründete, dann gäbe es kein Pakistan.

Diese Strategie hätte aber vorausgesetzt, daß die Briten bereit gewesen wären, Jinnahs angekündigte Revolte mit Waffengewalt zu verhindern, was England so kurz nach dem Krieg nicht wollte. Würde sich aber England ohne vorherige Klärung der Situation aus dem Land zurückziehen, müßte der Kongreß ganz auf sich gestellt gegen die Moslemliga angehen, was er zu tun nicht geneigt war.

Nachdem ihm diese tragische Wahrheit zum Bewußtsein gekommen war, eilte Gandhi quer durch den Kontinent nach Kalkutta. Einen Staat Pakistan konnte es erst geben, wenn Bengalen dem chirurgischen Eingriff zustimmte, der seine Muskeln von seinen Knochen, sein Herz von seinem Gehirn, seinen Osten von seinem Westen trennen würde. »Wenn an der Spitze alles schiefgeht«, fragte Gandhi sein Publikum in Kalkutta, »kann das Gute in dem Menschen, der ganz unten steht, sich gegen diesen schlechten Einfluß behaupten?« Das war seine verzweifelte Hoffnung. Bengalen hatte eine Sprache, eine Kultur, eine Geschichte des Widerstandes gegen die Teilung durch die Briten zu Beginn des Jahrhunderts. Würde es Jinnah jetzt nicht ablehnen?

Nach sechs Tagen ununterbrochener Arbeit in Kalkutta reiste er nach Bihar. Trotz der mörderischen Hitze besuchte er viele Dörfer. Sein Refrain war immer derselbe: »Wenn die Hindus Brüderlichkeitssinn zeigten, wäre das gut für Bihar, gut für Indien und gut für die Welt.«

»Er zündet die Kerze an beiden Enden an«, berichtet Sushila Nayyar, seine Ärztin. Er versuchte immer noch, die Teilung aufzuhalten. Wenn ihm diese Bemühungen das Leben kosteten, was machte das schon aus. »In dem Indien, das sich hier formiert, gibt es für mich keinen Platz«, sagte er mit bewegter Stimme. »Ich habe die Hoffnung aufgegeben, hundertfünfundzwanzig Jahre alt zu werden. Vielleicht habe ich noch ein oder zwei Jahre.«

In der Zwischenzeit hatte sich die britische Regierung entschieden: England würde die Teilung akzeptieren, wenn Bengalen und der Pandschab bereit wären, in zwei Teile geteilt zu werden. »Ich bin natürlich ebenso gegen die Teilung der Provinzen wie gegen die Teilung Indiens selbst«, erklärte Mountbatten in einer Rundfunkansprache in New Delhi. Darüber hinaus, sagte er, würde sein Plan »Verhandlungen zwischen den einzelnen Gemeinden für ein vereintes Indien nicht ausschließen«.

Aus London telegrafierte Herbert L. Matthews an die *New York Times:* »Mr. Gandhi ist ein echtes Problem. Wenn er sich nämlich zu einem Fasten bis zum Tode entschließen sollte, dann könnte das den ganzen Plan zunichte machen.«

Am 15. Juni 1947 billigte das All India Congress Committee den Plan mit 153 zu 29 Stimmen bei einigen Enthaltungen. Der Kongreß hatte Gandhi im Stich gelassen. Der Kongreßpräsident J. B. Kripalani erklärte in einer aufrichtigen Rede, warum. »Ich war dabei«, sagte er, »als sich Frauen und Kinder, alles in allem 107 Menschen, in einen Brunnen stürzten, um ihre Ehre zu retten. An einem anderen Ort, einer Gebetsstätte, wurden 50 junge Frauen aus demselben Grund von ihren Männern getötet... Diese schrecklichen Erlebnisse haben zweifelsfrei meine Haltung zu der Frage beeinflußt, die sich uns bezüglich der Teilung gestellt hat. Einige Mitglieder haben uns vorgeworfen, daß wir diese Entscheidung aus Angst getroffen haben. Ich gebe das zu, aber nicht in dem Sinn, in dem der Vorwurf gemacht wurde. Wir fürchten uns nicht, weil Menschenleben zu beklagen sind, Witwen wehklagen, Waisen weinen oder viele Häuser niedergebrannt wurden. Wir fürchten uns, weil wir, wenn wir weiterhin Vergeltungsmaßnahmen und Unwürdigkeiten auf uns häufen, langsam, aber sicher in den Zustand des Kannibalismus oder in einen noch schlimmeren abgleiten...«

»Ich kenne Gandhi seit nunmehr dreißig Jahren«, fuhr Kripalani fort. »Ich war in Champaran bei ihm. Ich war ihm immer treu ergeben... Selbst wenn ich durch intensives Nachdenken zu einer anderen Meinung gekommen bin als er, habe ich seinem politischen Instinkt mehr vertraut. Auch heute habe ich das Gefühl, daß er mit seiner äußersten Furchtlosigkeit recht hat und ich im Unrecht bin.« Viele, die gegen Gandhi gestimmt hatten, dachten wahrscheinlich genauso. »Warum bin ich dann nicht auf seiner Seite?« fragte Kripalani. Warum folgte er Gandhi nicht, wenn er schon glaubte, daß Gandhi recht hatte. »Weil«, gab er sich selbst die Antwort, »er noch keinen Weg gefunden hat, das Problem auf Massenbasis zu lösen.« Das Land reagierte nicht auf Gandhis Bitten nach Frieden und Brüderlichkeit.

Deshalb fastete Gandhi auch nicht. Ein Fasten bis zum Tode hätte den Kongreß davon abhalten können, einer Teilung zuzustimmen. Aber was wäre dann gewesen? Der gleiche Kongreß, den er selbst dazu bestimmt hatte, über Indien zu herrschen, wäre an dieser Frage zerbrochen. Aber er hätte es trotzdem getan, wenn das Volk auf seiner Seite gewesen wäre. »Wenn nur das nicht-moslemische Indien auf meiner Seite wäre«, versicherte er, »wüßte ich, wie man die vorgeschlagene Teilung vermeiden könnte.« Aber das nicht-moslemische Indien hatte ihn verlassen. »Ich bin nicht damit einverstanden, was meine engsten Freunde getan haben oder noch tun«, kritisierte er.

Zweiunddreißig Jahre Arbeit »sind zu einem unrühmlichen Ende gekommen«. Man braucht viel Mut, diese Tatsache sich selbst und öffentlich einzugestehen. Es bedurfte noch mehr Mut, in den Ruinen einer lebenslangen Arbeit weiterzuarbeiten. Gandhi erhob sich damit zu höchsten Höhen.

31 Gandhi hackt seinen Garten

Mahatma Gandhi konnte die Teilung Indiens nicht verhindern, weil religiöse Separationen stärker waren als nationalistischer Zusammenhalt. Demagogen appellierten erfolgreicher an die Gefühle, die Hindus von den Moslems trennten, als Gandhi, Nehru und andere es konnten mit ihren Appellen an die Interessen, die dem Volk einen gemeinsamen Boden geben sollten. Die Kristalle des indischen Nationalismus waren noch nicht fest genug zusammengeschmolzen, um der Axt der Religion Widerstand bieten zu können. England gewährte Indien Unabhängigkeit, ehe Indien zu einer einzigen Nation zusammengewachsen war. Deshalb wurden zwei Nationen daraus. Die eine, Pakistan, war eine religiöse Gemeinschaft, die sich bemühte, eine Nation zu werden, die andere, die indische Republik, war schon fast eine Nation, wurde jedoch vom Isolationismus der Provinzen, von sprachlichen Unterschieden und religiösen Aversionen untereinander geschüttelt. Gandhi war eigentlich der Vater einer noch ungeborenen Nation.

Wie alle menschlichen Wesen muß auch Gandhi danach beurteilt werden, was er wollte. Er wollte eine ungeteilte Nation, von großen Menschen geführt und bewohnt, frei und furchtlos in einer ähnlich gestalteten Welt. Weniger als das war er nicht bereit zu akzeptieren. Im letzten Jahr seines Lebens muß man deshalb Gandhi auch daran messen, was er nicht wollte. Nie war es sein Ziel gewesen, die Engländer zu vertreiben und die englische Regierung durch eine indische zu ersetzen. Eine Unabhängigkeit, bei der Religion das auslösende Moment für Haß und Machtgier ist und die vom vergossenen Blut trieft, entsprach nicht seinen Vorstellungen. Er besaß die Stärke und die Größe, sie zurückzuweisen, das ist die wirkliche Dimension seiner Größe. Indien erhielt seine Unabhängigkeit am 15. August 1947, aber Gandhi gab kund, er »könne nicht an den Feierlichkeiten teilnehmen«. Er war in Kalkutta, wo neue Unruhen ausgebrochen waren. Man lud ihn in die Hauptstadt zu den offiziellen Feierlichkeiten ein. Aber er lehnte ab und war auch nicht bereit, eine Botschaft an die Nation zu richten. Er fastete und betete den ganzen Tag. »Es gibt innere Störungen«, schrieb er am nächsten Tag an Rajkumari Amrit Kaur.

»Ist mit mir etwas nicht in Ordnung«, fragte er, »oder gehen die Dinge einen falschen Gang? Ich bin weit entfernt von einem Zustand des Gleichmuts.« Sein Freisein nach dem Vorbild der *Gita* war gestört. Doch gab er die Hoffnung nie auf. »Keine Sache, die in sich gerecht ist, kann je als verloren gelten.«

Am 29. August schrieb er einen weiteren Brief an Rajkumari: »Die Menschheit ist ein Ozean. Wenn ein paar Tropfen des Ozeans schmutzig sind, ist deshalb noch nicht der ganze Ozean schmutzig.« Er behielt seinen Glauben an die Menschheit und an sich selbst. »Ich bin ein geborener Kämpfer, der ein Scheitern nicht kennt«, versicherte er auf einem Gebetstreffen in Kalkutta. Die Teilung war eine Tatsache, aber »es ist immer durch korrektes Verhalten möglich, ein Übel kleiner zu machen, manchmal gelingt es sogar, das Übel in Gutes zu verwandeln.«

Er suchte auch in seinem Innern. »Ich taste im Dunkeln«, gestand er. Er war voll von »suchenden Fragen«. An Kurshed Maoroji schrieb er: »Ich möchte Ihr Gebet nachsprechen, daß ich den Frieden erreiche und zu mir selbst finde. Das ist eine schwierige Aufgabe, aber ich werde nicht nachgeben. O Gott, führe uns vom Dunkel ans Licht.« Er näherte sich seinem achtundsiebzigsten Geburtstag. Vieles von der Welt, die er aufgebaut hatte, lag jetzt in Trümmern. Und doch machte er Zukunftspläne.

Der heilige Franz von Assisi hackte gerade seinen Garten, als ihn jemand fragte, was er tun würde, wenn er erführe, daß er am gleichen Tag noch vor Sonnenuntergang sterben müßte. »Ich würde meinen Garten fertig hacken«, antwortete er. Gandhi fuhr ebenfalls fort, seinen Garten zu hacken.

32 *Liebe im Sturm*

Gandhis Gegenwart in Kalkutta im August 1947 beruhigte den Sturm zwischen den Religionen, und die Zeitungen zollten dem Magier im Lendentuch ihren Tribut. Aber die Zweiteilung Bengalens, die sowohl auf Kosten der Hindus wie auch auf Kosten der Moslems ging, ließ Zorn und Wut wieder aufflammen. Diese Teilung warf mehr Probleme auf, als sie löste. Gegen Ende des Monats schwappte das Meer des Hasses genau dort über, wo Gandhi wohnte. Er war am Abend des 31. August gerade zu Bett gegangen, als ein zügelloser Hindu-Mob mit lautem Gebrüll in sein Haus eindrang. Sie brachten den Leichnam eines Hindu mit, der angeblich von Moslems erstochen worden war. Die rasende Menge schlug Fensterscheiben mit Fäusten und Steinen kaputt und trat die Türen ein. Gandhi stand auf, um sie zu beruhigen. »Ich begann mit ihnen zu schreien«, schrieb er am nächsten Tag in einem Brief an Vallabhbhai Patel, »aber wer wollte schon zuhören?« Moslems bildeten einen Kreis, um ihn mit ihren Körpern zu schützen. Irgendwer aus der Menge schleuderte einen Ziegelstein nach ihm. Er traf einen Moslem, der genau neben ihm stand. Ein ebenfalls geschleuderter Prügel verfehlte den Kopf des Mahatma nur um wenige Zentimeter. Die Meute war außer Rand und Band. Schließlich kam die Polizei. Der Polizeioffizier bat Gandhi inständig, sich in sein Zimmer zurückzuziehen. Draußen zerstreuten die Polizisten die Menge mit Tränengas.

Gandhi beschloß zu fasten. In einer Erklärung vom 1. September an die Presse ließ er wissen: »Sich vor eine brüllende Menge zu stellen, hat nicht immer Erfolg. Letzte Nacht jedenfalls war ich hilflos. Was mein Wort nicht erreichen kann, wird vielleicht mein Fasten erreichen. Es wird vielleicht die Herzen der zerstrittenen Parteien im Pandschab und in Kalkutta bewegen. Deshalb beginne ich heute ab 8 Uhr 15 abends zu fasten und höre nur auf, wenn Vernunft in Kalkutta wieder die Oberhand gewinnt.« Es war ein Fasten bis zum Tod.

Am 2. September begannen die Massen in Gandhis Haus zu strömen. Sie wollten alles tun, um das Leben des Mahatma zu retten, verkündeten sie. Das war der falsche Weg, erklärte er. Sein Fasten war dazu gedacht, »Gewissen aufzurütteln und geistige Trägheit zu beseitigen«. Ihn zu retten kam erst an zweiter Stelle. Bekannte Moslems klopften an seine Tür, und auch ein Beauftragter der pakistanischen Seamen's Union kam und man versicherte ihm, alles für die Versöhnung der beiden Religionsgemeinschaften zu tun. Am 4. September gab die Stadtverwaltung bekannt, daß seit vierundzwanzig Stunden kein Vorfall mehr gemeldet worden sei. Fünfhundert Polizisten einschließlich der britischen Polizeioffiziere hatten während ihrer Dienstzeit ein eintägiges Solidaritätsfasten begonnen. Grobschlächtige Verbrecher und Anführer von Gaunerbanden kamen zu Gandhi und weinten beim Anblick seines dahinschwindenden Körpers. Sie versprachen, nicht mehr zu rauben und zu plündern. Hinduistische, moslemische und christliche Abordnungen von Händler- und Handwerkszünften legten vor ihm Gelübde ab, daß es in Kalkutta zu keinen weiteren Unruhen mehr kommen würde.

Er glaubte ihnen, doch diesmal wollte er es schriftlich haben. Bevor sie unterzeichneten, wies er sie darauf hin, daß er ein »unwiderrufliches Fasten« beginne, das unweigerlich zu seinem Tode führen würde, wenn sie ihr Versprechen nicht hielten. Sie zogen sich zur Beratung zurück, kamen dann wieder und unterschrieben die Erklärung. Darauf hin brach er sein dreiundsiebzigstündiges Fasten ab.

Von diesem Tag an, während der vielen Monate, in denen der Pandschab und andere Provinzen von religiös motivierten Massakern erschüttert wurden, blieben Kalkutta und die moslemischen und hinduistischen Teile des zweigeteilten Bengalen ruhig. Bengalen hielt sein Wort.

Am 7. September reiste Gandhi von Kalkutta in den Pandschab ab. Ein anderer Teil seines Gartens mußte gehackt werden. Auf dem Weg dorthin hielt der Zug in Delhi, wo Sardar Patel, die Gesundheitsministerin Rajkumari Amrit Kaur und verschiedene andere Persönlichkeiten ihn mit der düsteren Nachricht erwarteten, daß jetzt auch in Delhi Unruhen ausgebrochen seien. Der Mahatma verließ den Zug, wurde aber von seinen Freunden darauf aufmerksam gemacht, daß er im Unberührbarenviertel nicht sicher wäre, weil diese Gegend häufig von plündernden Banden heimgesucht würde. Deshalb schlug er sein Lager im »luxuriösen Birla Haus«, wie er es nannte, auf.

Die Versorgung mit lebensnotwendigen Dingen in New und Old Delhi war durch die Unruhen unterbrochen. Es gab kein Gemüse, keine Milch und kein frisches Obst. Man glaubte sich in »einer Stadt der Toten«. Hindu- und Sikh-Flüchtlinge aus dem Pandschab strömten zu Tausenden nach Delhi und berichteten authentisch oder übertrieben von moslemischen Greueltaten. Das wiederum ließ bei den Hindus in Delhi den Ruf nach Rache an den Moslems laut werden, und die Flüchtlinge stimmten begeistert in diesen Totengesang ein. Mörderbanden zogen durch die Straßen, und kein Mensch konnte mehr seines Lebens sicher sein.

In Okla, einem Ort vierzehn Meilen vor der Stadt, in einem Gebiet, in dem moslemische Tradition hochgehalten wurde und das reich an Ruinen von alten Mogulenstätten und Moscheen war, stand die Jamia Millia Islamia. Das war eine moslemische Grund- und Oberschule, der ein Freund Gandhis, Dr. Zakir Hussain, ein imposanter, bärtiger Gelehrter mit einem edlen Herzen und einem edlen Kopf, vorstand. Seit August 1947 war diese Schule ständig von wütenden Sikh- und Hindu-Flüchtlingen und Bauern aus der Umgebung bedroht, denen alles Moslemische, ob Mensch oder Haus, verhaßt war. In der Nacht standen Lehrer und Studenten Wache, da man stündlich mit einem Angriff rechnete. Von der Schule aus konnte man sehen, wie rund herum moslemische Häuser, ja ganze Dörfer in Flammen aufgingen. In der Nähe fließt die Dschamna vorbei. Nacht für Nacht hörte man schreiende Moslems in den Fluß springen, um ihren Verfolgern zu entgehen. Dann hörte man, wie auch die Meuchelmörder ins Wasser sprangen. Die unglückseligen Opfer wurden entweder ertränkt oder ein kurzer, erstickter Schrei zeigte an, daß wieder ein Dolchstoß ins Herz getroffen hatte. Immer enger zog sich der Ring der Gewalt um die Schule. In einer dunklen Nacht fuhr ein Taxi vor der Jamia Millia vor. Jawaharlal Nehru stieg aus. Mit dem für ihn charakteristischen Mut hatte er sich entschlossen, durch den Sperrgürtel der Meuchelmörder zu der bedrohten Schule zu fahren und über Nacht zum Schutz bei Dr. Zakir Hussain zu bleiben. Als Gandhi von der Situation in der Schule hörte, fuhr er ebenfalls mit einem Wagen hinaus, unterhielt sich eine Stunde mit Dr. Zakir Hussain und sprach vor der Schülerschaft. Seine Gegenwart heiligte den Ort. Nach diesem Besuch war und blieb die Schule sicher vor Überfällen.

Auf dem Weg zurück zum Birla Haus besuchte Gandhi mehrere Flüchtlingslager. Man riet ihm dringend zu einer bewaffneten Leibwache. Hindus und Sikhs, die blind vor Schmerz über den Tod und den Verlust ihrer Liebsten waren, könnten sich in ihrer Wut wegen seiner Moslemfreundlichkeit auf ihn stürzen. Gandhi entwickelte in dieser prekären Situation ungeheure Energien und unternahm mehrmals täglich Rundgänge durch die unruhigen Flüchtlingslager nahe der Stadt. Am 20. September regnete es. »Ich denke an die armen Flüchtlinge hier und im Pandschab (gemeint war der östliche, zur indischen Republik gehörende Landesteil) und auch an die im westlichen Pandschab (Pakistan), heute, da es so fürchterlich regnet. Ich habe gehört, daß ein fast 60 Meilen langer Konvoi sich vom westlichen Pandschab aus auf die Union zubewegt. Mir wird schwindlig, wenn ich daran denke. So etwas hat es in der ganzen Weltgeschichte noch nicht gegeben, und ich senke schamvoll den Kopf, daß dies in unserem Land möglich ist.« Gandhi übertrieb nicht. Der 57 Meilen lange Konvoi war nicht der einzige. Fünfzehn Millionen Menschen flohen in ihrer Not. Für viele endete die Flucht mit Krankheit oder Tod. Aus dem pakistanischen Teil des Pandschab strömten Millionen Hindus in die rettende Republik. Hindus und Sikhs flohen vor den Messern und den Knüppeln der Moslems nach Osten. Aber auch in umgekehrter Richtung bewegten sich Trecks von Millionen von Moslem-Flüchtlingen, die Angst hatten, in ihrer angestammten Heimat den Tod zu finden. Die Konvois waren disorganisiert, und man hatte den Eindruck, daß die Leute in panischer Flucht aufgebrochen waren. Sie zogen so schnell sie konnten in Richtung Pakistan, denn die wenigen müden Polizisten und deren freiwillige Helfer schienen ihnen kein Schutz vor den aufgebrachten Hindus zu sein. Ganze Familien gingen wochenlang auf staubigen Straßen. Frauen trugen die Kinder, und Männer schleppten die Schwachen und Lahmen in Körben, die Alten auf ihren Schultern.

Die Kranken und die, die sich selbst nicht mehr fortbewegen konnten, legte man an den Straßenrand zum Sterben. Cholera, Pocken und andere Seuchen geißelten die flüchtenden Massen. Leichen säumten die Straßen, und in der Luft zogen die Geier ihre Kreise. Manchmal trafen auch zwei in entgegengesetzter Richtung ziehende Konvois aufeinander, und trotz Erschöpfung und Polizeischutz kam es sofort wieder zu sinnlosen Untaten. Der Pandschab, die

Kornkammer Indiens, lag darnieder. Das kostbare Getreide war von Millionen müder Füße in den Boden getreten worden. Die indische Union hungerte. Nehru ließ außerhalb Delhis Notunterkünfte errichten, damit die Flüchtlinge nicht die Stadt überfluteten. Aber diese Lager waren nicht kontrollierbar. Tausende und aber Tausende durchbrachen die Absperrung, zogen in die Stadt und plünderten Läden, schliefen in Toreingängen, Höfen, Rinnsteinen, Tempeln und verlassenen Häusern und brachten die Hauptstadt und die Regierung zum Verzweifeln. Diese entwurzelten Menschen, zu menschenunwürdigem Vegetieren gezwungen, handelten nur mehr nach dem Verlangen zu überleben. Ihre niederen Leidenschaften kamen zügellos zum Ausbruch und richteten sich gegen alles und jeden.

In dieser Stadt des Irrsinns und der Toten versuchte Mahatma Gandhi sein Evangelium von Liebe und Frieden zu verbreiten. Er stellte sich diesem Sturzbach von Leidenschaften und sprach mit abgeklärter Vernunft: Die gequälten Moslems müßten bleiben; Hindus und Sikhs, die ihnen etwas antaten, brächten damit ihre Religion in Verruf und fügen Indien einen nicht wieder gutzumachenden Schaden zu. Waffen sollten bei ihm abgeliefert werden, einige hatten dies schon getan.

Er wagte sich in eine Versammlung von fünfhundert Mitgliedern der Rashtriya Sevak Sangha, oder R.S.S., einer extrem antimoslemischen, straff organisierten, paramilitärischen Vereinigung von militanten Hindus, und sagte ihnen auf den Kopf zu, sie würden durch ihre Intoleranz den Hinduismus töten. Pakistanische Greueltaten wären keine Rechtfertigung für hinduistische Greueltaten. »Wir gewinnen gar nichts, wenn wir Böses mit Bösem vergelten.« Er war in der Tat ebenso ein Freund der Moslems wie auch der Hindus und Sikhs. »Beide Parteien scheinen verrückt geworden zu sein.«

Nach seiner Rede stellte er sich den Fragen der Anwesenden. »Erlaubt es der Hinduismus, einen Missetäter zu töten?« wollte einer von ihnen wissen.

»Ein Missetäter kann einen anderen nicht bestrafen«, antwortete Gandhi.

Den ganzen Tag fuhr er kreuz und quer durch die Stadt und hielt Ausschau, wo sich etwas zusammenbraute. Die aufgewühlten Massen teilten sich, wenn er lächelnd und die Hände zum traditionellen Segen gefaltet, auf sie zuschritt, und die Wogen des Zorns glätteten sich. Er nahm an einer Feier von hunderttausend bärtigen Sikhs und ihren Familien teil und verurteilte ihre Gewalttaten gegenüber den Moslems. Er warf ihnen vor, zu trinken und zu randalieren. »Haltet Eure Herzen rein, und Ihr werdet sehen, daß alle anderen Eurem Beispiel folgen werden.« Bei Gebetsversammlungen sammelte er Geld, um Decken für die Flüchtlinge kaufen zu können. In den Flüchtlingslagern wies er die Erwachsenen an, sie sollten spinnen und ihre Unterkünfte sauberhalten. Jeden Abend, wenn er seine Gebete sprach, fragte er die Anwesenden, ob sie etwas dagegen hätten, wenn ein paar Verse aus dem Koran vorgelesen würden. Für gewöhnlich gab es zwei oder drei Einwände. Würden Sie sich während der Vorlesung trotzdem ruhig verhalten? Sie taten es. Würde die Mehrheit die Opponenten anfeinden? Sie tat es nicht. Dann las er die Verse vor.

Gandhi demonstrierte Toleranz und erwartete Disziplin. Es konnte zwar nicht jeder mit jedem einer Meinung sein, aber deswegen mußte es noch lange nicht zu Ausschreitungen kommen.

Inzwischen hatte er aber auch nicht die politische Zukunft vergessen. In den ersten vierzehn Tagen des Dezember 1947 hielt er eine Reihe von Konferenzen mit vertrauenswürdigen Mitarbeitern außerhalb der Regierung ab. Dies waren Männer und Frauen, die ihm bei seinen volkspädagogischen Bemühungen zur Seite gestanden hatten, beim Spinnen, bei der Grundschulerziehung, der Naturheilkunde und so weiter. Er schlug ihnen vor, sich zu einer großen Gesellschaft für konstruktives Arbeiten und Politik zusammenzutun, nicht jedoch »in die Politik zu gehen« – »damit wäre alles kaputt« – sondern »der Macht abzuschwören und uns in rein selbstloser Hingabe den Wählern widmen und sie lenken und belehren.« Da er den Kongreß nicht lenken konnte, hoffte er ein neues Medium zu schaffen, das auf die Regierung einwirken und im Notfall die Last der Regierung übernehmen könnte. »Warum kann der Kongreß oder die Regierung nicht die konstruktive Arbeit übernehmen?« wurde er gefragt.

»Weil die Kongreßmitglieder nicht genügend an konstruktiver Arbeit interessiert sind«, war Gandhis einfache Antwort. »Wir müssen der Tatsache ins Auge sehen, daß unsere heutige Kongreßpartei unsere Träume nicht verwirklichen kann... Es gibt heute so viel Korruption, daß man Angst bekommen könnte. Jeder möchte möglichst viele Stimmen in der Tasche haben, denn Stimmen sind gleichzusetzen mit Macht.«

Kripalani beschrieb das Problem mit den Worten »Bürokratie, Amtsmißbrauch, Korruption, Bestechung, Schiebung und Profitmacherei«.

Trotz seiner unverhohlenen Enttäuschung über den Kongreß und die Regierung war Gandhi immer noch die Schlüsselfigur der indischen Politik. Die Minister, von Nehru abwärts, konsultierten ihn regelmäßig. Er strebte jedoch nach einem breiteren Betätigungsfeld. Er dachte an Reisen in den Pandschab und nach Pakistan, um dort Frieden zu stiften. Die Pläne für seine Reise nach Pakistan hatten schon konkrete Formen angenommen. Aber noch zögerte er, Delhi zu verlassen. Hie und da flackerten immer noch Unruhen auf. Ein moslemischer Geschäftsmann, der glaubte, die Lage hätte sich normalisiert, zog die Rolläden seines Geschäfts hoch. Da traf ihn eine tödliche Kugel. Es war in den meisten Teilen der Stadt nach wie vor gefährlich, sich auf den Straßen zu bewegen. Instinktiv fühlte Gandhi, daß neue Unruhen in der Luft lagen. Er begann zu fasten. »Es überkam mich wie ein Blitz«, sagte er und kündigte sein Vorhaben an, ohne Nehru, Patel oder den Arzt zu konsultieren. Dies war sein letztes Fasten und es prägte dem Gehirn Indiens das Bild des Guten ein.

33 *Der Sieg gehört dem, der bereit ist, den Preis zu zahlen*

Mahatma Gandhi begann sein letztes Fasten am Morgen des 13. Januar 1948. Es sollte, wenn es sein mußte, bis zum Tode gehen und war »an unser aller Gewissen« gerichtet, also an Hindus und Moslems in beiden Hälften des geteilten Indiens. Wenn beide Gruppen mitmachten, würde er glücklich sein. Wenn nur eine Gruppe, beispielsweise die Sikhs mitmachten, würde er es als Wunder betrachten und von diesem Zeitpunkt an bei den Sikhs leben. Er wußte, daß er möglicherweise sterben würde, »aber der Tod wäre für mich eine glorreiche Erlösung, viel besser als ein hilfloser Zeuge bei der Zerstörung Indiens, des Hinduismus, der Sikhs und des Islams zu sein.« Seine Freunde sollten sich keine Sorgen machen. »Ich bin in Gottes Händen.«

Am ersten Tag hielt er seine Gebetsversammlung im Birla Haus ab wie sonst auch. Einige hatten ihm vorgeworfen, daß er für die Sache der Moslems faste. Sie hatten recht, was den Grund des Fastens betraf. »Ein ganzes Leben bin ich, wie das jeder von uns tun sollte, auf der Seite der Minderheiten und der Bedürftigen gestanden... Ich erwarte eine gründliche Reinigung des Herzens.« Es hatte keine Bedeutung, was die Moslems taten. Hindus und Sikhs sollten sich an Tagores Lieblingslied erinnern: »Wenn keiner deinen Ruf vernimmt, dann geh' alleine, geh' alleine.«

Am zweiten Tag sollte er der Gebetsversammlung auf Anraten der Ärzte fernbleiben. Also diktierte er eine Botschaft, die vor den Gläubigen verlesen werden sollte. Aber als dann die Gebetsstunde gekommen war, konnte er nicht widerstehen und ging doch hin. Das Fasten, erklärte er, sei zur Reinigung aller, zu allererst auch seiner selbst gedacht. »Stellen wir uns einmal vor, es gäbe eine Welle der Selbstreinigung in beiden Teilen Indiens«, gab er seinem Wunsch Ausdruck. Eine echte Freundschaft zwischen den Religionen würde ihm die größte Freude bereiten und er hätte wieder den Wunsch, 125 Jahre alt zu werden.

Er hörte nicht auf seine Ärzte. Er ließ sich nicht einmal untersuchen und weigerte sich, Wasser zu trinken, weder mit Salz, noch mit Zitronensaft. Er verlor jeden Tag zwei Pfund Gewicht. Seine Nieren arbeiteten schlecht und er wurde zusehends schwächer. Ihm machte das nichts aus. »Ich habe mich Gott befohlen.«

Am dritten Tag ließ er sich eine Darmspülung machen. Um 2 Uhr 30 morgens wachte er auf, bat um ein heißes Bad und diktierte eine Bitte an die Nehru Regierung, man sollte Pakistan 55O Millionen Rupien oder etwa 125 Millionen Dollar als dem Volk zustehenden Anteil an dem alten, vereinigten Indien auszahlen. Später an diesem Tag besuchten Dr. John Matthai, der Finanzminister der Nehru Regierung, Nehru selbst und Sardar Vallabhbhai Patel Gandhi, um ihm zu erklären, warum sich das Kabinett gegen die von ihm gewünschte Zahlung ausgesprochen hätte. Erst brachten Dr. Matthai und Nehru ihre Gründe vor, dann rechtfertigte Patel in einer eineinhalbstündigen Rede die Weigerung. Als er geendet hatte, richtete sich Gandhi auf und sagte: »Sardar, du bist nicht mehr der Sardar, denn ich kenne.« Dann weinte er. Matthai, Nehru und Patel zogen sich darauf hin zurück und beriefen eine weitere Kabinettssitzung ein, und nachdem man ihnen von der Reaktion des Mahatma berichtet hatte, entschloß man sich zur Zahlung.

Den ganzen Tag zog sich eine nicht enden wollende Menschenschlange von Indern und Ausländern an Gandhis Pritsche vorbei, die auf der Veranda des Birla Hauses stand. Er lag die meiste Zeit zusammengerollt wie ein Embryo mit angezogenen Beinen und Fäusten unter der Brust. Kopf und Körper waren ganz mit einem weißen Khadi Tuch abgedeckt, das nur sein Gesicht freiließ. Er hielt die Augen geschlossen und es sah aus, als ob er schliefe. Starke Schmerzen standen in seinem Gesicht geschrieben. Und doch schien sogar im Schlaf oder im halbbewußten Zustand das Leiden sublimiert zu sein. Es war ein Leiden, das von der Heiterkeit des Glaubens lebte und vom Bewußtsein des guten Zwecks gemäßigt wurde. Er schien mit sich selbst im absoluten Einklang zu stehen, und wenn er einmal die Augen etwas öffnete, lächelte er. Er versuchte, zum Gebetstreffen zu gehen, aber seine Beine waren zu schwach und versagten den Dienst. Deshalb sprach er von seinem Lager aus in ein mit einem Lautsprecher verbundenes Mikrofon. All India Radio übertrug seine Worte ins ganze Land. »Kümmert Euch nicht darum, was andere Leute tun«, begann er mit schwacher Stimmc. »Jeder von uns sollte in sein Inneres sehen und sein Herz reinigen. Ich bin sicher, daß Ihr Indien durch diese Reinigung helft und meine Fastenzeit abkürzt.« Aber sie sollten nicht in erster Linie an ihn denken. »Keiner kann dem Tod entkommen. Warum sich also vor ihm fürchten? Ist der Tod nicht ein Freund, der Erlösung von unseren Leiden bringt?« An dieser Stelle versagte ihm die Stimme, und der Rest der Botschaft wurde vorgelesen. Die Ärzte warnten Gandhi am vierten Tag seines Fastens, daß er, sollte er überleben, schwere bleibende Schäden davontragen würde. Er hatte kein Wasser getrunken und keinenUrin gelassen. Die Warnung der Ärzte mißachtend, sprach er zwei Minuten lang mit Hilfe des Mikrofons beim Gebetstreffen und brüstete sich, er habe »sich am vierten Tag eines Fastens noch nie so wohl gefühlt«. Seine Stimme war wieder etwas kräftiger.

Am 17. Januar stabilisierte sich sein Gewicht bei 96 Pfund. Er schickte Pyarelalin in die Stadt. Er sollte ihm berichten, ob Moslems unbelästigt in die Stadt zurückkehren konnten. Hunderte von Telegrammen von Moslems aus Pakistan, von Maharadschas und von allen Teilen Indiens erreichten ihn. Er freute sich darüber, warnte jedoch davor, daß »weder Rajas, noch Maharadschas, noch Hindus, noch Sikhs noch sonst irgend jemand sich selbst oder dem Land etwas Gutes tun werden, wenn man mich in diesem entscheidenden Augenblick irreführt, um mein Fasten zu beenden. Sie sollten wissen, daß ich mich nie glücklicher fühle, als wenn ich für den Geist faste. Dieses Fasten hat mir größeres Glück beschert, als ich es je erlebt habe. Niemand soll diesen Glückszustand stören, es sei denn, er kann in aller

Ehrlichkeit behaupten, er hätte sich in seiner Reise ganz vom Satan weg und zu Gott hin gewandt.« Am 18. Januar fühlte er sich besser und ließ sich massieren. Er wog noch immer 96 Pfund.

Seit Beginn des Fastens am 13. Januar um 11 Uhr vormittag war man im Haus von Dr. Rajendra Prasad, des neuen Kongreßpräsidenten, mehrmals zusammengekommen und hatte sich um einen echten Frieden zwischen den zerstrittenen Glaubensgemeinschaften bemüht, und nicht nur um die Beendigung von Gewalttätigkeiten. Gandhi ließ die verhandelnden Parteien wissen, daß ein Versprechen auf dem Papier, nur damit der Theorie Genüge getan ist, sein Fasten bis zum Tod nicht ändern könnte. Er verlangte detaillierte Angaben darüber, wie man sich eine Annäherung vorstellte und was jeder dazu tun wollte, daß das Land endlich wieder zur Ruhe kommen würde. Die Delegierten dürften nicht mehr versprechen, als ihre Wähler dann auch bereit waren zu halten. Fünf Tage lang hatte man geredet, debattiert, aufgesetzt, Meinungen eingeholt und das Gewissen befragt. Am Morgen des 18. Januar fanden sich schließlich hundert hinduistische Sikhs, moslemische, christliche und jüdische Konferenzteilnehmer, dazu Vertreter der militanten R.S.S. und der hinduistischen Mahasabha, sowie der Hochkommissar von Pakistan, Prasad, Nehru und Azad bei Gandhi ein. Sie verpflichteten sich schriftlich, »das Leben, das Eigentum und den Glauben der Moslems zu schützen« und garantierten, daß Moslems sich auch in solchen Gebieten frei bewegen konnten, die bislang unsicher für sie waren. Die Hindu-Flüchtlinge sollten aus den Moscheen evakuiert werden und mohammedanische Geschäftsleute, die geflohen waren oder sich versteckt hielten, sollten zurückkehren und ihrer früheren Tätigkeit wieder nachgehen können. All diese Änderungen sollten ohne den Zwang von Militär oder Polizei vonstatten gehen. Das Volk selbst sollte sich darum bemühen. Man berichtete dem Mahatma von rührenden Verbrüderungsszenen, die schon stattgefunden hätten.

Der Mahatma erhob sich mühsam von seiner Pritsche und wandte sich mit leise zitternder Stimme an die Delegierten. Die Presse hätte von Gewalttätigkeiten in Allahabad berichtet, sagte er. Die Verantwortung dafür hätten die R.S.S. und die hinduistische Mahasabha, deren Vertreter sich im Raum befanden. »Wenn Ihr nicht allen Indern im ganzen Land klar machen könnt, daß Hindus, Sikhs und Moslems Brüder sind«, erklärte er, »dann wird das über beide Dominions Unheil bringen. Was soll aus Indien werden, wenn beide im Streit miteinander liegen?« Dieser Gedanke erschütterte ihn, und Tränen liefen über seine hohlen Wangen. Die Anwesenden weinten mit ihm. Als er sich wieder etwas gefangen hatte, war seine Stimme zu schwach als daß er noch zu den Versammelten hätte sprechen können. Er flüsterte seine Worte ins Ohr von Dr. Sushila Nayyar, die sie laut für die Anwesenden wiederholte. Täuschte man ihn? Wollte man nur sein Leben retten? Er wollte nach Pakistan reisen. Würden sie ihn von seinem Versprechen entbinden, indem sie Frieden hielten? Maulana Azad, der moslemische Kongreßführer, der Sprecher der R.S.S., der pakistanische Botschafter und ein Sikh gaben ihm feste, inständige Zusagen. Gandhi saß auf seiner Pritsche, schweigsam und in Gedanken versunken, überlegend, ob er sterben sollte. Er glaubte den Versprechen, die man ihm gegeben hatte, und beschloß, sein Fasten abzubrechen. Zuerst wurden Parsi, moslemische und japanische Gebete verlesen, dann die hinduistischen Verse: Führe mich von Unwahrheit zu Wahrheit, vom Dunkel ins Licht, vom Tod zur Unsterblichkeit.

Dann sangen Mädchen aus dem Ashram ein hinduistisches und ein christliches Lied. Schließlich nahm Gandhi ein Glas Orangensaft an und trank es langsam. Er hielt inne, um zu sagen, daß er doch hundertfünfundzwanzig Jahre oder vielleicht sogar hundertdreiunddreißig Jahre alt werden wollte, wenn das Friedensversprechen von Dauer sein sollte. Am selben Nachmittag hatte er ein Gespräch mit Arthur Moore, dem früheren Herausgeber der britischen Tageszeitung *Statesman.* Er berichtete, Gandhi war »fröhlich und heiter, und sein Interesse in unserem Gespräch galt nicht ihm, sondern mir. Er setzte mir mit eingehenden Fragen zu.«

In seiner Aussprache beim Gebetstreffen am gleichen Abend interpretierte Gandhi die Gelöbnisse: »Komme was mag, es wird vollkommene Freundschaft zwischen Hindus, Moslems, Sikhs, Christen und Juden geben, eine Freundschaft, die unverbrüchlich ist.« Daß dies nicht nur der fromme Wunsch eines Mannes, der Trost suchte, war, bezeugte Sir Mohamed Zafrullah Khan, der pakistanische Außenminister vor dem Sicherheitsrat der Vereinten Nationen in Lake Success: »Eine neue, ungeheure Welle des Gefühls und der Wunsch nach Freundschaft zwischen den beiden Dominions hat den Subkontinent als Antwort auf das Fasten erfaßt.« Wahrlich ein Magier. Wenn doch nur die Politiker sich nicht eingemischt hätten. Das Ende der Fastenzeit stellte seine übliche Heiterkeit wieder her, und er stürzte sich wieder in seine Arbeit. Er fand neue Lebenszuversicht, weil er furchtlos dem Tod ins Antlitz gesehen hatte.

34 Tod vor den Gebeten

Am ersten Tag nach seinem Fasten mußte man den geschwächten Mahatma zu den Gebeten tragen. In seiner Ansprache, die trotz des Mikrofons nur sehr schwach zu hören war, berichtete er, ein Offizieller der hinduistischen Mahasabha, die an die Überlegenheit der Hindus glaubte und ideologisch der militanten R.S.S. gleichzusetzen war, hatte das Friedensgelöbnis von Delhi zurückgewiesen. Gandhi drückte sein Bedauern darüber aus.

Während der Gebetsversammlung am nächsten Abend zerriß plötzlich der scharfe Knall einer Detonation ganz in der Nähe die andächtige Stille. Die Gläubigen waren erschrocken. »Kümmert Euch nicht darum«, bat Gandhi.

»Hört mir zu.« Eine selbstgebastelte Bombe war von einer nahegelegenen Gartenmauer aus auf ihn geworfen worden.

Am folgenden Tag ging Gandhi wieder zu Fuß zur Gebetsversammlung. Man hätte ihn vielfach zu seinem Gleichmut beglückwünscht, berichtete er, weil er während des Vorfalls tags zuvor so ruhig geblieben sei. Er schien das Attentat auf die leichte Schulter zu nehmen. »Ich würde nur Lob verdienen«, meinte er, »wenn ich durch einen solchen meuchelmörderischen Anschlag fallen würde, weiter lächelnd und ohne Groll gegen den Attentäter in meinem Herzen. Niemand soll den irregeleiteten jungen Mann, der die Bombe geworfen hat, verurteilen. Vielleicht sah er in mir einen Feind unseres Hindu-Glaubens.« Er bat den Attentäter zu bedenken, daß »Andersdenkende nicht notwendigerweise schlecht« seien, und bat die Versammelten, Mitleid mit dem »Irregläubigen« zu haben und ihn auf den rechten Weg zurückzubringen.

Der junge Mann war Madan Lal, ein Pandschab Flüchtling, der in einer Moschee in Delhi untergekommen war, bis die Polizei auf Grund der Freundschaftskundgebung die Moschee räumte, damit sie wieder den Gläubigen als Gebetsstätte dienen konnte, und ihn daraus vertrieb. »Meine Augen haben die schrecklichsten Dinge in Pakistan gesehen«, sagte er bei der Gerichtsverhandlung aus. »Und ich war dabei, wie Hindus im Pandschab niedergemacht wurden...« Erzürnt hatte er sich einer R.S.S.-Verschwörung zur Ermordung Gandhis angeschlossen. Aber seine Bombe verfehlte ihr Ziel, und Madan Lal wurde festgenommen. Nach diesem fehlgeschlagenen Attentat kam Nathuram Vinayak Godse, ein Mitverschwörer aus Bombay, nach Delhi. Godse, fünfunddreißig Jahre alt, war der Herausgeber und Verleger einer Mahasabha-Wochenzeitung in Poona und ein hochrangiger Brahmane. Er und Madan Lal und sieben andere Verschwörer wurden zusammen vor Gericht gestellt. Die Verhandlung dauerte mehr als sechs Monate. »Ich habe intensiv über die Gewaltakte, die am Hinduismus begangen wurden, und über seine dunkle, tödliche Zukunft nachgedacht, wenn er von außen mit dem Islam, von innen mit Gandhi rechnen muß«, führte Godse bei seiner Vernehmung aus, »und... da sah ich keinen anderen Weg, als den äußersten Schritt gegen Gandhi zu unternehmen.« Der Erfolg von Gandhis letzter Fastenaktion erboste Godse und Mahan Lal noch mehr. Die Autorität des Mahatma verwirrte sie sehr, zumal es dagegen keine Waffe zu geben schien. Lal erklärte in seiner Aussage, er sei empört gewesen über die Zahlung von 550 Millionen Rupien an Pakistan als Anteil aus dem früheren gemeinsamen Vermögen.

Nach Lals Festnahme – eine einfache alte Frau hatte ihn gepackt und festgehalten, bis die Polizei kam – begann Godse in der Nähe des Birla Hauses die Lage zu erkunden. In der Tasche seiner khakifarbenen Jacke verbarg er eine kleine Pistole.

Am Sonntag, dem 25. Januar 1948, kamen besonders viele Leute zur Gebetsversammlung. Gandhi freute sich darüber und forderte die Gläubigen auf, sich auf Strohmatten oder dickes Khadi zu setzen, weil der nackte Boden im Winter kalt und feucht sei. Es erfreue sein Herz, sagte er, zu erfahren, daß Hindus und Moslems eine »Vereinigung der Herzen« erführen. Wie wäre es, wenn jeder Hindu und jeder Sikh, der zu den Gebeten kam, von nun an »mindestens einen Moslem« als konkreten Beweis einer Bereitschaft zur Verbrüderung mitbrächte? Godse, der in der Menge auf seine Gelegenheit lauerte, lehnte diesen Vorschlag ab. Was hatten Moslems auf den Gebetsversammlungen der Hindus zu suchen? Wie kam ein hinduistischer Mahatma dazu, den Koran zu verlesen? Für ihn war die Lösung des Problems einfach: Wenn man sich dieses Gandhi entledigen würde, wären die Moslems ohne ihren großen Schutz, man könnte Pakistan angreifen und Indien wieder vereinigen.

Godse war wütend, und er lauerte auf seine Stunde. Die Regierung bedrängte Gandhi nach dem fehlgeschlagenen Attentat, sich eine Leibwache zuzulegen und die Gläubigen, die zur Gebetsversammlung kamen, durchsuchen zu lassen. Diese Vorstellung mißfiel ihm, und er lehnte ab.

Zwischen dem Premierminister Nehru und seinem Stellvertreter Sardar Patel gab es bei Sachfragen oft Meinungsverschiedenheiten. Sie waren gegensätzliche Persönlichkeiten. Die Reibereien zwischen den beiden waren Gandhi bekannt und sie bekümmerten ihn. Er fragte sich, ob die beiden im gleichen Kabinett verbleiben könnten. Fast hatte es den Anschein, als ob er sich für einen von beiden entscheiden und den anderen bitten müßte, zurückzutreten. Sie hatten ihm die Lösung dieses Problems in den Schoß gelegt. Er liebte Nehru, der ohne jedes Ressentiment ganz unparteiisch Freundschaft zu Hindus, Sikhs und Moslems halten konnte. Patel dagegen war ein Staatsmann und ein äußerst geschickter Verwalter. Sein Ausscheiden aus der Regierungsverantwortung hätte eine kaum zu schließende Lücke hinterlassen. Schließlich kam Gandhi zu der Überzeugung, daß das Land auf keinen von beiden verzichten konnte. Der Mahatma teilte Nehru seinen Entschluß in einer englisch geschriebenen Nachricht mit und bat ihn »zusammenzuhalten«. Um 4 Uhr nachmittags am 30. Januar kam Patel, um die Entscheidung des Mahatma aus seinem Mund persönlich entgegenzunehmen. Um 4 Uhr 30 brachte man Gandhi sein letztes Abendessen: Ziegenmilch, gekochtes und rohes Gemüse, Orangen und einen Fruchtpudding aus Ingwer, Zitrone und Aloensaft. Während er aß, sprach er weiter mit Patel. Er war jetzt 5 Uhr, und Abha, die wußte, daß Gandhi gerne pünktlich war, hielt eine vernickelte Uhr hoch. »Ich muß gehen«, sagte Gandhi zu Patel und begab sich zur Gebetsversammlung. Fünfhundert Männer und Frauen warteten auf ihn. »Ich habe mich um zehn Minuten verspätet«, sagte er zu Abha und Manu, auf deren Schultern er sich stützte. »Ich hasse es, zu spät zu kommen. Ich hätte um Punkt 5 Uhr hier sein sollen.« So rasch er konnte stieg er die fünf Stufen zum Gebetsplatz hinauf. Er war jetzt nur einige Meter von der Holzplattform entfernt, auf der er während des Gebets zu sitzen pflegte. Als er kam, standen die Menschen auf. Viele drängten sich nach vorne, um ihm näher zu sein. Die unmittelbar neben ihm Stehenden verbeugten sich. Gandhi erhob seine Arme und faltete sie lächelnd zum traditionellen Segensgruß.

Godse hatte sich in die vorderste Reihe gedrängt, seine Hand umklammerte die Pistole in seiner Jacke. Er hätte keinen persönlichen Haß auf Gandhi gehabt, sagte Godse in der Gerichtsverhandlung aus, bei der er zum Tode durch Hängen verurteilt wurde. »Bevor ich die Schüsse abfeuerte, wünschte ich ihm alles Gute und verbeugte mich in Ehrfurcht vor ihm.« Er stand direkt vor dem Mahatma. Manu versuchte ihn zur Seite zu schieben, damit Gandhi mit den Gebeten beginnen konnte. Aber Godse zog die Pistole und schoß dreimal auf den Mahatma.

Das Lächeln erlosch auf Gandhis Gesicht und seine Arme sanken herab. »O Gott«, murmelte er und war sofort tot.

Sein Vermächtnis ist Mut, seine Lektion, die er uns zu lehren versuchte, Wahrheit, seine Waffe ist Liebe.

Er hat sich selbst ein Monument gesetzt, das jetzt der ganzen Menschheit gehört.

Zeittafel

1869 *2. Oktober: Mohandas Karamchand Gandhi als viertes Kind des Politikers Karamchand Gandhi und seiner Frau Putlibai in Porbandar (Halbinsel Kathiawar) geboren.*

17. November: Eröffnung des Suez-Kanals nach zehnjähriger Bauzeit.

1870/71 Deutsch-französischer Krieg.

1870 22. April: Wladimir Iljitsch Uljanow (Lenin) geboren.

13. Juli: »Emser Depesche« Bismarcks.

19. Juli: Frankreich erklärt Preußen den Krieg.

1. September: Schlacht bei Sedan. Kaiser Napoleon III. von Frankreich gerät in deutsche Gefangenschaft.

4. September: Die Französische Republik wird ausgerufen (»Dritte Republik«).

20. September: Italienische Truppen ziehen in Rom ein. Der Kirchenstaat fällt an Italien.

Heinrich Schliemann beginnt mit den Ausgrabungen in Troja.

1871 Januar–März: Pontus-Konferenz in London.

18. Januar: Gründung des Deutschen Reiches. Wilhelm I. in Versailles zum Kaiser proklamiert. Bismarck wird Reichskanzler.

26. Februar: Vorfriede von Versailles. Das Elsaß und Lothringen werden an das Deutsche Reich abgetreten.

15. März–28. Mai: Aufstand der Pariser Kommune.

10. Mai: Friede von Frankfurt am Main zwischen Frankreich und dem Deutschen Reich. Frankreich muß Kriegsentschädigung zahlen und den Verzicht auf Elsaß-Lothringen bestätigen.

Charles Darwin: »The Descendant of Man«.

1873/74 Industriekrise (»Gründerkrise«), in Großbritannien 1875–1900 »Große Depression« (Agrar-, Handels- und Industriekrise).

1873 9. Januar: Kaiser Napoleon III. von Frankreich im englischen Exil gestorben.

6. Juni/22. Oktober: »Schönbrunner Konvention« und »Dreikaiser-Abkommen«. Konsultativpakt zwischen dem Deutschen Reich, Österreich und Rußland.

1874 Februar: Benjamin Disraeli löst William Ewart Gladstone im Amt des britischen Premierministers ab.

9. Oktober: Gründung des Weltpostvereins in Bern.

30. November: Winston Churchill geboren.

1875–1878 Balkankrise.

1875 April/Mai: »Krieg-in-Sicht-Krise«. Spannungen zwischen Frankreich und dem Deutschen Reich.

Großbritanniens Gewerkschaften wird das Streikrecht zugebilligt.

1876 1. Mai: Queen Victoria wird zur »Kaiserin von Indien« erhoben.

Alexander Graham Bell baut ein gebrauchsfähiges Telefon; Nikolaus Ottos Viertaktmotor wird patentiert.

1877/78 Russisch-türkischer Krieg.

1877 12. Mai: Großbritannien annektiert Transvaal.

Thomas Edison erfindet den Phonographen.

1878–1880	Krieg Großbritanniens gegen Afghanistan.
1878	13. Juli: Friede von Berlin. Umgestaltung der Friedensbedingungen von Santo Stefano (3. März). Unabhängigkeit Rumäniens, Serbiens und Montenegros bestätigt. Bulgarien wird autonomes, der Türkei jedoch tributpflichtiges Fürstentum. Gebietsgewinne für Rußland. Bosnien und die Herzegowina werden von Österreich verwaltet.
	21. Oktober: »Sozialistengesetz« in Deutschland erlassen. William Booth gründet in London die »Salvation Army« (»Heilsarmee«).
	Zypern kommt unter britische Verwaltung.
	Thomas Alva Edison stellt eine Kohlenfadenlampe her.
1879	7. Oktober: »Zweibund«. Geheimes Verteidigungsbündnis zwischen dem Deutschen Reich und Österreich-Ungarn.
	21. Dezember: Jossif Wissarionowitsch Dschugaschwili (Stalin) geboren.
1880/81	Burenaufstand (Erster Südafrikanischer Krieg).
1880	23. April: Nach dem Rücktritt Disraelis wird Gladstone erneut Premierminister Großbritanniens.
	3. Juli: Regelung der Marokko-Frage auf der Internationalen Konferenz von Madrid.
1881/82	Ägyptischer Aufstand. Eingreifen Großbritanniens.
1881	13. März: Zar Alexander II. ermordet. Nachfolger auf dem russischen Thron wird sein Sohn Alexander III.
	14. April: Benjamin Disraeli, Earl of Beaconsfield, in London gestorben.
	18. Juni: »Dreikaiser-Vertrag«. Geheimes Neutralitätsabkommen zwischen dem Deutschen Reich, Österreich-Ungarn und Rußland auf drei Jahre.

	3. August: Konvention von Pretoria. Transvaal wird autonom, verbleibt aber unter britischer Oberhoheit.
	In Berlin fährt die erste elektrische Straßenbahn.
1882	*Der dreizehnjährige Gandhi wird mit der gleichaltrigen Kasturbai verheiratet.*
	19. April: Charles Darwin gestorben.
	20. Mai: »Dreibund«. Geheimes Verteidigungsbündnis zwischen dem Deutschen Reich, Österreich-Ungarn und Italien.
	Ägypten wird britische Besitzung.
	Robert Koch entdeckt den Tuberkel-Bazillus.
1883	13. Februar: Tod Richard Wagners in Venedig.
	14. März: Karl Marx in London gestorben.
	30. Oktober: Rumänien schließt sich dem deutsch-österreichischen »Zweibund« an.
1884/85	Auf Betreiben Bismarcks errichtet Deutschland erste Schutzherrschaften (Kolonien).
1884	Der Burenstaat Transvaal übernimmt als Staatsbezeichnung den Namen »Südafrikanische Republik«. Paulus (Oom Paul) Krüger wird Präsident.
	27. Februar: Londoner Abkommen. Großbritannien verzichtet auf Einmischung in die Angelegenheiten der Südafrikanischen Republik.
	Basutoland wird britische Kolonie.
	Englische Truppen nehmen Betschuanaland ein.
	Rußland besetzt Merv (Märw) an der Grenze zu Afghanistan. In der Folge Spannungen zwischen Großbritannien und Rußland.
	Wahlrechtsreform in England (1884/85).
	Dezember 1884–Februar 1885: Kongo-Konferenz in Berlin.
1885/86	Bulgarische Krise. Unruhe auf dem Balkan. Rußland interveniert in Bulgarien. –

	Vordringen Großbritanniens in Burma.
1885	*Vater Karamchand gestorben.*
	26. Januar: General Gordon in Khartum ermordet.
	23. Juni: Robert Cecil, Marquess of Salisbury, wird britischer Premierminister.
	Gründung des All-Indischen Nationalkongresses.
	Erste Kraftwagen (Benz) und Krafträder (Daimler) werden gebaut.
1886	3. Februar: Gladstone wird Premierminister.
	25. Juli: Lord Salisbury erneut britischer Premier.
	In der Südafrikanischen Republik beginnt die Erschließung der Goldvorkommen.
1887	12. Februar: Mittelmeerabkommen zwischen Großbritannien und Italien.
	24. März: Österreich-Ungarn schließt sich dem Mittelmeerabkommen an.
	18. Juni: »Rückversicherungsvertrag«. Geheimes Neutralitätsabkommen zwischen dem Deutschen Reich und Rußland auf drei Jahre.
	12./16. Dezember: »Orient-Dreibund« zwischen Großbritannien, Italien und Österreich-Ungarn.
	Rudolf Hertz weist die elektromagnetischen Wellen nach.
1888	9. März: Tod des deutschen Kaisers Wilhelm I.
	15. Juni: Kaiser Friedrich III. stirbt nach 99tägiger Regierungszeit. Wilhelm II. wird Kaiser des Deutschen Reiches.
	Jahresmitte: Geburt des Sohnes Harilal.
	Gandhi geht für drei Jahre zum Jurastudium nach England.
	4. September: Abreise von Bombay.
	Lord Lansdowne zum britischen Vizekönig von Indien ernannt.

	Die »Deutsche Kolonialgesellschaft« wird gegründet.
	Fridtjof Nansen durchquert Grönland.
1889	29. Oktober: Die »British South Africa Company« entsteht.
	Gründung der Zweiten Internationale in Paris.
	Gustave Eiffel baut den Eiffelturm für die Pariser Weltausstellung.
	Kolonialverträge zur Interessenabgrenzung zwischen Großbritannien, dem Deutschen Reich, Frankreich und den USA (1889/90).
1890	20. März: Kaiser Wilhelm II. erzwingt den Rücktritt Bismarcks.
	Der deutsch-russische »Rückversicherungsvertrag« wird nicht erneuert.
	1. Juni: »Helgoland-Sansibar-Vertrag«. Das unter deutscher Schutzherrschaft stehende Sultanat Sansibar kommt an Großbritannien im Tausch gegen Helgoland, das dem Deutschen Reich zugeschlagen wird.
	Aufhebung des »Sozialistengesetzes« in Deutschland.
	Cecil Rhodes wird Ministerpräsident der Kapkolonie.
1891–1894	Bau der Transsibirischen Eisenbahn.
1891	*10. Juni: Abschluß der Studien in England.*
	12. Juni: Abreise nach Bombay.
1892	15. August: Gladstone wieder britischer Premier (viertes Kabinett Gladstone).
	18. August: Militärkonvention (Beistandspakt) zwischen Frankreich und Rußland.
	28. Oktober: Geburt des zweiten Sohnes Manilal.
1893	*Gandhi geht nach Südafrika.*
	Erlebnis von Maritzburg. Gandhi muß als Farbiger den Zug verlassen.
	Polfahrt Fridtjof Nansens (bis 1896).

1894/95	Chinesisch-japanischer Krieg.
1894	4. Januar: Der »Zweibund« Frankreich-Rußland tritt in Kraft.
	Abschied Gladstones.
	5. März: Archibald Primrose, Earl of Roseberry, wird britischer Premierminister.
	1. November: Zar Alexander III. gestorben. Ihm folgt sein Sohn Nikolaus II. auf den Thron.
	Verschärfung der Einwanderungsgesetze in Südafrika. Indische Vertragsarbeiter müssen nach fünfjährigem Aufenthalt in ihr Heimatland zurückkehren oder werden Leibeigene.
	Lord Elgin als Vizekönig von Indien eingesetzt.
	In Frankreich findet das erste Automobilrennen statt.
	Louis Lumière konstruiert einen Kinematographen.
1895	25. Juni: Robert Cecil, Marquess of Salisbury, wird britischer Premier (drittes Kabinett Salisbury).
	»Jameson Raid«: Mißglückter britischer Überfall auf die Südafrikanische Republik (1895/96).
	Wilhelm Conrad Röntgen entdeckt die nach ihm benannte elektromagnetische Strahlung.
1896	*Gandhi vorübergehend wieder in Indien. Er holt Frau und Kinder nach Südafrika. Schwierigkeiten bei der Rückkehr.*
	3. Januar: »Krüger-Depesche« des deutschen Kaisers Wilhelm II. – Spannungen zwischen Großbritannien und dem Deutschen Reich.
	Cecil Rhodes tritt als Ministerpräsident der Kapkolonie zurück.
	Italienisch-abessinischer Krieg. Abessinien wird unabhängig.
	Alfred Nobel stiftet den Nobelpreis.
	Die Ersten Olympischen Spiele der Neuzeit finden in Athen statt.

1897 *Geburt des dritten Sohnes Ramdas in Südafrika.*

Guglielmo Marconi erfindet die drahtlose Telegraphie (1901 erste Nachrichtenübermittlung über den Atlantik).

1898 25. April–10. Dezember: Krieg der USA gegen Spanien.

Juli–Oktober: Faschoda-Konflikt. Auf Druck Großbritanniens muß Frankreich das besetzte Faschoda am oberen Nil wieder freigeben.

30. Juli: Fürst Bismarck gestorben.

30. August: Britisch-deutscher Angola-Vertrag.

10. September: Kaiserin Elisabeth von Österreich in Genf von Luigi Lucheni ermordet.

George Curzon wird Vizekönig in Indien.

Rußland besetzt Port Arthur, das Deutsche Reich erwirbt Kiautschou.

Marie und Pierre Curie entdecken das Radium.

1899–1940 Planung und Bau der Bagdad-Bahn.

1899–1902 *Zweiter Burenkrieg in Südafrika. Gandhi unterstützt die Briten durch seine indische Sanitäter-Truppe.*

1899 21. März: Französisch-britischer Sudan-Vertrag.

14. November: Samoa-Vertrag zwischen Deutschland und Großbritannien.

Erste Haager Friedenskonferenz. Bildung des Internationalen Schiedsgerichtshofes. Landkriegsordnung (verabschiedet 1907).

1900 Frühjahr/Sommer: Boxeraufstand in China.

22. Mai: Geburt des vierten Sohnes Devadas. Gandhi als Geburtshelfer tätig.

2. Juli: Start des ersten Zeppelin-Luftschiffes.

25. August: Friedrich Nietzsche gestorben.

16. Oktober: »Yangtse-Abkommen«. Großbritannien und das Deutsche Reich einigen sich über ihre Rechte in China.

	Max Planck begründet die Quantentheorie.
	Sigmund Freud: »Die Traumdeutung« (erschienen bereits 1899).
1901	22. Januar: Königin Victoria von Großbritannien gestorben. Nachfolger auf dem Thron wird ihr Sohn Edward VII.
	Salisbury erneut britischer Premierminister.
	18. November: Großbritannien zieht sich aus Panama zurück. Die Rechte für den Bau eines Kanals gehen an die USA über.
	Gründung des Internationalen Gewerkschaftsbundes in Amsterdam.
	Südpolarexpedition Robert Scotts (bis 1904).
1902	31. Mai: Friede von Vereeniging. Die Burenrepubliken (Oranje-Freistaat/Südafrikanische Republik) werden britische Kronkolonien.
	12. Juli: Arthur James Balfour zum Premierminister Großbritanniens ernannt.
um 1903	*Begegnung mit Henry S. L. Polak. Lektüre von John Ruskins Schrift »Unto This Last«.*
1903	*Landerwerb bei Phoenix/Natal (»Phoenix Farm«). Gandhi arbeitet als Redakteur für das Wochenmagazin »Indian Opinion«.*
	17. Dezember: Erster Motorflug der Brüder Orville und Wilbur Wright.
	Forschungsfahrt Roald Amundsens ins nördliche Polargebiet (bis 1906).
	Ernest Rutherford und Frederick Soddy beschreiben die Radioaktivität als Zerfallsprozeß von Atomkernen.
1904/05	Russisch-japanischer Krieg.
1904	8. April/8. Juni: Britisch-französische »Entente cordiale«.
	21. Oktober: »Doggerbank-Affäre« zwischen Rußland und Großbritannien.
1905/06	Erste russische Revolution.
	Erste Marokkokrise.

1905	31. März: Kaiser Wilhelm II. vor Tanger. Beginn der Marokkokrise. Dezember: Sir Henry Campbell-Bannermann wird britischer Premier. Graf Minto als Vizekönig von Indien eingesetzt. Albert Einstein stellt die Spezielle Relativitätstheorie auf (Allgemeine Relativitätstheorie 1915).
1906	*Zulu-Austand. Gandhi und seine Sanitäter unterstützen die Briten.* Januar–April: Marokko-Konferenz in Algeciras. *September: Gandhi wendet sich gegen die beabsichtigte Registrierung aller Inder in Südafrika.* *11. September: Gandhi ruft zu einer Massen-Protestversammlung auf.* Gründung der Moslem-Liga in Indien.
1907	3. Juli: Zwangsregistrierungs-Gesetz in Südafrika erlassen. *Gandhi weigert sich gegen die Registrierung. Er wird zu zweimonatiger Haft verurteilt.* *Tätlicher Angriff des Mir Alam.* 31. August: Britisch-russischer Vertrag von Sankt Petersburg. Abgrenzung der Interessen in Afghanistan, Persien, Tibet und auf dem Balkan. »Triple-Entente« zwischen Großbritannien, Frankreich und Rußland. Zweite Haager Konferenz.
1908	7. April: Herbert Henry Asquith wird britischer Premierminister. Sommer: Jungtürkische Revolution. *16. August: Mehr als 2000 Inder verbrennen in der Johannesburger Hamidia-Moschee ihre Registrier-Karten.* *Verschärfung der südafrikanischen Immigrationsgesetze.*

Gandhi mit 75 Indern im Gefängnis.
5. Oktober: Österreich-Ungarn annektiert die besetzten Gebiete Bosnien und Herzegowina. In der Folge Bosnische Krise (1909). – Fürst Ferdinand von Bulgarien proklamiert die Unabhängigkeit seines Landes.
28. Oktober: »Daily Telegraph-Affäre«.

1909 *Beginn des Briefwechsels zwischen Gandhi und Tolstoi.*
England-Reise.
Gandhi und seine Familie bewohnen zusammen mit dem Architekten Herman Kallenbach die »Tolstoi-Farm« in Lawley bei Johannesburg, dem neuen Zentrum der Satyagraha-Bewegung.
Gandhi unterrichtet indische Kinder.
Henry Polak in Indien.
»Hind Swaraj« (»Indian Home Rule«), Gandhis erstes Buch, erscheint.
Februar: Deutsch-französisches Marokko-Abkommen.
25. Mai/25. November: »Indian Councils Act«. Dem Gesetzgebenden Rat in Indien werden von der britischen Regierung erweiterte Rechte zugebilligt.
20. September 1909/31. Mai 1910: »South Africa Act«. Verfassung der Südafrikanischen Union. Zusammenschluß der Kapprovinz, Natals, des Oranje-Freistaats und der Südafrikanischen Republik (Transvaals).

1910 6. Mai: Edward VII. gestorben. Nachfolger auf dem englischen Thron wird Georg V.
20. November: Leo N. Tolstoi gestorben.
Parlamentskrise in Großbritannien.
Lord Hardinge of Penshurst wird Vizekönig in Indien.
Japan annektiert Korea.

1911/12	Italienisch-türkischer Krieg.
1911	Zweite Marokkokrise (»Panthersprung nach Agadir«).
	20. Juli: Französisch-britische Militärkonvention.
	18. August: »Parliamentary Act«. Parlamentsreform in Großbritannien.
	14. Dezember: Roald Amundsen erreicht den Südpol; Robert Falcon Scott trifft am 18. Januar 1912 dort ein.
	Delhi wird wieder Hauptstadt Indiens und Sitz des britischen Vizekönigs.
1912/13	Balkankrise.
1912	14./15. April: Untergang der »Titanic« im Nordatlantik.
	Oktober 1912–Frühjahr 1913: Erster Balkankrieg.
1913	29. Juni–10. August: Zweiter Balkankrieg.
	November: Achttagemarsch der Gandhi-Friedenstruppe zur Tolstoi-Farm. Illegale Grenzüberschreitung nach Transvaal. Verhaftungen.
	Höhepunkt der Suffragetten-Bewegung in England.
1914–1918	Erster Weltkrieg.
1914	*30. Januar: Die »India Relief Bill« wird nach einer Vereinbarung zwischen Gandhi und General Jan Christiaan Smuts erlassen. Erleichterungen für die Inder in Südafrika.*
	28. Juni: Ermordung des österreichisch-ungarischen Thronfolgers Franz Ferdinand in Sarajewo.
	18. Juli: Gandhi kehrt mit seiner Familie und mit Hermann Kallenbach nach Indien zurück.
	28. Juli: Österreich-Ungarn erklärt Serbien den Krieg.
	1./3. August: Kriegserklärung Deutschlands an Rußland und Frankreich.

4. August: Großbritannien erklärt dem Deutschen Reich den Krieg.
15. August: Eröffnung des Panamakanals.
Oktober/November: Mißglückter Burenaufstand gegen die Herrschaft der Briten.
18. Dezember: Ägypten wird britisches Protektorat (bis 1922).

1915 *9. Januar: Gandhi trifft in Bombay ein. Er wird erstmals mit dem Ehrentitel »Mahatmaji« begrüßt.*

1916 *Erste politische Aktivitäten in Indien.*
21. November: Franz Joseph I., Kaiser von Österreich-Ungarn, gestorben. Nachfolger wird sein Großneffe Karl I.
7. Dezember: David Lloyd George wird britischer Premierminister.
Einführung der allgemeinen Wehrpflicht in Großbritannien.

1917 *Gandhi setzt sich für die Indigo-Pflanzer von Champaran ein. Ein Verfahren wegen Widerstands gegen die gesetzliche Autorität wird eingestellt.*
Gandhi erreicht Verbesserungen für die Pflanzer.
8.–14. März: Russische »Märzrevolution« (nach dem russischen Kalender »Februarrevolution«).
14. März: Zar Nikolaus II. dankt ab und wird gefangengenommen.
6. April: Kriegserklärung der USA an das Deutsche Reich.
16. September: Die Russische Republik wird ausgerufen.
7. November (nach dem russischen Kalender 15. Oktober): Sieg der »Oktoberrevolution«.
Dezember: Britische Truppen erobern Jerusalem und besetzen Palästina.

1918 3. März: Friede von Brest-Litowsk zwischen Rußland und dem Deutschen Reich.

17. Juli: In Jekaterinburg wird die Zarenfamilie erschossen.

November: Revolution in Deutschland (München und Berlin). Ausrufung der Republik.

9./28. November: Der deutsche Kaiser Wilhelm II. verzichtet auf den Thron.

11. November: Kaiser Karl I. von Österreich-Ungarn dankt ab.

1919 2.–6. März: Erster Kongreß der Kommunistischen Internationale (»Komintern«) in Moskau.

18. März: Die »Rowlatt Acts«, die Inhaftierung ohne Gerichtsurteil ermöglichen, werden vom New Delhi Imperial Legislative Council bestätigt.

Gandhi ruft zum Generalstreik auf.

13. April: Blutbad von Amritsar. Britische Soldaten unter dem Kommando General Dyers gehen mit Waffengewalt gegen eine Volksmenge vor.

18. April: Abbruch des Generalstreiks.

29. April: Völkerbunds-Verfassung.

28. Juni: Versailler Vertrag zwischen den Alliierten und dem Deutschen Reich.

23. Dezember: »Government of India Act«. Die britische Regierung erläßt eine neue Verfassung für Indien.

Der englische Physiker Ernest Rutherford erbringt den Nachweis einer Kernreaktion (erste Element-Umwandlung).

John Alcock und Arthur Whitten-Brown überqueren im Flugzeug den Atlantik von Neufundland nach Irland.

Joe Engl, Joseph Massolle und Hans Vogt führen erstmals Tonfilme vor.

1920–1922	Griechisch-türkischer Krieg.
1920	*Gandhi wird Führer der indischen Nationalbewegung.*
	Beginn des gewaltlosen Widerstandes (Boykottmaßnahmen) gegen die britische Herrschaft in Indien: »Non-Cooperative« (»Nicht-Zusammenarbeit«).
	»Government of Ireland Act«. Die britische Regierung verfügt die Abtrennung Nordirlands. Südirland lehnt die Teilung ab.
	Bal Gangadhar Tilak, indischer Politiker, gestorben.
1921	*Gandhi regt das häusliche Spinnen als Maßnahme des Wirtschaftsboykotts an (»Home Spun«-Idee, Spinnradbewegung).*
	1. Januar: Winston Churchill wird in Nachfolge Lord Milners britischer Kolonialminister.
	November: Resolution über den »Zivilen Ungehorsam« (»Civil Disobedience«).
	6. Dezember: Irland erhält den Status eines Dominions (»Irish Free State«).
	Lord Reading wird britischer Vizekönig in Indien.
1922	4. Februar: Indische Bauern zerstören den Polizeiposten Chauri-Chaura.
	10. März: Gandhi wird verhaftet.
	Verurteilung zu sechs Jahren Haft wegen Aufwiegelung.
	16. April: Deutsch-russischer Sondervertrag von Rapallo.
	23. Oktober: Andrew Bonar Law wird britischer Premierminister.
	28. Oktober: Benito Mussolinis Marsch auf Rom.
	30. Dezember: Gründung der UdSSR.
1923	11. Januar: Französische und belgische Truppen besetzen das Ruhrgebiet.

22. Mai: Stanley Baldwin wird britischer Premier.

8./9. November: Putschversuch Hitlers und Ludendorffs in München.

1924 21. Januar: Lenin (Wladimir Iljitsch Uljanow) gestorben.

22. Januar: Ramsey MacDonald britischer Premier.

5. Februar: Gandhi vorzeitig aus der Haft entlassen.

4. November: Stanley Baldwin wird wieder Premierminister Großbritanniens.

Erste Olympische Winterspiele in Chamonix.

1925 26. April: Nach dem Tod Friedrich Eberts wird Generalfeldmarschall Paul von Hindenburg zum deutschen Reichspräsidenten gewählt.

1. Mai: Zypern zur britischen Kronkolonie erhoben.

16. Oktober/1. Dezember: Vertrag von Locarno. Garantie der deutschen Westgrenze. Deutschland verzichtet auf Elsaß-Lothringen.

Pandit Motilal Nehru wird Führer der Selbstverwaltungspartei, Lord Edward Irwin britischer Vizekönig in Indien.

Erste Fernsehvorführungen in Deutschland, Großbritannien und den USA.

1926 8. September: Deutschland wird in den Völkerbund aufgenommen.

Nordpolflug Richard E. Byrds.

1927 4.–23. Mai: Genfer Weltwirtschaftskonferenz.

20./21. Mai: Charles Lindbergh überfliegt erstmals allein den Atlantik in West-Ost-Richtung.

Werner Heisenberg, Max Born und Pascual Jordan begründen die Quantenmechanik.

1928 *»Satyagraha in South Africa«.*

Juli: Die Frauen in England erhalten uneingeschränktes Stimmrecht.

27. August: »Kellogg-Pakt« (»Briand-Kellogg-Pakt«). Internationale Ächtung des Krieges.
Die indischen Parteien fordern von Großbritannien, dem Land den Status eines Dominions zuzuerkennen.
Motilal Nehru wird Präsident des Kongresses.
Dezember: Ermordung des Stellvertretenden Polizeipräsidenten von Lahore.
Alexander Fleming entdeckt das Penicillin.

1929–1932 Weltwirtschaftskrise.

1929 Februar: Unruhen in Bombay. Auseinandersetzungen zwischen Hindus und Mohammedanern.
4. Juni: James Ramsey MacDonald wird erneut britischer Premier (zweites Kabinett MacDonald).
25. Oktober: »Schwarzer Freitag« an der New Yorker Börse.
»Genfer Konvention« über die Behandlung von Kriegsgefangenen.
Jawaharlal Nehru folgt seinem Vater Motilal Nehru im Amt des indischen Kongreßpräsidenten.
Gandhi schließt die Arbeiten an seiner Autobiographie ab.

1930 1. Januar: Der Indische Nationalkongreß in Lahore fordert die Unabhängigkeit von Großbritannien.
12. März–6. April: »Salzmarsch« (»Marsch an die See«). Symbolische Brechung des Salzmonopols.
4. Mai: Gandhi und zahlreiche seiner Gefolgsleute werden verhaftet.
Die Besetzung der Dharsana Salzwerke durch Anhänger Gandhis unter Führung Sarojini Naidus und Gandhis Sohn Manilal wird durch englische Polizeikräfte gewaltsam verhindert.

12. November: Beginn der indischen »Round-Table-Konferenz« (Verfassungs-Konferenz) in London.
Clyde Tombaugh entdeckt den Planeten Pluto.

1931 *25. Januar: Gandhi und 22 Kongreßabgeordnete werden freigelassen.*
5. März: »Delhi-Vertrag«. Gandhi ist nach Absprache mit Vizekönig Irwin bereit, die Kampagne des »Zivilen Ungehorsams« abzubrechen, wenn als Gegenleistung Gefangene freigelassen werden.
29. August: Abreise Gandhis zur »Round-Table-Konferenz«.
12. September: Ankunft in London.
28. Dezember: Die Verhandlungen in London bleiben ohne Ergebnis. Gandhi kehrt nach Indien zurück.
Japan annektiert die Mandschurei.

1932 *4. Januar: Gandhi wird zusammen mit Vallabhbhai Patel in Haft genommen.*
Februar: Beginn der Ersten Internationalen Abrüstungskonferenz in Genf.
Gandhi lehnt den britischen Vorschlag ab, die Unberührbaren in einer Wahlklasse zusammenzufassen und damit von der großen Menge der Wähler zu trennen.
20. September: Um seine Forderungen durchzusetzen, reagiert Gandhi mit einem »Fasten bis zum Tode«.
26. September: »Yeravda-Pact« zwischen Hindus und Unberührbaren. Gandhi stellt das Fasten ein.

1933 30. Januar: Der deutsche Reichspräsident Paul von Hindenburg beruft Adolf Hitler zum Reichskanzler.
2. Februar–14. Oktober: Zweite Internationale Abrüstungskonferenz.

24. März: »Ermächtigungsgesetz« in Deutschland.

8. Mai: Gandhi zu Beginn eines weiteren Fastens aus dem Gefängnis entlassen. Er geht nach Wardha (später nach Sevagram).

16. Juni: Der jüngste Sohn Devadas heiratet Lakshmi Rajagolapalachari trotz unterschiedlicher Kastenzugehörigkeit.

15. Juli: Viererpakt Großbritannien–Frankreich–Deutschland–Italien.

19. Oktober: Deutschland tritt aus dem Völkerbund aus.

November: Beginn einer zehnmonatigen »Good-Will-Tour« durch Indien für die Unberührbaren.

1934 26. Januar: Deutsch-polnischer Nichtangriffspakt und Freundschaftsvertrag.

30. Juni: »Röhm-Putsch« in Deutschland.

2. August: Tod des deutschen Reichspräsidenten Paul von Hindenburg. Hitler wird »Führer und Reichskanzler«.

18. September: Die UdSSR tritt in den Völkerbund ein.

Oktober: Gandhi zieht sich aus der aktiven Politik zurück.

13. Januar: Rückgabe des Saargebiets.

2./16. Mai: Beistandspakt der UdSSR mit Frankreich und der Tschechoslowakei.

Juni: Stanley Baldwin wird britischer Premierminister.

18. Juni: Deutsch-englisches Flottenabkommen.

August: Das britische Parlament verabschiedet eine neue Verfassung für Indien (»Government of India Act«).

Abessinien-Konflikt.

1936–1939 Spanischer Bürgerkrieg.

1936 20. Januar: Georg V. gestorben. Nachfolger wird Edward VIII. Nach seiner Abdankung am 11. Dezember besteigt Georg VI. den englischen Thron.

7. März: Hitler kündigt den Locarno-Vertrag. Deutsche Truppen besetzen die entmilitarisierte Rheinlandzone.

25. Oktober: Achsenvertrag Deutschland–Italien.

25. November: Deutsch-japanischer »Antikomintern-Pakt« (weitere Staaten treten bei).

Lord Linlithgow wird Vizekönig in Indien.

1937 1. Januar/1. April: Die Verfassung für Indien tritt in Kraft. Burma erhält eine eigene Verwaltung.

6. Mai: Das Zeppelin-Luftschiff »Hindenburg« wird in Lakehurst durch Brand vernichtet.

28. Mai: Neville Chamberlain zum britischen Premierminister ernannt.

7. Juli: Überfall Japans auf China.

29. Dezember: Der unabhängige Staat Irland (Éire) wird geschaffen.

Großbritannien und Italien einigen sich über die Wahrung des Status quo im Mittelmeer.

1938 Februar: In der Nachfolge Jawaharlal Nehrus wird Subhas Chandra Bose Präsident des indischen Kongresses.

12.–14. März: Anschluß Österreichs an das Deutsche Reich.

29. September: »Münchner Abkommen«. Deutsch besiedelte Teile Böhmens, Mährens und Schlesien werden dem Deutschen Reich zugesprochen.

30. September: Deutsch-britische Nichtangriffserklärung.

1. Oktober: Deutsche Truppen marschieren ins Sudetenland ein.

9. November: Die »Reichskristallnacht« in Deutschland.
6. Dezember: Deutsch-französische Nichtangriffserklärung.
Otto Hahn, Lise Meitner und Fritz Straßmann gelingt die erste Kernspaltung.
Die Kunststoffe Perlon und Nylon werden erstmals hergestellt.

1939–1945 Zweiter Weltkrieg.

1939 15./23. März: Deutsche Truppen marschieren in die Tschechoslowakei und ins Memelgebiet ein.
6. April/25. August: Britisch-polnisches Bündnis.
Ende April: Auf Betreiben Gandhis wird Bose durch Rajendra Prasad als Kongreßführer abgelöst.
22. Mai: »Stahlpakt« Deutschland-Italien.
23. August: Deutsch-russischer Nichtangriffsvertrag (»Hitler-Stalin-Pakt«).
1. September: Deutscher Angriff auf Polen.
3. September: Großbritannien und Frankreich erklären Deutschland den Krieg.
Indien wird durch eine britische Proklamation mit in den Zweiten Weltkrieg hineingezogen. Unterredung Gandhis mit dem Vizekönig.
23. September: Sigmund Freud gestorben.
28. September: Deutsch-russischer Grenz- und Freundschaftsvertrag.

1940 April/Mai: Deutschland greift Dänemark, Norwegen, die Niederlande, Luxemburg, Belgien und Frankreich an.
Mai: Winston Churchill wird britischer Premier und Kriegsminister.
14. Juni: Deutsche Truppen besetzen Paris.
22. Juni: Waffenstillstand zwischen dem Deutschen Reich und Frankreich.

27. September: »Dreimächtepakt« Deutschland-Italien-Japan (weitere Staaten treten bei). Die Moslem-Liga fordert die Abtrennung Pakistans von Indien.

1941 April/Juni: Deutscher Angriff auf Jugoslawien, Griechenland und die UdSSR.
4. Juni: Tod des letzten deutschen Kaisers Wilhelm II. in Doorn/Holland.
7. Dezember: Japanischer Überfall auf die US-Flotte in Pearl Habour.
8. Dezember: Die USA und Großbritannien erklären Japan den Krieg.
11. Dezember: Kriegserklärung Deutschlands und Italiens an die USA.

1942 29. März: Großbritannien erklärt sich bereit, Indien den Dominion-Status zu gewähren. Das Angebot wird zurückgewiesen.
8./9. August: Gandhi fordert die Unabhängigkeit für Indien und beginnt eine weitere Kampagne des »Zivilen Ungehorsams«. Verhaftung Gandhis und anderer Führer.
Beginn eines Massenaufstandes.
Gandhis Freund Mahadev Desai in der Haft gestorben.
Japanische Truppen dringen nach Burma vor.
Enrico Fermi konstruiert den ersten Kernreaktor.

1943 14.–26. Januar: Konferenz von Casablanca. Treffen Churchill-Roosevelt.
22. Februar: Gandhis Frau Kasturbai im Gefängnis gestorben.
Anfang April: Schwere Malaria-Erkrankung.
28. November–1. Dezember: Churchill, Roosevelt und Stalin auf der Konverenz von Teheran.

1944 *6. Mai: Gandhi wird wegen seines schlechten Gesundheitszustandes aus der Haft entlassen.*
5. Juni: Landung der Alliierten in Frankreich.

20. Juli: Graf von Stauffenbergs Attentat auf Hitler mißlingt.
1. August–3. Oktober: Polnischer Aufstand.
25. August: Befreiung von Paris. General Charles de Gaulle bildet eine provisorische Regierung.

1945 4.–11. Februar: Churchill, Roosevelt und Stalin auf der Konferenz von Jalta.
25. April: Gründung der »Vereinten Nationen« in San Francisco.
28. April: Benito Mussolini wird von italienischen Widerstandskämpfern erschossen.
30. April: Selbstmord Adolf Hitlers in Berlin.
4.–9. Mai: Kapitulation der deutschen Streitkräfte.
16. Juli: Zündung der ersten Atombombe in Alamogordo/New Mexiko.
26. Juli: Clement Richard Attlee wird in der Nachfolge Churchills britischer Premierminister.
2. August: »Potsdamer Abkommen«. Aufteilung Deutschlands in Besatzungszonen.
6./9. August: Die USA werfen über Hiroshima und Nagasaki Atombomben ab.
14. August: Kapitulation Japans.
20. November 1945–1. Oktober 1946: »Nürnberger Prozesse« gegen die deutschen »Hauptkriegsverbrecher«.
Vertreibung und Flucht aus den deutschen Ostgebieten.
Erster Weltgewerkschaftskongreß in London.

1946–1954 Indochina-Krieg.

1946 In der Simla-Konferenz kommt keine Einigung zwischen Hindus und Moslems zustande.
2./18. Juni: Italien wird Republik.
12. August: Nehru mit der Regierungsbildung beauftragt.

16. August: Jinnahs »Tag der direkten Aktion«. Beginn von Unruhen.
2. September: Nehru wird indischer Premierminister.
Oktober: Massaker in Ostbengalen. Ausschreitungen gegen die Hindus. Gandhi bemüht sich um einen Frieden zwischen Hindus und Moslems.
7. November 1946–2. März 1947: Gandhi lebt in Noakhali/Ostbengalen.

1947 4. März: Britisch-französischer Freundschaftsvertrag von Dünkirchen.
22. März: Vizekönig Lord Mountbatten trifft in New Delhi ein.
31. März–12. April: Gespräche Gandhis und Jinnahs mit Lord Mountbatten.
5. Juni: »Marshall-Plan« der USA zum Wiederaufbau Europas.
1. Juli: »India Independence Act«.
15. August: Britisch-Indien wird in Indien und Pakistan geteilt. Beide Staaten erhalten die Unabhängigkeit. An der Regierungsspitze stehen Jinnah (Pakistan) und Nehru (Indien).
Gandhi, der die Teilung entschieden ablehnt, nimmt an den Unabhängigkeitsfeiern nicht teil.
Beginn der Flucht- und Vertreibungsbewegungen in beiden indischen Staaten.
31. August: Die Unruhen erreichen Gandhis Wohnsitz. Gandhi beginnt ein »unwiderrufliches Fasten«, das er erst abbricht, als Abordnungen der Religionsgemeinschaften in Kalkutta Wiederherstellung der Ruhe zusichern.

1948 4. Januar: Burma wird unabhängig.
13.–18. Januar: Gandhis letztes Fasten.
20. Januar: Madan Lals Bombenattentat auf Gandhi mißglückt.

30. Januar: Gandhi von Nathuram Vinayak Godse ermordet.

17. März: »Brüsseler Fünfmächtevertrag«. Die europäische »Westunion« wird geschaffen.

16. April: Entstehung der »Organization for European Economic Cooperation« (OEEC).

15. Mai: Der Staat Israel wird gegründet.

Juni 1948–Mai 1949: Berlin-Blockade durch die UdSSR.

10. Dezember: Internationale Deklaration der Menschenrechte.

Bibliographie

1. Werke, Briefe, Dokumente

Hind Swaraj or Indian Home Rule. Ahmedabad o. J.
Swaraj in One Year. Madras ²1921. Repr. New York 1972.
Jail Experiences. 1922. Dt. Ausg. 1925.
Speeches and Writings 1896–1922. 1922.
Young India. 1922. Dt. Ausg. u. d. T. Jung-Indien (1919–22). Ausgew. v. R. u. M. Rolland. Dt. Übertr. v. E. Roniger. Erlenbach–Zürich 1924.
Ein Wegweiser zur Gesundheit. Erlenbach–Zürich 1925.
The Story of My Experiment with Truth. 2 Bde. Ahmedabad 1927–29. Dt. Ausg. u. d. T. Mein Leben. 1930. Neuausg. u.d.T. An Autobiography. The Story of My Experience with Truth. Transl. by M. Desai. London 1949.
Satyagraha in South Africa. Madras 1928, ²1950.
Non-violence in Peace and War. 2 Bde. Ahmedabad 1948/49.
A Day Book of Thoughts from Mahatma Gandhi. Ed. by K. T. N. Char. With a Forew. by R. Prasad. Calcutta 1951.
To a Gandhian Capitalist. Correspondence between Mahatma Gandhi and Jamnalal Bajai and Members of His Family. Ed. by Kalelkar. Bombay 1951.
Vom Geist des Mahatma. Ein Gandhi-Brevier. Hg. v. F. Kraus. Baden-Baden 1957.
All Men are Brothers. Life and Thoughts of Mahatma Gandhi as Told in His Own Words. Paris 1958.

Auswahl selbständiger Schriften, die seit Gandhis Tod (1948) neu erschienen sind oder wieder aufgelegt wurden.

Literaturhinweise bringen u. a. auch die genannten Werke von Bedekar, B. Bhattacharya (1977), Cenkner, Devadoss, Gaur, Hunt, Huttenback, Malhotra, Mann, Molt, Pandey, H. Rau (Rowohlts Monographien), Rothermund, Sharp und Singh.

Detaillierte Angaben sind den folgenden Spezialbiographien zu entnehmen:

Sharma, J. S., Mahatma Gandhi. A Descriptive Bibliography. Delhi ²1968.
Kovalsky, S. J., Mahatma Gandhi and the Political Influence in South Afrika 1893–1914. A Selective Bibliography. Johannesburg 1971.
Journal of Gandhian Studies. Allahabad 1 (1973)ff.
Mohandas Karamchand Gandhi. A Bibliography. (= ICSSR. Publications. 53.– Gandhi Bibliographical Series. 1.) New Delhi 1974.
Prakash, S., Gandhiana, 1962–1976. (= Subject Bibliography Series. 2.) Gurgaon/New Delhi 1977.

The Gandhi Reader. A Source Book of His Life and Writings. Ed. by H. A. Jack. London 1958.
The Collected Works. Mystic, Conn. 1958ff.
Gandhiji's Correspondance with the Government, 1944–47. Ahmedabad 1959.
Mahatma Gandhis Autobiographie. Die Geschichte meiner Experimente mit der Wahrheit. Freiburg/München 1960.
Gandhi, M./Buber, M., Juden, Palästina und Araber. (= Vom Gestern zum Morgen. Zeitgeschichtliche Schriftenreihe. 4.) München 1961.
Gedanken. Ausgew. v. M. Behn. Wien 1962.
Sarvodaya. Wohlfahrt für alle. Hg. v. B. Kumarappa. Bellnhausen 1962.
Freiheit ohne Gewalt. Hg. v. K. Klostermeier. (= Hegner-Bücherei, 57). Köln 1968.
Gandhi – Romain Rolland. Correspondance, extraits du Journal et textes divers. (= Cahiers Romain Rolland. 19.) Paris 1969.
Romain Rolland and Gandhi Correspondence. Forew. by J. Nehru. New Delhi 1976.
Eine Autobiographie – oder Die Geschichte meiner Experimente mit der Wahrheit. Aus d. Engl. übertr. v. F. Kraus. Hg. v. R. Hinder. Gladenbach 1977.
Gandhiji and Haryana. A Collection of His Speeches and Writings Pertaining to Haryana. Ed. by J. Chandra. Forew. by R. R. Diwakar. New Delhi 1977.
Handeln aus dem Geist. Hg. v. G. u. T. Sartory. (= Herder-Bücherei. 632.) Freiburg i. Br. [6]1982.

2. Literatur

Alexander, H., Gandhi through Western Eyes. London 1969.
Ashe, G., Gandhi. A Study in Revolution. London 1968.
Ayling, S. E., Porträts der Macht. Übertr. v. R. Felix. (= Goldmanns gelbe Taschenbücher. 1719). München 1966.
Bastian, A., Mahatma Gandhi. Leben, Werk und Lehre. Bühl 1955.
Bedekar, D. K., Towards Understanding Gandhi. Ed. by R. Gawande. Bombay 1975.
Bhattacharya, B., Mahatma Gandhi. (= Indian Writer Series. 14.) New Delhi 1977.
Bhattacharya, S. N., Mahatma Gandhi, the Journalist. London 1965.
Birla, G. D., In the Shadow of the Mahatma. A Personal Memoir. Bombay/Calcutta/Madras 1953.
Black, J. A., Gandhi, the Man. San Francisco 1973.
Bloch, A., Worin reicht Gandhis Bedeutung über Indien hinaus? (= Baseler Universitätsreden. 63.) Basel 1970.
Bondurant, J. V., Conquest of Violence. The Gandhian Philosophy of Conflict. Princeton, N. J. 1958.

Bose, N. K., My Days with Gandhi. Bombay 1974.
Brown, J. M., Gandhi's Rise to Power. Indian Politics 1915–22. (= Cambridge South Asian Studies. 11.) London/New York 1972.
Brown, J. M., Gandhi and the Civil Disobedience. The Mahatma in Indian Politics 1928–34. Cambridge 1977.
Buber, M., Hinweise. Gesammelte Essays. Zürich 1953.
Catlin, G. E. G., Auf Gandhis Spuren. Hamburg 1949.
Cenkner, W., The Hindu Personality in Education. Tagore, Gandhi, Aurobindo. New Delhi 1976.
Chatfield, C., The Americanization of Gandhi. Images of the Mahatma. New York/London 1976.
Chopra, P., The Sage in Revolt. A Remembrance. New Delhi 1972.
Coolidge, O. E., Gandhi. Boston 1971.
Dalal, C. B., Gandhi, 1915–1948. A Detailed Chronology. New Delhi/Bombay 1971.
Dandavate, M., Marx and Gandhi. Bombay 1977.
Das, A., Foundations of Gandhian Economics. New York 1979.
Deming, M. (Ed.), Gandhi. Maker of Modern India? (= Problems in Asian Civilizations). Boston 1965.
Desai, M., Begegnung mit Gandhi. Des Mahatma Leben und Lehre, nach seinen Gesprächen und Schriften dargestellt. Bern 1949.
Devadoss, T. S., Sarvodaya and the Problem of Political Sovereignty. Madras 1974.
Dhawan, G., The Political Philosophy of Mahatma Gandhi. Ahmedabad 1957.
Drevet, C., Gandhi et les femmes de l'Inde. Préf. de L. Massignon. Paris 1959.
Drevet, C., Gandhi interpelle les chrétiens. (= Rencontres. 69.) Paris 1965.
Ebert, T., Gewaltfreier Aufstand. Alternative zum Bürgerkrieg. Freiburg i. Br. 1968.
Erikson, E. H., Gandhi's Truth. On the Origins of Militant Nonviolence. New York 1969. Dt. Ausg. u. d. T. Gandhis Wahrheit. Über die Ursprünge der militanten Gewaltlosigkeit. Frankfurt a. M. 1971. Taschenbuchausg. (= Suhrkamp Taschenbücher Wissenschaft. 265.) Frankfurt a. M. 1978.
Erikson, E. H., Lebensgeschichte und historischer Augenblick. Frankfurt a. M. 1977.
Fischer, H., Mahatma Gandhi. Persönlichkeit und Gestalter seiner Zeit. Köln 1982.
Gandhi. Theory and Practice, Social Impact and Contemporary Relevance. (= Transactions of the Indian Institute of Advanced Study. 11.) Simla 1969.
Gandhi, M., Last Glimpses of Bapu. With a Forew. by S. Radhakrishnan. Delhi 1962.

Gaur, V. P., Mahatma Gandhi. A Study of His Message of Non-violence. New Delhi 1977.
Ghosh, P. C., Mahatma Gandhi as I Saw Him. Delhi 1970.
Ghosh, T., The Gandhi Murder Trial. New York 1973.
Godse, N., May it Please Your Honour. Pune ²1978.
Green, M. B., The Challenge of the Mahatmas. New York 1978.
Gregg, R. B., The Psychology of Strategy of Gandhi's Non-violent Resistance. (1929). Repr. New York 1972.
Gupta, S. K., Gandhi Jawaharlal Confluence. New Delhi 1976.
Holmes, W. H. G., The Twofold Gandhi. Hindu Monk and Revolutionary Politician. London 1952.
Horsburgh, H. J. N., Non-violence and Aggression. A Study of Gandhi's Moral Equivalent of War. London 1968.
Hunt, J. D., Gandhi in London. Pref. by S. Hay. New Delhi 1978.
Husain, S. A., The Way of Gandhi and Nehru. London ²1961.
Hutchins, F. G., India's Revolution. Gandhi and Quit Indian Movement. Cambridge, Mass. 1973.
Huttenback, R. A., Gandhi in South Africa. British Imperialism and the Indian Question, 1860–1914. Ithaca/London 1971.
Inamdar, P. L., The Story of the Red Fort Trial, 1948/49. Bombay 1979.
Italiaander, R., Brüder der Verdammten. Menschliche Entwicklungshilfe in Afrika, Amerika und Asien. (= Signum-Taschenbücher. 233.) Gütersloh 1963.
Iyengar, A. S., All through the Gandhian Era. Bombay 1950.
Iyer, R., The Moral and Political Thought of Mahatma Gandhi. New York 1973.
Jones, E. S., Mahatma Gandhi, London ²1950.
Kaplan, A., Gandhi and Tolstoi. Les sources d'une filation spirituelle. Préf. de M. l'Abbé Pierre. Nancy 1949.
Klostermeier, K. (Hg.), Mahatma Gandhi – Freiheit ohne Gewalt. Köln 1968.
Köster, H., Indien zwischen Gandhi und Nehru. Mannheim 1957.
Kraus, F. (Hg.), Vom Geist des Mahatma. Baden-Baden 1957.
Kremp, W., Gewaltlosigkeit und Wahrheit. Studien zur Therapie der Gewalt bei Platon und Gandhi. Meisenheim 1975.
Krieger, E., Weltbürger des Menschseins und der Tat. Schweitzer, Nansen, Rolland, Bernadotte, Gandhi. Bad Homburg v. d. H. 1960.
Kripalani, J. B., Gandhi the Statesmen. Delhi 1951.
Kulkarni, V. B., The Indian Triumvirate. A Political Biography of Mahatma Gandhi, Sardar Patel and Pandi Nehru. Bombay 1969.
Kumar, R. (Ed.), Essays on Gandhian Politics. The Rowlatt Satyagraha of 1919. Oxford 1971.
Lahiry, A., Gandhi in Indian Politics. Calcutta 1976.
Lanczkowski, G., Gandhi und das moderne Indien. Der Mahatma als typischer Vertreter östlicher Geistigkeit. Kassel 1948.

Lester, M., Weltbürger Gandhi. Meitingen 1949.
Maas, W., Mahatma Gandhi. Sein Leben und Werk. Berlin 1949.
Mahadevan, T. K., Dvija. A Prophet Unheard. New Delhi/Madras 1977.
Mahatma Gandhi 1869–1969. Bonn-Bad Godesberg 1969.
Malgonkar, M., The Men Who Killed Gandhi. Delhi 1978.
Malhotra, S. L., Gandhi, an Experiment with Communal Politics. Chandigarh 1975.
Malkani, N. R., Ramblings and Reminiscenses of Gandhiji. Ahmedabad 1972.
Mann, B., Die pädagogisch-politischen Konzeptionen Mahatma Gandhis und Paulo Freires. Eine vergleichende Studie zur entwicklungsstrategischen politischen Bildung in der Dritten Welt. Frankfurt a. M. 1979.
Mashruwala, K. G., Gandhi and Marx. Introd. by V. Bhave. Ahmedabad 1971.
Mathur, J. S. (Ed.), Gandhian Thought and Contemporary Society. (= Gandhi Bhawan Publications. 3.) Bombay/Allahabad 1974.
Mehta, V., Mahatma Gandhi and His Apostles. New York 1977.
Mensching, G., Mahatma Gandhi. Kevelaer 1949.
Mohl, M., Gandhis gefährliches Erbe. Gütersloh 1966.
Molt, W., Die Pädagogik von Mahatma Gandhi (= Archiv für vergleichende Kulturwissenschaft. 7). Meisenheim 1970.
Moon, P., Gandhi and Modern India. New York 1969.
Mühlmann, W. E., Mahatma Gandhi. Der Mann, sein Werk und seine Wirkung. Eine Untersuchung zur Religionssoziologie und politischen Ethik. Tübingen 1950.
Muzumdar, A. M., Social Welfare in India. Mahatma Gandhi's Contributions. With a Forew. by H. T. Muzumdar. London 1964.
Muzumdar, H. T., Mahatma Gandhi. Peaceful Revolutionary. New York/London 1952.
Naess, A., Gandhi and Group Conflict. An Exploration of Satyagraha. Theoretical Background. Oslo 1974.
Nanda, B. R., Mahatma Gandhi. A Biography. London 1958.
Nanda, B. R., Gokhale. Gandhi and the Nehrus. Studies in Indian Nationalism. London 1974.
Narayan, S., Mahatma Gandhi, the Atomic Man. Bombay/New Delhi 1971.
Nayak, H. M. (Ed.), Gandhiji in Indian Literature. Mysore 1971.
Nehru, J., Nehru on Gandhi. New York ^{2}1948.
Nehru, J., Indiens Weg zur Freiheit. Hamburg 1950.
Nehru, P. S. S., Mahatma Gandhi. Sein Leben und Werk. Köln 1949.
Opitz, P. J. (Hg.)., Profile und Programme der Dritten Welt. Gandhi, Mao Tse-tung, Nasser, Nehru, Senghor, Sukarno. (= List-Taschenbücher Wissenschaft. 1552.) München 1970.
Pandey, R., Gandhi and Mondernisation. Meerut/New Delhi 1979.

Patel, M. S., The Educational Philosophy of Mahatma Gandhi. Ahmedabad 1958.
Payne, R., The Life and Death of Mahatma Gandhi. London 1969.
Polak, H. S., Mahatma Gandhi. London 1949.
Power, P. F., Gandhi on World Affairs. London 1961.
Power, P. F. (Ed.)., The Meanings of Gandhi. Honolulu 1971.
Prasad, R., At the Feet of Mahatma Gandhi. London 1961.
Pyarelal, Mahatma Gandhi. The Last Phase. Ahmedabad 1956.
Ramachandran, G./Mahadevan, T. K. (Ed.), Gandhi. His Relevance for Our Times. New Delhi 1967.
Ramachandran, G./Mahadevan, T. K., Quest for Gandhi. New Delhi/Bombay 1970.
Rao, V. K. R., The Gandhian Alternative to Western Socialism. Bombay 1970.
Rau, H. (Ed.), Mahatma Gandhi as Germans See Him. Bombay 1969.
Rau, H., Mahatma Gandhi in Selbstzeugnissen und Bilddokumenten. (= Rowohlts Monographien. 172.) Reinbek 43.–48. Tsd. 1981.
Rau, M. C., Gandhi and Nehru. Bombay 1967.
Ray, A. S., Yes, I Saw Gandhi. New Delhi/Bombay 1976.
Ray, S. (Ed.), Gandhi India and the World. An International Symposium. Melbourne 1970.
Renfordt, K., Mahatma Gandhi – ein Publizist der Tat und des Beispiels. Diss. Berlin 1959.
Richter, L., Mahatma Gandhi. (= Köpfe des 20. Jahrhunderts. 25.) Berlin 1962.
Rothermund, D. u. a., Mahatma Gandhi, 1869/1969. (= Inter Nationes.) Bonn-Bad Godesberg 1969.
Roy Chaudhury, P. C., Gandhi. The Man. Mysore 1974.
Schenkel, G., Mahatma Gandhi. Leben und Werk. Stuttgart 1949.
Schultz, H. J. (Hg.), Von Gandhi bis Câmara. Beispiele gewaltfreier Politik. Stuttgart/Berlin 1971.
Schumann, M., La Mort née de leur propre vie. Péguy, Simone Weil, Gandhi. Paris 1974.
Schwarz, E., Wege zur gewaltlosen Befreiung. Wien 1952.
Sen, E., Gandhi. A Biographical Study. London 1948.
Seshagiri Rao, K. L., Mahatma Gandhi and Comparative Religion. Delhi 1978.
Sethi, J. D., Gandhi Today. With a Forew. by J. Narayan. Durham, N. C. 1978.
Shahani, R., Mr. Gandhi. New York 1961.
Sharma, M. L., Gandhi as a Socialist. New Delhi 1980.
Sharp, G., Gandhi as a Political Strategist. Boston 1979.
Sheean, V., Lead, Kindly Light. New York 1949.
Sheean, V., Mahatma Gandhi oder Der Weg zum Frieden. Wien 1951.
Shirer, W. L., Gandhi. A Memoir. New York 1979.

Singh, K. N., Gandhi and Marx. An Ethico-philosophical Study. Patna 1979.
Sinha, A., The Social and Political Philosophy of Sarvodaya. Forew. by J. Narayan. Patna 1978.
Slade, M., An der Seite des Mahatma. Im engsten Kreise Gandhis. Wien 1970.
Tähtinen, U., Non-violence as an Ethical Principle. With a Special Reference to the Views of Mahatma Gandhi. Turku 1964.
Tendulkar, D. G., Mahatma. Life of Mohandas Karamchand Gandhi. 8 Bde. Bombay/Delhi 1951–1954.
Unnithan, T. K. N., Gandhi in a Free India. With a Forew. by B. Landheer. Groningen 1956.
Unnithan, T. K. N., Some Problems of the Social Change in India in Relation to Gandhian Ideas. Diss. Groningen/Djakarta 1956.
Varma, V. P., The Political Philosophy of Mahatma Gandhi and Sarvodaya. Agra 1959.
Warninghoff, H., Der gewaltlose Kampf. Gandhis Wirken in den Jahren 1922–1924. Bremen 1959.
Watson, F., The Trial of Mr. Gandhi. With a Forew. by Earl Mountbatten of Burma. London 1969.
Wilde, H. (d. i. Schulze-Wilde, H.), Politische Morde unserer Zeit. Jaurès, Trotzki, Gandhi. Frankfurt 1966.
Wolfenstein, E. V., The Revolutionary Personality. Lenin, Trotsky, Gandhi. Princeton, N. J. 1967.
Wolff, O., Mahatma und Christus. Eine Charakterstudie Mahatma Gandhis und des modernen Hinduismus. Berlin 1955.
Wolff, O., Indiens Beitrag zum neuen Menschenbild. Rāmakrishna, Gāndhī, Srī Aurobindo. (= Rowohlts deutsche Enzyklopädie. 56.) Hamburg 1957.
Wolff, O., Mahatma Gandhi. Politik und Gewaltlosigkeit. (= Persönlichkeit und Geschichte. 31.) Göttingen 1963.
Woodcock, G., Mahatma Gandhi. (= Deutscher Taschenbuch Verlag. Moderne Theoretiker. 1049.) München 1975.
Zimmermann, W., Mahatma Gandhi. Sein Leben und sein Werk. Seine Lehren für uns alle. München 1948.

Register

HEYNE BIOGRAPHIEN

Die Taschenbuchreihe mit den bedeutenden Biographien der Großen der Weltgeschichte.

12/80 - DM 8,80

12/82 - DM 14,80

12/83 - DM 9,80

12/84 - DM 8,80

12/87 - DM 9,80

12/88 - DM 14,80

12/89 - DM 7,80

12/90 - DM 12,80

12/97 - DM 12,80

Wilhelm Heyne Verlag München